保険ERM基礎講座

有限責任監査法人トーマツ **後藤 茂之** 著

保険毎日新聞社

はじめに

　本書は、2015年10月より、保険毎日新聞の「保険ERM基礎講座」として約1年4か月に渡り連載させていただいた内容を核にこれを一部再編集し、新たに、コーヒブレイク（事例紹介）、コラム（関連事項の解説）を追加したものです。

　本書がテーマとする「ERM」は、"Enterprise Risk Management"の略語です。リスク管理の伝統的なツールとして、古くから活用されている保険において、"Risk Management"は切り離せない関係にあります。しかしながら、今日のようにERMの枠組みが体系化され、保険会社の経営管理体系として定着したのは、比較的最近のことです。

　最近のERMへの関心の高さは、保険会社をめぐる不確実性が飛躍的に増しているためと言えます。

　ただ昨今の関心の高さは、単に経営ツールとしての専門領域での関心に止まらず、社会一般が、日常生活の安心、地域社会の安全、地球環境に対して強く不確実性を意識するようになったことと無関係ではありません。

　本書は、基礎講座と銘打っているように、上記の環境認識を踏まえ、不確実性やリスクと保険の関わり合いを広い視点から捉え、かつ実務の目線を踏まえて検討するものです。

　全体の流れと各章の関連は次の通りとなっています。

　まず第Ⅰ章では、保険ERMを過去からの流れの中で振り返ります（温故知新）。ここで、リスクと不確実性の峻別、リスクに対する定量、定性のアプローチ、PDCA構造を持ったリスク管理プロセス、リスクガバナンス、リスクアペタイト・フレームワークといった基本事項について、過去の経緯も踏まえて整理します。

　続いて、ERMの構成要素が今日の姿に至った背景について、変わらない部分（不易）と変わる部分（流行）を意識して整理します。そして、2008年のグローバル金融危機の教訓を踏まえ今後の課題について整理してゆきます。

　第Ⅱ章は、保険ERMという枠組みをいかに活用するかという観点からリスクに対する意思決定上の論点について整理します。その中で、われわれの意思決定プロセスに介在するバイアスに着目し、リスクに対する合理的な意思決定について考察します。

　また、不確実性の意味について、経済学、社会学の視点から整理しておきた

いと思います。このような意思決定上の基本事項を前提に、ERM が目的とする保険リスクポートフォリオ管理について、主として資本の観点から整理・概観します。

第Ⅲ章では、ERM をいかに実践するかという観点から検討します。具体的には、競争戦略論の 2 つのアプローチ（ポジショニング理論、資源依存理論）から、保険経営における戦略展開と ERM の関係を整理してゆきます。

続いて、グローバリゼーションにおける ERM の役割、ERM の実効性の観点からリスクカルチャーの重要性について確認します。

第Ⅳ章では、保険 ERM の将来について整理します。今後の保険業界は、本質的で構造的な変化に直面するでしょう。例えば、現在進行している規制改革とデジタル革命が保険業界の構造的変化（パラダイムシフト）を引き起こす可能性があります。これに対応するためには、基本的なものの考え方や発想を変える必要があり、現状の延長線上にない非連続で戦略的な発想転換（アイスブレイキング）が必要です。

各章の主要なポイントとコーヒブレイク、コラムを含めた全体の流れは、下表の通り整理できます。

章・節の構成	各章・節における論点
第Ⅰ章　保険 ERM の過去・現在	
1. 保険 ERM 温故知新	リスクソリューション・ナレッジの集大成としての ERM 発展の歴史の振り返り ・保険の意義、ERM の意義 ・リスクと不確実性に対するアプローチ ・コーポレートガバナンスの歴史と ERM
コーヒーブレイク 1	ロイズ
2. 保険 ERM 不易流行	現在の ERM の構造と最近の強化事項の確認 ・リスクモデルと限界とその補完 ・金融危機以降の ERM 強化 ・金融不祥事をきっかけにした個人責任強化とリスクカルチャー重視
コラム 1	金融危機以降の監督規制の動向

第Ⅱ章　保険 ERM の活用上の論点	
1. 意思決定の科学	意思決定に介在するリスク（バイアス）への対処 ・バイアスに伴う不適切なリスクテイキング ・意思決定の合理性とバイアス（プロスペクト理論、限定合理性） ・バイアスの回避・是正
コラム 2	**意志決定における主要なバイアスの類型**
2. 不確実性と ERM	経済学、社会学の視点から保険 ERM の検証 ・経済学（ナイトとケインズの確率論） ・ベックとルーマンのリスクへのアプローチ ・不確実性を捉える視点
コラム 3	**不確実性下の意思決定理論**
コラム 4	**プロスペクト理論**
3. 資本と ERM	経済価値ベースの視点と資本の意義を検証 ・保険のポートフォリオの特徴と資本の管理の概要 ・コーポレートファイナンスと資本コスト ・規制資本とストレステスト
コラム 5	代替的リスク移転（ART）と金融エンジニアリング
第Ⅲ章　保険 ERM の実践上の論点	
1. 戦略論と ERM	競争戦略論から保険 ERM を検証 ・ポジショニング理論（マイケル・E・ポーター）から、外部ハザードを確認 ・資源依存理論（ジェイ・B・バーニー）から、各資本の意義を検討 ・戦略のパラドックスと動態的管理の必要性
2. グローバリゼーションと ERM	保険事業のグローバリゼーションと ERM の関連 ・マネジメントとオペレーションのグローバル化 ・保険監督のグローバル・ハーモナイゼーション ・ポートフォリオのグローバル化とガバナンス、資本の管理
コラム 6	**マクロプルーデンスと保険 ERM**
3. ERM の実効性	ERM 態勢強化（ERM の実効性の強化） ・リスクアペタイト・フレームワークの強化 ・コンダクトリスクの意義とリスクカルチャー醸成 ・ERM の実効性向上と企業価値の拡大
コーヒーブレイク 2	**サブプライムローンによる金融危機**

コラム7	保険、銀行のビジネスモデルとリスク
第Ⅳ章　保険 ERM の今後	
1. パラダイムシフト	現在進行中の国際規制論議の鳥瞰と、論点（ERM の堅牢性の強化） ・会社価値の枠組みの変化 ・規制強化の動きと不確実性の高まり ・技術革新とリスク社会の変化
コーヒーブレイク3	東日本大震災の教訓
2. アイスブレイキング	パラダイムシフト下の対応に必要な発想の転換 ・デジタル革命と保険サービスの変化 ・破壊的イノベーションと保険 ・リスクカルチャーの再定義と学習する組織

　今われわれは、変化の激しい時代に生きています。企業活動においても、日常の生活においても、将来の不確実性は高まっています。本書を手に取っていただいた方々が、自分の中にリスクの尺度と、ERM の枠組みをもつことによって、混沌とした世界に筋道をもって向かう勇気を感じていただければ幸せです。

　それでは、チャレンジングなリスクの世界の扉を開いて一緒に考えていきましょう。

後藤茂之

はじめに……i

第Ⅰ章　保険ERMの過去・現在……1

第1節　保険ERM温故知新……3

Ⅰ-1-1. 普遍的な保険制度の本質と、ERMの意義……3
Ⅰ-1-2. リスク管理の重要性……7
Ⅰ-1-3. 保険会社のガバナンス……12
コーヒーブレイク1　製造物賠償責任保険に関わる事例……19

第2節　保険ERMと不易流行……25

Ⅰ-2-1. ナレッジの集大成としてのモデルとその限界……25
Ⅰ-2-2. 金融危機とERMの強化……30
Ⅰ-2-3. リスクアペタイト・フレームワークの実効性とコンダクトリスクへの関心……35
コラム1　金融危機以降の監督規制の動向……41

第Ⅱ章　保険ERMの活用上の論点……45

第1節　意思決定の科学……47

Ⅱ-1-1. 意思決定における錯覚と判断上のリスク……47
Ⅱ-1-2. ERMの実効性を担保するリスクカルチャーの重要性……51
Ⅱ-1-3. 判断上のリスクに対するアプローチ……56
コラム2　意志決定における主要なバイアス……62

第2節　不確実性とERM……79

Ⅱ-2-1. 保険で対処できる領域と限界……79
Ⅱ-2-2. 保険会社の使命と枠組み……83
Ⅱ-2-3. 不確実性を捉える視点……88
コラム3　不確実性下の意思決定理論……94
コラム4　プロスペクト理論……104

第 3 節　資本と ERM……113

　Ⅱ-3-1.　保険のポートフォリオの特徴と資本の管理の概念……113

　Ⅱ-3-2.　コーポレートファイナンスと資本コスト……118

　Ⅱ-3-3.　規制資本とストレステスト……123

　コラム 5　代替的リスク移転（ART）と金融エンジニアリング……130

第Ⅲ章　保険 ERM 実践上の論点……137

第 1 節　戦略論と ERM……139

　Ⅲ-1-1.　ポジショニング理論と保険における外部ハザード……139

　Ⅲ-1-2.　資源依存理論からみた資本の意義……143

　Ⅲ-1-3.　戦略的バイアスに陥らないための経営……148

第 2 節　グローバリゼーションと ERM……153

　Ⅲ-2-1.　マネジメントとオペレーションのグローバル化……153

　Ⅲ-2-2.　保険監督のグローバル・ハーモナイゼーション……157

　Ⅲ-2-3.　ポートフォリオのグローバル化とガバナンス……163

　コラム 6　マクロプルーデンスと保険 ERM……170

第 3 節　ERM の実効性……182

　Ⅲ-3-1.　ERM 構築のステージの変化……182

　Ⅲ-3-2.　リスクカルチャー醸成の重要性と進め方……187

　Ⅲ-2-3.　ERM の実効性向上と企業価値の拡大……192

　コーヒーブレイク 2　サブプライムローンによる金融危機……199

　コラム 7　保険、銀行のビジネスモデルとリスク……206

第Ⅳ章　保険 ERM の今後……211

第 1 節　パラダイムシフト……213

　Ⅳ-1-1.　枠組みや業務管理の変化と不確実性の拡大……213

Ⅳ-1-2. 規制強化と不確実性の高まり……217
Ⅳ-1-3. 不確実性の高まりと新たな視点……221
Ⅳ-1-4. 新技術によるビジネスモデルとリスク社会への影響……224
コーヒーブレイク3　東日本大震災を振り返る……229

第2節　アイスブレイキング……235

Ⅳ-2-1. デジタル技術との共生と保険 ERM の今後……235
Ⅳ-2-2. デジタル革命への対応……240
Ⅳ-2-3. 変化の時代におけるカルチャーの革新……245
Ⅳ-2-4. 企業活動における必要条件……249
おわりに……253

あとがき……254

索引……256

第 Ⅰ 章
保険 ERM の過去・現在

第1節　保険 ERM 温故知新

　「保険 ERM」という用語を目にする機会が多くなりました。これは、保険会社における ERM（Enterprise Risk Management）を意味します。保険は、われわれが身の周りの危険に対処する際、最も頻繁に利用する代表的なツールのひとつです。ERM は、「統合的リスク管理」や「全社的リスク管理」と訳されることが多く、リスクマネジメントを総称する専門用語です。保険も、ERM も、実務の中で発展・整備されてきた歴史を持っています。企業経営を取り巻く環境が大きく変化し、リスクが複雑になるにつれ、その戦略的活用に注目が高まっています。

　本節では、リスクを積極的にテイクしつつ、それを管理しリターンを確保することを業とする保険会社の ERM の故を温ねていきます。

Ⅰ-1-1. 普遍的な保険制度の本質と、ERM の意義

(1)　今なぜ温故知新か

　今後の保険規制の変化は、新保険業法が施行された 1996 年前後の数年間の変化と同じくらいの影響を保険会社に及ぼす可能性がある。前回の変化は新保険業法施行前後の数年間に起こったもので護送船団方式と言われた枠組みが自由化へと大きく転換したわけであるが、今回も保険業における本質的要素の転換が進んでいる。

　1996 年当時は、日米保険協議が進行中であり、国際的にレベル・プレイング・フィールド（競争条件の整合性）の視点から制度改革についての意見が闘わされた。今回は、金融危機の発生を教訓とした銀行の規制改革と呼応する形で金融システムの安定化の視点も踏まえた保険監督のグローバル・ハーモナイ

ゼーション（国際的調和）にかかわる論議が進められている。

このように、物事が大きく変化する時こそ、歴史的視点から基本事項を確認する試みは意味があるだろう。

(2) 保険制度の本質は変わらない

　保険の歴史は長く、古くは古代ギリシャ、ローマ時代にまでさかのぼる。地中海商人の間で行われていた「冒険貸借（Bottomrg）」という取引がある。これは、今日の融資と保険が未分化であった時代の仕組みであり、海上保険の原型と言われている。当時商人は、借金をして船を手配し航海に出た。そして、外国で調達した産物を積載して帰港した。無事に帰港し貿易に成功したときには高利の利息を付けて借金を返すが、船貨が航海中に逸失すると、借金の返済を要しないという仕組みで運営されていた。

　このように、少数の人（航海を行う者）がさらされている危険を多数の人（借金に応じる者）で分担するという仕組みはその後発展し、1688年ごろには、エドワード・ロイドが開いた英国テムズ河畔のコーヒー店での海上保険取引へとつながった。これが、多種多様な保険カバーを創造してきた今日のロイズ保険市場の起源である。

　今日、われわれは多種多様な生命保険、損害保険を日常的に利用できるようになっているが、その仕組みは時を経た現在も変わっていない。個々人が有する個々の危険はランダムに発生するが、その危険を保険会社がプールし、集合体として管理することによって、確率・統計論でいう枠組みの下で、発生頻度などを合理的に予測することが可能になる（大数の法則）。それ故、適切に危険のプールを作るための引受け実務を確立したり、そのプールのリスクを管理可能な状態に変えるために再保険取引を活用するなど、プール管理の技術を高度化していくことは、今日でも変わらず必要な技術である。

(3) ERMの意義

　リスクの定義もいろいろな切り口から試みられているが、ここでは、「期待と実際の結果との乖離」と定義しておきたい。将来は、無数のシナリオの集合

である。当然特定のシナリオがもたらす将来の結果を、あらかじめ正確に言い当てることができる者はいない。つまり、われわれは日常生活でも、企業活動でもリスクと無縁ではいられないし、リスクをゼロにすることもできない。

保険においては、一般に危険と言われている言葉を、ハザード（Hazard：危険事情）、ペリル（Peril）、リスク（Risk）というように使い分ける。その関係を図示すると図表Ⅰ-1の通りである。[1]

■図表Ⅰ-1　危機構造

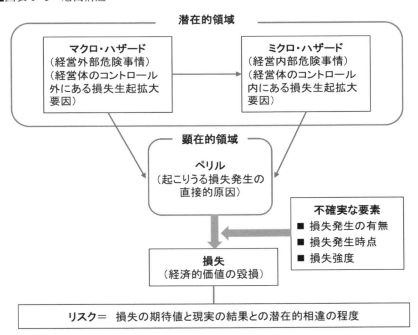

リスク（Risk）という言葉は、イタリア語の'Risicare'に由来し、「勇気を持って試みる」という意味がある。本格的にリスクの研究が始まったのはイタリア、ルネサンスのころで、爾来、継続的に研究が重ねられ、われわれがリスクを運命として受け身で扱うのではなく、勇気を持って将来の行動を選択する姿勢とチャレンジ精神を育むのに大きく貢献している。今日、リスクと積極的

に向き合い、対処しなければならないわれわれの宿命の起源と言える。

　さて、リスク管理の概念は、1910年代にドイツの危険政策や米国のマーケティング論の中で形成されたと言われている。そして、1930年代に入り、まず米国で保険管理論がスタートした。その後、企業の経営管理の枠組みで展開されて、今日のERMへとつながっていく。

　現代のERMが、目に見えないリスクの特性を可能な限り確率分布等の形で可視化し、確率論的手法（例えば、VaR：Value at Risk）[2]でリスクを計量し、資本配分を含む重要な意思決定の材料として活用されるに至るまでには、知的先駆者たちの長い歴史がある。それは、ピーター・バーンスタインの『リスク─神々への反逆』[3]に詳しいが、同様の挑戦は今なお続けられており、ERMの高度化に終わりはない。

　ここで少し、一般事業会社の企業活動について考えてみたい。企業活動は、企業のミッションと経営目標達成のための将来への働きかけであり、戦略推進は収益機会の創造活動と言える。しかし、強固な戦略を立てようとするほど、特定のシナリオを描き、大きな経営資源の投入を含む強い経営のコミットメントが必要となる。経営資源を投入すれば、当然硬直性を持つことになる。それは同時に環境変化や想定したシナリオ以外の事態への対応力が低下することにもなる。想定したシナリオ以外の事態にいかに対処するか、機会損失へどのように対処するかをあらかじめ検討することがリスク管理の重要な機能である。

　しかし、ここで戦略推進もリスク管理も共に将来の不確実性（Uncertainty）への対応であることに着目するとどうであろう。企業活動が将来への継続的な働き掛けである以上、戦略推進とリスク管理は不確実性を挟んで密接につながっている。しかも、高い収益率を求めようとすれば、前述の通り特定のシナリオに対する強力なコミットメントを要し、その筋書きが外れた場合は、損失も大きくなる危険性をはらんでいる。ERMで、株主資本利益率（RoE：Return on Equity）を図表I-2のように、財務健全性の指標とリスク・リターン率（RoR：Return on Risk）とに分解して考えるのは、リスクとリターンの関係がトレード・オフとなっているからである。

　今日のERM論議において、リスク管理はリスクを抑制する守りの機能のみ

■図表 I-2　RoE の構造

$$\text{RoE}\left[\frac{\text{利益}}{\text{資本}}\right] = \frac{\text{リスク}}{\text{資本}} \times \frac{\text{利益}}{\text{リスク}}$$
（健全性度合）　（RoR=資本効率の度合）

では説明されない。むしろ、リスクをリターンの源泉と捉え、戦略とリスクの統合的管理が強調される。これは、ERM が経営戦略との関係で論じられるべきとの強いメッセージといえる。

さて、保険の ERM について考えてみたい。一般事業会社はリスクを外に出し、コスト化しようとする（例えば、火災保険を手配して、火災リスクを保険料にコスト化する）のに対し、保険業は、契約者のリスクを積極的に引き受け、それをプールとして管理し、収益を確保する業である。つまり、リスクに対するナレッジの向上が収益の確保であり、成長の原動力となる。その意味で、保険業と ERM の関係は、一般事業会社以上に直接的であり、保険経営の核と言われるゆえんである。

このように ERM は、保険会社の戦略を決め、事業の継続性を担保するための経営管理ツールの中心に置かれている。また同時に、リスクテイクを業とする保険経営が利害関係者（Stake holder）である保険契約者、株主（投資家）、監督当局などに対して各関係者の期待を調整し、資本効率や財務健全性の水準を設定して管理方針を説明するためにも ERM は不可欠なのである。

I-1-2. リスク管理の重要性

(1) 将来へのアプローチ

人は古来「未知なるもの」にどのように対処してきたのであろうか。保険会社は、契約者が抱える不確実性を自社のプールに抱え込むことによって経営する。不確実性管理の技術が保険会社のプロフェッショナリティーである。

将来に向かって行動を起こそうとするとき、われわれは将来の予測を立てることから始める（裏返せば、どのようなチャンスとリスクが潜んでいるかを探る）。この予測の技術が不確実性を理解し、管理するための基本となる。

予測のためのアプローチは二つに収斂(しゅうれん)される。一つは、過去の類似事例から将来を類推して取るべき行動を選択しようとする方法である。ビッグデータ時代を迎えた今日においては、情報工学を駆使した統計処理により、過去の現象やデータの中に潜むパターン（法則）を見つけ出し易くなった。例えば、データから確率分布を導出し、その分布の期待値（平均値）や標準偏差（分布の期待値からの広がり度合い）から、収益や損失の変動度合いを理解するといった方法である。

　別の方法もある。熟練者の経験に基づいて将来を洞察し意思決定する方法である。言葉を換えれば、将来に対する主観的な信念の程度に基づく判断である。この方法は、前者に比べて科学的でないような印象を受けるが、直接的なデータがない、あるいは少ない状況の下で依拠すべき現実的な方法である。長い歴史の中で培われたこれらの方法論は、前者は「定量的アプローチ」、後者は「定性的アプローチ」と呼ばれ、今日のERMの中で定着している。

(2)　リスクの多面性と複雑性

　全く新たな事態に直面した場合、われわれは、さまざまな関連情報を持ち寄って、事態を多面的に理解しようとするだろう。その様子はさながら、多方向からエックス線を投射し、エックス線の透過データから人体の横断面を再構成するCTスキャンに似ている。リスクに対する分析も「CTスキャン」という表現が当てはまる。また、この活動は興味深い現象を見つけ出し、そこから意義のある問題を切り取り、そこに潜む法則を見つけ出す。そして、幾つかの現象を体系的に分析する

　理論を作り出し、理論から導かれる帰結を仮説として立て、それを検証する、といった科学者の取るプロセスと同じである。

　しかし、同時に、リスクのことを常に念頭に置いているリスクマネジャーは、リスクの持つさまざまな側面に戸惑いや怖さを感じた経験も多いはずである。どの切り口から分析するか（どの方向からの画像を採用するか）によって、リスクの全体像への理解（推定）は異なるものとなる。その意味では、無数の切り口からアプローチしなければリスクの全体像をつかむことはできず、保険会

社にとっては常に完璧がないハードルの高い業務である。

「木を見て森を見ず」という言葉があるように、リスクにおいても、「全体は部分の総和にあらず」、各リスクの相互関係によって、その総体の様相は変化する。複数の危険をプールして管理する保険会社にとって、個々のリスクがいつも同時に同程度に起きることは極めてまれな事態である。それ故、各リスク量の単純合計より統合リスク量（複数のリスクを集め一つのグループとしてリスクを計測した値）の方が小さくなるケースが一般的である。例えば、われわれの身近なリスクである火災の発生と人の寿命による死亡や台風の襲来は、常に一緒に起きる必然性はないからである。この差異（単純合計－統合リスク量）を専門用語では分散効果（Diversification effect）と呼んでいる。

保険プールの中でどのようにリスクを組み合わせるかによって、分散効果は変化する。保険会社は、事業継続を担保するため、リスクの発現に備え適切な資本を確保しておかなければならない。同時に、有限の資本をいかに効率的に使うかを検討しなければならない。

(3) リスクの類型と保険リスク

われわれが直面するリスクには、その存在とその特性を十分承知しているリスク（「既知のリスク」と呼ぶ）もあれば、存在は承知しているが、その特性を十分に解明し切れていないリスク（「未知の既知リスク」と呼ぶ）もある。さらに、インターネットが登場する以前には、現在われわれが認知しているような犯罪の具体的想像はできなかったように、現時点では存在すら知らないリスク（「未知の未知リスク」と呼ぶ）も含め3類型が考えられる。

アメリカの経済学者フランク・ナイト（1885～1972）は不確実性について、経済主体が将来事象に対していかに合理的に期待を形成して意思決定を行うことができるかという観点から、生起確率が計測できる事象を「リスク（Measurable uncertainty）」、それが難しい事象を「真の不確実性（Unmeasurable uncertainty or True uncertainty）」と呼び、区別している。

保険の対象は、「リスク」と呼び得る事象である。従ってリスクの計量化が可能で、保険制度として運営できるものに限定される。

リスクの類型を整理すると図表 I-3 の通りである。

■図表 I-3　リスクの既知と未知

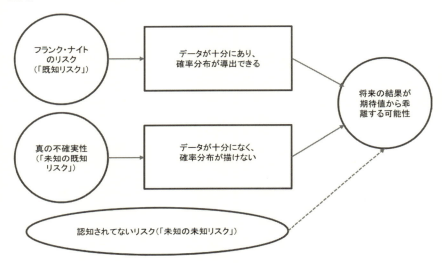

(4)　リスクのダイナミズム

　リスクに対して、多くのデータと学術的知見が蓄積されると、確率・統計論の技術や工学的知見を使ってリスク評価モデルを作ることができる。これを保険会社は内部管理のために活用しており、一般に「内部モデル（Internal model）」と呼んでいる。内部モデルは、いわば現時点のリスクに関するナレッジの集大成とも言える。しかし、ここで注意しなければならないのは、モデルが主として過去のデータをよりどころとしており、「過去のパターンは将来も繰り返す」という前提を置いているという点である。

　保険会社が引き受けている責任はあくまで将来の事象（リスク）であって、過去のパターンではなく、過去の傾向から乖離する可能性はいくらでもあることに留意しなければならない。

　このリスクのダイナミズムのため、われわれはリスクに対するナレッジを常に高めていく必要があるし、同時に各リスクに対してナレッジがどこまで成熟

しているのかを知った上で対応しなければならない。すなわち、ナレッジの成熟度合いに応じて、前述の二つのアプローチを補完的に使っていく必要がある。未知の要素が含まれている場合には、内部モデルから算出される情報に加え、発生頻度、損害強度に関する定性的な評価基準を設定し、洞察力をフルに使ってシナリオを描き、自社への影響を分析する必要がある（定性的アプローチ）。

⑸　継続的な改善ループ

　保険経営においては、経営目標達成を阻害する要因（リスク）を網羅して洗い出し、モニタリング計画を立てるが、同時にリスクに関するナレッジを継続的に高めていく仕組みを備えていなければならない。「リスクマネジメント」とは、文字通り、「リスク」と「マネジメント」の結合概念である。マネジメントである以上、①計画（P：Plan）、②遂行（D：Do）、③監視（C：Check）、④是正措置（A：Action）というPDCAプロセスに沿って改善をくりかえしていくこととなる。

　このプロセスは、図表Ⅰ-4（12頁）のように、第1段階はリスクの確認・特定活動である。実務では、事業計画を策定する際、一覧性のあるフォーマットを使ってリスクを洗い出す（これを「リスクレジスター」と呼ぶ）。第2段階はリスクの評価である。前述した通り、定量・定性手法を駆使して評価する。

　第3段階では、そのリスクをどのように処理するか、すなわち、保険引受け方針や再保険方針を決め、事業計画を達成できるリスクポートフォリオを形成しなければならない。リスクはリターンの源泉であるため、経営目標達成と目指すリスクポートフォリオは表裏の関係にある。第4段階では、選択された方針に従って実践し、定期的にその進捗をモニタリングし、必要であれば是正措置を講じる。このようなプロセスを回し続けることによって、リスクナレッジを高めていくことが、保険会社の継続と成長の礎となっている。

■図表 I -4　リスク管理のプロセス

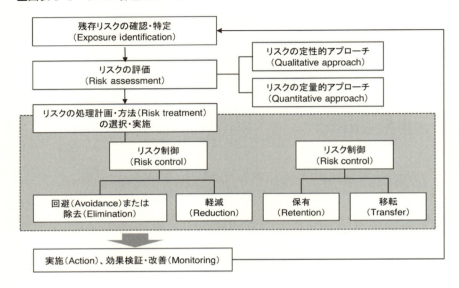

I -1-3. 保険会社のガバナンス

(1)　ガバナンスとは

　ガバナンス（Governance）という言葉を聞くことが多い。その対象とする領域によって、「コーポレート・ガバナンス」「グループ・ガバナンス」「ITガバナンス」などとさまざまに使われている。一般に統治（組織をまとめて治める）と訳されている。

　ガバメント（Government）は、政府が上の立場から行う法的拘束力のある統治システムであるのに対し、ガバナンスは、組織や社会に関与するメンバーが主体的に働き掛け、意思決定をしたり、合意形成をしたりするシステムのことを言う。株式会社においては、株主総会において役員の選任・解任権を行使するといった組織型アプローチや、株価を通じて経営にプレッシャーをかけるといった市場型アプローチというモニタリング・システムと、経営にインセンティブを与え、自己統治させるインセンティブ・システムから成っている。取締役会が承認したリスク選好（リスクアペタイト：Risk appetite）に基づく業

務執行がなされているかを監査委員会がモニタリングしたり、経営報酬がリスクとリターンの関係で適切なインセンティブとなっているか検討したりするなど、ガバナンスとERMの関連は深い。

⑵　コーポレート・ガバナンス論議の歴史

　これまで企業の破綻や不透明な財務報告の問題が発生するたびに、ガバナンスが検証されてきた。これらの事態の真因は何か、それを適切に統治できなかった要因は何かが検証され、ガバナンスは強化されてきた。今日のガバナンスの枠組みは、米英での論議に大きく影響を受けている。

　コーポレート・ガバナンスに対する伝統的な議論としては、会社の所有者である株主や他の利害関係者に対して、企業の健全な運営を担保するために、どのようなシステムが適切であるかが論点となる。

　1960年代の米国での議論では、株式会社は所有と経営が分離し、所有者である株主は、その数が分散されていると同時に、企業運営に直接関わっておらず情報からも分断されている（情報の非対称性）ため、コーポレート・ガバナンスは、経営陣への依存度が大きくなった背景があった。このような実情から、企業の非倫理的・非人道的な行為（企業不祥事）を抑止するためのあるべきシステムが課題とされた。そして、企業の不祥事が発生するたびに、企業と社会の問題や企業と投資家の問題が議論され、倫理問題（不祥事の防止）や効率問題（企業価値・業績の向上）への対策がなされてきた経緯がある。

⑶　コーポレート・ガバナンスとERMの関係について

　英国では、80年代に相次いだ企業の経営破綻や財務報告の不透明性への批判に対応するため、コーポレート・ガバナンスと内部統制[5]（Internal control）の枠組みが議論され、1992年に「キャドバリー委員会報告[6]（コーポレート・ガバナンスの財務的側面）」が公表され、その後、複数の報告書が公表された。それらを統合するものとして、「統合規範（The Combined Code）」が1998年に作成され、翌1999年には、統合規範を補足するガイドラインとして、「内部統制─統合規範に関する取締役のためのガイダンス（通称「ターンブル・ガイ

ダンス」)」が公表された。

このガイダンスでは、内部統制およびリスク管理を企業目標の達成を支援するものとして位置付け、企業がリスクベースで効果的な内部統制システムを採用することを強調し、その内部統制の効果のレビューや開示を求めている。

米国では、80年代後半に数多くの貯蓄貸付組合（S&L：Savings and Loan Association）[7]が破綻するという問題が起こった。これに対応するため、トレッドウェイ委員会支援組織委員会（COSO：Committee Of Sponsoring Organizations of Treadway Commission）[8]が内部統制に関する総合的な研究を実施し「内部統制―統合的枠組み」を1992年に公表した。この枠組みは、企業が制定している規程・規則・各種ルールを遵守して統制のとれた組織活動を営むためのものである。

その後、米国ではエンロン、ワールドコムなどの不正会計事件が発生し、これに対処する目的で2002年に企業改革法（サーベンス・オクスリー法：US SOX法）が成立した。さらに、同法の実施基準として2004年にCOSOが「全社的リスク管理の統合的枠組み（ERM Framework）」を公表した。この枠組みは、リスク管理プロセスと内部統制モデルを有機的に組み合わせた統合モデルである。この体系は、図表Ⅰ-5のように図示され、通称「COSOキュービック」として知られている。

この体系では、グループ経営を担う持ち株会社の各執行部門やその傘下の子会社の各機能が有機的に連環している。つまり、グループの中・長期戦略に基づき、「内部環境」から「監視」までの各機能（含むリスク評価、リスク対応、コントロール活動、監視）を利かせて事業を運営する。また、グループの各部門、子会社からのリスクとその管理情報が確認され、協議の上、課題解決を促すため、「情報とコミュニケーション機能」と「監視機能」を働かせる枠組みとなっている。

これら米英の枠組みでは、取締役会の責任として、企業自らが適切にリスク管理を行い、健全な内部統制を維持すること、そして、リスクと統制に関する取締役会の方針を受けて、具体的に導入する責任は経営が持つとしている。

日本でも、2003年に経済産業省が、「リスク新時代の内部統制―リスクマネ

■図表Ⅰ-5　COSO ERM フレームワーク

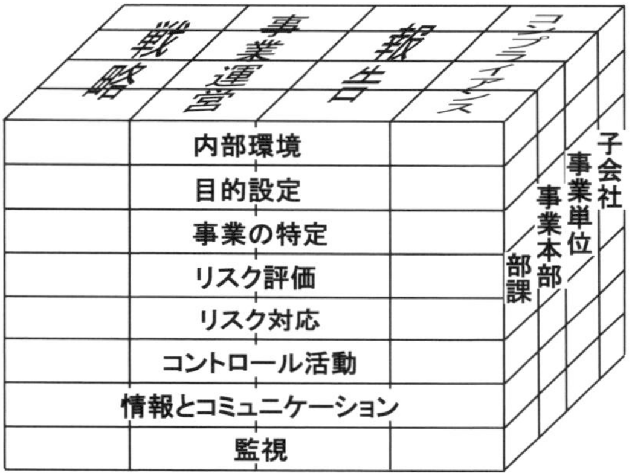

(cube diagram)
- 上面(横軸): 戦略、事業運営、報告、コンプライアンス
- 側面(奥行軸): 子会社、事業単位、事業本部、部課
- 正面(縦軸): 内部環境／目的設定／事業の特定／リスク評価／リスク対応／コントロール活動／情報とコミュニケーション／監視

(出典：COSO Enterprise Risk Management Framework, 2004, P.41 より筆者作成)

ジメントと一体となって機能する内部統制の指針—」をまとめているが、コントロールとマネジメントを、縦、横の糸のような関係で一体的な枠組みとして機能させることを要請しており、米英の枠組みが反映されている。

⑷　ガバナンスとERMの連環：リスクアペタイト

　ガバナンスとERMを明示的につなぐものとして、前述した「リスクアペタイト（リスク選好）」がある。これは、文字通り「企業がリスクを取ろうとする意欲」のことである。能動的なリスクテイクは、リターンの源泉の獲得を意味し、経営目標の達成と戦略遂行に直結する。しかし、リスクの発現は資本の毀損を招く。仮に、200年に1度程度の割合で発生する予想最大損失に対しても十分耐え得る水準の資本を確保しておこうとする場合、リスクをその範囲に収めるよう財務健全性を管理することとなる。このように収益機会と損失機会をいかにバランスさせるかといった経営方針を明らかにした文書が「リスクアペタイト・ステートメント（リスク選好方針）」である。いわば、企業が将来、どのようなリスクをどの程度取り、健全性を確保しつつ、収益性を追求するかといった基本方針を明示するものである。そして、これを実現するための活動や進捗状況のモニタリング、例えば、リスクリミットの設定やリスク対比のリ

ターン率を設定し管理することなどを盛り込んだ枠組みのことを「リスクアペタイト・フレームワーク」と呼ぶ（図表 I -6）。

■図表 I -6　リスクアペタイト・フレームワークの構造

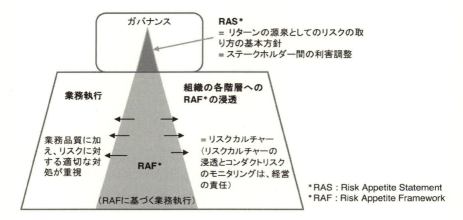

　保険契約者の危険を積極的に取り、それをプールで管理し、収益を確保することを業とする保険会社は、この「リスクアペタイト・フレームワーク」を有効に機能させることが極めて重要である。

　なお、このリスクアペタイトの概念は、前述のターンブル・ガイダンスにも認められており、COSOの「全社的リスク管理の統合的枠組み」の中ではリスクアペタイトという用語が使用されている。

(5)　保険グループのガバナンス

　わが国の保険グループは、グローバル展開を活発化させた結果、多国籍の事業体で構成されている。保険取引は、保険契約者と保険会社との間での直接のキャッシュフロー取引であるため、各国の保険市場単位で規制とビジネスプラクティスが発展した。保険会社がグローバル展開を図る場合、市場ごとに固有性のある規制とプラクティスを踏まえた商品を設計し、販売網を構築する、いわゆるマルチ・ドメスティックな戦略を取っている。

多くの海外現地法人や海外支店を傘下に持つホールディング・カンパニーや事業本社の場合、グループの統括機能を果たす一方で、各国のグループ会社の固有性も尊重する、すなわちグループ経営の整合性と柔軟性をいかに確保するかが重要な問題となる。これが、グループ・コーポレート・ガバナンスである。一般に、戦略と指示、監視、日々の事業執行、独立した統制（リスク管理、コンプライアンス、内部監査、保険数理）といった保険会社にとっての主要な役割を機能させ、適切に分担しなければならない。

そして、それらの機能の中心をどこに置くのかによって、理念的には、集中型と分散型に分けられる。集中型の利点は、グループの共通化・整合性の強化に寄与することであり、分散型の利点は、明確な責任および説明責任と、市場の変化への迅速な対応に寄与することである。現実には、両者の混合型となっていることが多い。一方の類型の利点は他の類型の留意点になるといった関係にあるため、グループ・コーポレート・ガバナンスも PDCA プロセスをもって検証されつづけている。

注

1) ハザードとは、危険事情、すなわち事故発生の可能性に影響する環境、条件、事情を意味する。亀井利明監修、上田和勇、亀井克之編著『基本リスクマネジメント用語辞典』2004 年、同文舘出版、99 ページには、「元来、リスクマネジメントは偶然な事故（ペリル）の発生可能性ないしその不確実性としてのリスクを対象としてきたが、為替相場の変動や石油入手困難といったような投機的リスクをも対象とすべく拡張されてきた以上、単に事故そのものだけでなく、事故を生ぜしめる条件や事情、すなわち危険事情（ハザード）をも含めて考えなければならない」と説明されている。
2) キャッシュフローを確率論に基づく手法で予測し、特定の期間、例えば、1 年後の企業価値の確率分布を描くことができるなら、所定の信頼水準（欧州ソルベンシー II では 99.5％）におけるリスク量が計算できるという考え方でリスクを計測する手法。
3) 青山護訳、1998 年、日本経済新聞社
4) 再保険取引とは、保険会社が保険会社に保険を掛け、自社の保険リスクをポートフォリオの外に出す取引。それ故、再保険会社は、保険会社の保険会社と呼ばれる。
5) 組織の内部において適用されるルールや業務プロセスを整備した結果、確立されたシステムをいう。
6) 1991 年に、財務報告評議会、ロンドン証券取引所、職業会計士団体によって、エイドリアン・キャドバリー卿を委員長として設立された委員会。
7) セービングス・アンド・ローン（S&L）とは、貯蓄貸付組合と訳されるが、米国における一般市民を対象にした小口の融資機関のことであり、80 年代後半に多くが破

綻した。
8) 国際経営管理会計協会や米国公認会計士協会がスポンサーとなり設立した業界団体であるトレッドウェイ委員会支援組織委員会（Committee Of Sponsoring Organization of Treadway Commission）の略。

コーヒーブレイク1
製造物賠償責任保険に関わる事例

このコーナーでは、過去発生した具体的事例を振り返ってみることによって、保険ERMの重要性やリスク管理の役割について考えることを目的にしている。

まず最初は、1960年代後半から提起され始めたアメリカのアスベスト（Asbest）訴訟をめぐるリスクについて、ロイズの製造物賠償責任保険の観点から検討してみたい。検討にあたっては、リスクに対する理解と対処という視点を重視し、そこからどのような教訓が見いだされるか、という点に着目する。

(1) ロイズ・アスベスト製造物賠償責任保険取引の概要と背景

ロイズはその長い保険取引の歴史の中で、新しいリスクを引き受けるパイオニア的活動により重要な役割を果たしてきた。しかし、それは同時に不確実性との厳しい闘いの歴史でもある。ここではアスベストというリスクにかかわる不確実性に対する意思決定がどれほど難しいか、またリスクは法制の変化といった要素により大きく変容するという点にも着目したい。

本製造物賠償責任リスクに大きな影響を与える要素として、製品に隠れた瑕疵の原因やその影響、これらに対する法的責任体系の変化等が挙げられる。ロイズが引き受けたアスベストに関するリスクは、ロイズを存亡の危機にたたせることになった。

すぐれた耐熱性を有するアスベスト（マグネシウムと鉄のケイ酸塩の混合物）は、建設から自動車まで多種の工業製品に使用されていた。しかし、細かい非溶解性のアスベストの繊維を吸い込むと何十年もの潜伏期間を経て、ある日突然息苦しくなる。それまでは何の自覚症状もないが、その後、急速に病状が悪化し、呼吸が困難になり発作を起こして死に至るという石綿沈着症を引き起こす。さらに、アスベストの吸入は、肺あるいは腸の内膜にできる悪性の腫瘍である中皮種や、肺の上部にできる悪性の腫瘍である気管支原性癌といった病気を引き起こす。

これらの危険性は、1898年には既に、イギリスの工場で報告されている。また、1924年の『ブリティッシュ・メディカル・ジャーナル』誌に初めて科学的な報告がなされている。1931年には、イギリスで織物工場の換気をよくするよう求める法律が制定されている。

　1992年にエール大学スクール・オブ・オーガニゼーション・アンド・マネジメントは次のような調査報告を行っている。今後四半世紀の間にアスベスト関連の死者は、ほぼ20万人になると予測し、このためにアスベスト製造業者と保険業者が支払う金額は500億ドルに上る。この金額は、アスベスト製造業者の純資産の合計のほぼ10倍に当たり、アメリカの損害保険業界の全資産にほぼ等しい[1]。

　アダム・ラファエル（Raphael, A.）は、この間の業界の行為を「商業的な成功と訴訟からの解放で、業界は独りよがりの満足感にひたった。さらに悪いことに、これで製造業者たちは自分たちの製品と病気の因果関係の科学的根拠が大きくなっていることに背を向けたのである[2]。」とコメントしている。

　1940年から、ロイズシンジケートは北米でこの種リスクに対して、膨大な超過損害再保険を引受けていた。これらの取引からもたらされる恒常的な保険料とその保険金支払いまでの間に生ずる投資収入がアンダーライターにとっては大きな魅力となっていた。

　史上最大の製造物賠償と言われるアスベスト訴訟は1966年に始まり、1970年代から1980年代にかけ急増した。アスベスト賠償責任については、当時保険証券の解釈をめぐる問題も起こった。アメリカの保険業者やロイズの保険証券は「保険証券の有効期間内に肉体的損傷をもたらす状態にさらされている」ことを条件とする保険事故の発生方式（オカレンス方式と呼ぶ）で引受けられていた。後のアメリカにおける訴訟で、将来いつでも過去の事故あるいは「さらされていたこと」に対するクレームが提起できる、との解釈が裁判で確定することとなる。そのため、アスベストによる症状がでるまでの長い潜伏期間の間に発行された保険証券が責任の対象になった。

　さらにアメリカの司法の変更も拍車をかけた。1960年代初めまでは、製造物責任は食料や化粧品など、人が消費する目的で作られる消費財に限定され

ていた。その後、消費者運動のうねりの中で、製造物の欠陥がユーザーにとって過度に危険な場合、すべてに適用されると大きく拡大された。

加えて、アスベストの健康への危険を従業員に意図的に知らせなかった事実に衝撃を受けた賠審団が、アスベストの製造業者に対し高い懲罰的損害賠償を払わせる方向に傾いたことも加わり、潜在的な損害賠償額はどこまで拡大するかわからない事態に至った。

(b) 合理的意思決定を阻害した要因

保険を引受ける際のリスク評価は極めて重要である。本件においては、アスベストが有毒でそれを使って働く人達は重大な危険にさらされるという医学的報告があったにもかかわらず、そのリスクを適切に評価できなかったこととなる。

ロイズは、超過損害再保険という形態でこのリスクを引受けていた。この保険は、元受保険会社（この場合、アスベスト製造業者の製造物賠償責任保険を引受けていた米国保険会社）に生じた損害が、約定された金額（Excess pointと呼ぶ）を超える場合、その超過分が約定した限度額の範囲内で再保険会社（この場合、ロイズ）によっててん補されるという方式の契約である。このような形態の再保険契約の場合、引受けた保険契約の保険期間が終了してからずっと後になって、保険金支払い請求がなされるのが一般的である（このような種類の契約のことをロングテイル「Long Tail〈尾の長い〉」リスクと呼んでいる）。

ロイズの取引慣行は、引受けリスクに対して知識や経験を有するアンダーライター（リーディングアンダーライターと呼ぶ）が引受け条件と価額を決定し、リスクの一部をまず引受け、その引受条件を参考にして、他のアンダーライターが引受け、最終的にロイズ内で100%の引受けに達すると、ロイズ保険証券が発行されるといった流れになっている。しかしながら、この取引慣行は、意思決定の際に他人の評価を信頼し、追随するといった行動（Herding）を引き起こすおそれがある。

本件においては、後知恵的ではあるが、非常にリスクの高い引受けであるに

もかかわらず、特定の領域で専門的経験を有するアンダーライターの判断に集団の判断が大きく左右される「少数派影響力によるバイアス」や、追随するアンダーライターたちが、引受けリスクの評価とは無関係に、集団の大勢意見に同調しなければならないような雰囲気の中で意思決定されてしまい、多方面からのリスク分析・評価が行われない、「同調圧力によるバイアス」といった集団におけるバイアスによる追随行動に陥った可能性もある。

　ただ、引受けた当初は別としても、その後は関連情報が蓄積され、リスク認知が深まっていったはずである。にもかかわらず根本的な引受けへの対策が打てなかったのはなぜだろうか。ロングテイルリスクの引受けの場合、最初に保険料収入が入ってくるため、その間の投資収益という魅力にひきずられたことも要因の一つであろう。さらに、ロイズの会計制度として、この種のロングテイルリスクに対して、期間損益を確定するため、勘定締切再保険[3]という手法が使われていた。

　これは、シンジケート単位で見れば、既に引き受けた契約は一定の方式で残余リスクが他に移転されるため、また新たなリスクを引受けられるということになる。この種の一連の流れの中で保険契約の更改手続きが続けられ、特段のリスク評価を改めて行うことなく引受け続ける実務が一般化していた可能性もある。

　これはロイズ内の取引方式、勘定締め切り、更改といった固有のプロセスを続けていく行動の中で、引受けの主体たるアンダーライターへの「心理勘定によるバイアス」の介在を推定させる。つまり、リスクが残存している事実が既に再保険で処理され、残っているのはコストのみであるという考えにいつのまにか変化してしまった可能性もある。

　当時のアンダーライターのリスク認知について推測してみたい。本リスクがロングテイルであるにもかかわらず、直近のデータや情報に基づいて物事を判断しようとする「可用性のヒューリスティクスとバイアス」や「近視眼性のバイアス」が介在した可能性や、引受けを継続する際のリスク判断においては、「慣性のバイアス」や「保守性のバイアス」が介在した可能性がある（各種バイアスの意味については「コラム2」を参照）。

(c) 今後への参考

　不確実性を含んだリスク評価においてバイアスが介在する恐れは十分ある。それを承知の上でどのような対策が可能なのであろうか。

　個別の再保険取引はリスクを分散し、保有リスクポートフォリオの安定に寄与する。ただ関わる再保険会社が増える程、それらの企業の信用リスクを抱えると同時に再保険取引コストが加算されていくことになる。本件におけるロイズの対応は、アスベストリスクというロングテイル・リスクに対するリスク評価を誤り、安易な引受けの継続という問題が認められる。ロイズのアンダーライターが再保険を通じて移転したリスクを再び引受ける事態となった。リスクを移転したつもりであったシンジケートは、実質的にリスクを保有していたわけである。

　本件を契機にロイズは大改革を断行することとなる。過去の引受けリスクをエクイタス（ロイズとは独立した新設会社）に移転し、リスクの遮断を図った上で、今後のリスク引受けに対する担保を拡充するため、新しく有限責任の法人会員を募りリスク資本を拡大し、財務的健全性を回復する基盤を作った。そして、このような失敗を教訓に、全体としての管理を強化するため、ロイズキャパシティの中央管理方式を導入した。

　ビジネスプランは、ロイズ中央部による承認を必要とするといったように、リスク引受け面の監督が大幅に強化されている。引受けの事業計画とそれを実行するためには保有するリスクとそれを担保する資本の十分性が確認される仕組みとなった。

　2004年に実施した長期劣後債の調達やリスクを担保するための十分な資本の確保、リスク量の慎重な評価方法の導入といった政策により、リスク管理と資本管理の強化がなされた。

　以前のロイズは、リスクと資本の状況が出資者（ネーム）にすら十分に開示されていなかったし、ロイズ全体としてそれを把握し、コントロールするという枠組みが十分ではなかった。これは、ロイズ初期の時代の小規模で運営を行っていた際の機動性と信頼関係に基づく取引といった組織の利点・強みを、その後組織が巨大になった後も、変えずに続けてきた結果とも言える。

本件では、統合的リスク管理体制を構築するきっかけになった事例と言えよう。今日のロイズは、リスクアペタイト・ステートメント（リスク選好方針）を明確にし、リスク資本委員会（Risk and Capital Committee）やリスク管理委員会（Risk Management Committee）で保有リスクを定期的にレビューし、取締役会に報告する。また日々の事業活動にともなってリスク状況に大きな変化がないか否かのモニタリングは、業務執行部門とリスクマネジメント部門とのコミュニケーションを通じて行う。その結果、内在する主要なリスクを文書化して確認し、その影響度を定量・定性で評価し、必要な対策も協議する。特定したリスクをグロス（移転・コントロール前）とネット（移転・コントロール後）別に評価し検証するといった仕組み（例えば、リスクレジスターによる管理）も構築されている。そして、モニタリングで明らかになったリスクの変化をリスクアペタイトとの関係で検証し、事業レベルや会社レベルのリスク状況として確認し、業務活動管理と経営監督とのスムーズな連動を図っていく枠組みが作られる礎（いしずえ）となった。

注

1）アダム・ラファエル『ロイズ保険帝国の危機』篠原成子訳、1995年、日本経済新聞社、168ページ
2）同上書、131ページ
3）これは、シンジケートが勘定を締め切る際、その時点で保険金の支払い義務がなくなっていない契約に対して、「既に明らかになっている債務」と「発生しているがまだ報告されていない債務」すべてについて再保険処理をするという形で勘定を締め切る仕組みである。

第 2 節　保険 ERM と不易流行

　前節では、現在の ERM の基本事項について過去の経緯を含め振り返りました。保険制度は、昔から変わらない仕組み（プールによるリスク管理）で運営されています。リスクを定量的・定性的アプローチによってモニタリングすると共に、リスクへ適切に対処するためのプロセスが ERM の中に組み込まれています。

　第 2 節は ERM の仕組みについて検討していきます。「不易流行」と題しました。なぜなら、この仕組みは、昔から変わらず運営を続けていますが、変化に対して常に新たな対応と補強を繰り返しているからです。

Ⅰ-2-1. ナレッジの集大成としてのモデルとその限界

(1) リスクナレッジのバージョンアップ

　俳諧の世界に、「不易流行」という言葉があるが、ある伝統的な枠組みが時代を経ても色あせず実効性を保っている裏には、常に本質的なものを守り、変化に対して新たな対応と補強を繰り返してきた事実がある。保険 ERM も、問題が発生する度に新たなナレッジ（流行）を取り入れ、バージョンアップを繰り返してきた。その流れはおおむね図表Ⅰ-7（26 頁）のように整理される。

　保険事業は、保険契約者から保険料を受け取り、預った保険料に対して適切な資産運用を実施し、保険証券で担保している危険（例えば、自動車事故、死亡などの保険事故）が発生した際には保険金を迅速・適切に支払えるよう管理する業務である。保険会社の ERM は保険事業の健全性を確保し、リターンの源泉たるリスクを網羅的に管理しなければならない。保険 ERM では一般的に図表Ⅰ-8 のリスクを対象にする。

■図表Ⅰ-7　ERM強化のプロセス

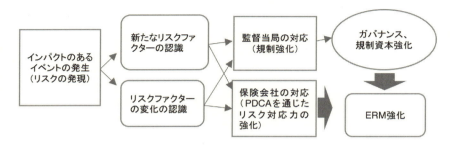

■図表Ⅰ-8　保険ERMで対象とするリスクの範囲

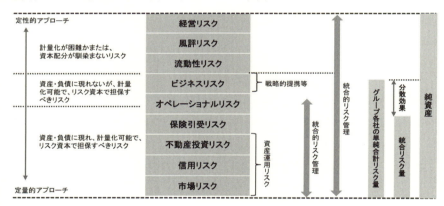

　今日のERMは、定量的アプローチの成熟によって発展してきた。つまり、リスクを計測し、リスク量に見合う資本を確保することで健全性を維持する。そして、リスクを戦略的に選好し、資本配分によって資本効率を追求する枠組みが構築されている。このようにリスクを適切に計測するために内部モデルの開発に努力が注がれてきた。

　保険が扱う危険は、統計的に既知のものを対象としているが、もちろん過去のデータは将来の全てを反映しているわけではなく、不確実な要素を内包している事実を忘れてはならない。

⑵　自然災害モデル

　自然災害は、英語で"Act of God"と表現される。まさに人智を超えた神のなせる業と表現したくなる要素を秘めている。2011年の東日本大震災、タイの洪水、2014年の首都圏の雪災、さらに2015年の鬼怒川の洪水、2016年の熊本地震など、多くの災害が起こっている。例えば、地震や噴火は、日本に住むわれわれにとって身近であるが、いまだ解明されていない部分が多い。地震と噴火は両者とも、究極的な原因は地球内部の熱エネルギーであることは明らかであるが、この両者の関係についても十分解明されていない。

　地球は、地下2,900キロメートルの深さまで岩石でできており、地表付近以外は1,000～5,000度もの高温状態にあり、ゆっくりと対流しているという（この部分はマントルと呼ばれる）。地球の表面（地殻あるいはプレート）はマントルの対流によって海溝に沈み込む。この引き込み運動によってプレートが引っ張られ、プレート内部にできる裂け目が海嶺となる。マントルが海嶺から吹き出し地殻が生まれ水平に移動し、海溝に達すると、地球内部に沈み込んで地表から姿を消すという運動が起こっている（プレートテクトニクス）。

　日本列島は四つのプレート（ユーラシア、北米、フィリピン海、太平洋の各プレート）の上に載っている。そのため、海溝でのプレートの引き込み運動に伴うプレート境界面での地震（海溝型地震）や、海嶺や海溝の活動による速度の差を埋めるように、プレート同士が水平にすれ違うプレート境界の層でも地震が発生している（内陸地震）。

　地震と噴火の発生機構は異なっている。単純化すると、地震がプレート運動によって蓄積された応力が強度の限界を超えたときに、断層面に沿う破壊で一挙に解放される現象であるのに対し、噴火はマントルで発生したマグマが地殻内のマグマだまりに蓄積され、その容量の限界を超えたときに、まとまって地表に放出する現象であると説明される。それぞれの発生は周期性を持つものと考えられているが、乱れることも多く、正確に予知することは難しい。

　近年、観測技術やコンピューターの計算技術の進歩に助けられ、学術的知見が蓄積され、内部モデルが発展した。自然災害モデルの構造は、自然災害の外因の強度を評価するハザードモジュールと、各イベントの各地点における物理

的損害を評価する脆弱性モジュールで構成されている。その上で、各種保険条件の下で評価するためのファイナンシャルモジュールから構成されている。

(3) モデルの限界

リスク分析者は、多様なルートから情報を集め、それを統合する。また、計測の結果を解釈するには、リスクと結果の因果関係を明確にするための分析を実施する。このような分析によっても取り除けない不確実性は確率で表現してモデルに組み込む。同様のプロセスを経て、自然災害モデルは、工学モデルと統計的モデルを併用した形で作り込まれているが、不確実性の要素は残る。

日本近郊の巨大地震は、500～2000年に1度といった頻度で発生する。日本の地震で史料上最古のものは、約1600年前日本書紀に記録が残されているが詳細な情報はない。

一般に、モデル構築においては、関心の対象となる現実世界を、その目的に応じて単純化・近似化する。従って、現実世界との乖離を意識しておく必要がある。たとえ精巧に作られたモデルであっても、モデル作成や分析作業過程で図表Ⅰ-9のような誤差が生じる。これをモデルの限界もしくは不確実性と呼んでいる。

さらに根本的な限界として、モデルは、過去発生した事実に関するデータや、関連情報（例えば、地震であれば、地層から確認される事実や古文書に書かれた情報など）、気象学、物理学などの関連知見を総合して、できるだけ蓋然性の高い将来に関する情報を取り込もうとしている。しかし、本来のリスク管理は将来の現象を扱うフォワードルッキングなものであるが、将来をどこまで正確に予測しているかという観点では限界を真摯に受け止める必要がある。

(4) モデルガバナンス

内部モデルは、経営のツールであり、グループ内で整合性のある経営判断や業務管理に幅広く活用される。しかし、限界を有する点は前述の通りである。そこで、使用するデータ・手法・計算前提が妥当であること（「統計的品質」と呼ぶ）や恣意性を排除した強固な統治の下で開発・運営されているか（「モ

■図表Ⅰ-9　モデルと誤差

要因	誤差の種類
データの質と量	パラメータ(注1)誤差
モデルの選択(注2)	モデル誤差
パラメータ推定	パラメータ誤差
シュミレーション(注3)作業	シュミレーション誤差

（注1）：ある確率分布（ランダムに変動する変数の変動についての法則性を表現するもの）を特徴付ける統計値、例えば、期待値（平均）や標準偏差。

（注2）：あるデータに対し、その特徴を最もよく表すと考えられる確率分布（例えば、正規分布、ポアソン分布等）を選択すること。

（注3）：実際に行うことが困難な事象や、実行する前に結果を予測したり、分析するために行う模擬実験のこと。例えば、地震のように、ある震源からの地震の発生の分布、震源から地表への振動の伝わり方の分布、地表に存在する建物の脆弱性の分布といった複数の分布を介在して、地震による損害の予測をする場合、無造作に乱数を発生させ、模擬実験をする。これをモンテカルロ・シミュレーションと呼んでいる。

デルガバナンス」と呼ぶ）を常に問う必要がある。そして、実際に使用することによって常にその有用性を検証する必要がある（「ユーステスト」と呼ぶ）。

　ここでは、損害保険（損保）における典型的危険の一つである自然災害を取り上げた。損保は、基本1年という短期契約であり、扱う危険もイベントリスクであり、保険負債を変動させる主要な要素は、事故発生のランダム性から生ずる変動リスク（プロセスリスク）が中心である。一方、生命保険（生保）は長期契約が中心であり、取り扱うリスク（例えば死亡）は、今後1年での変化（プロセスリスク）よりも契約期間全体に関わる変化（トレンドの変化）を考慮しなければならない。また、超長期のキャッシュフローを有する生命保険契約を考えた場合、契約締結後の金利などの変化に伴い、その価値は変動しやすいといった特徴を持っている。このように、保険会社が扱うリスクは多様であ

り、イベントの発生、損害との関係など、各リスクごとに固有性がある。また、保険契約価値に影響を及ぼす要素もそのキャッシュフローの特徴によって異なる。これらの要素を総合して、リスク計測に利用できるデータや学術的知見を活用してモデルを構築する必要がある。

Ⅰ-2-2. 金融危機と ERM の強化
(1) 資産・負債のトータル評価

　リスク管理は、現時点から将来を適切に予測し、将来の価値を好ましい状態に導くための意思決定であり、実際の行為である。保険 ERM では、保険会社の価値を、経済価値ベースの純資産として捉えようとする。資産・負債に関する将来のキャッシュフローはさまざまな要因により変動するため、資産・負債の価値変化によって純資産も変化する。純資産の変動と資産・負債の変動を体系的・統合的に関連付けようとする考え方が、トータルバランスシート方式と呼ばれるものである。

　保険会社の内部モデルは、資産・負債に影響を与えるシナリオを多数発生させることによって、純資産の変動を確率分布として描く。そこから期待値(ベストエスティメイト)を把握し、経営が財務の健全性目標として設定する水準に該当するシナリオに基づく純資産評価額と平均値との乖離をリスク(予想損失)として計測する。そして、そのリスクを担保するに足る十分な純資産を確保しているかという形で健全性を確認し、この確保すべき資本と期待されるリターンを対比する形で、資本効率を検証する仕組みが構築されている。

　トータルバランスシートの視点からポートフォリオを管理するというスタンスは重要である。例えば、経済の不況に伴い長期間の低金利に経営がさらされた場合、長期契約である生保の負債の残存期間と資産の残存期間がマッチングしない部分から逆ザヤが発生する。かつてこの逆ザヤによって保険会社が破綻したことを教訓として、資産・負債の総合管理[1](ALM：Asset Liability Management)の強化が進められた。その結果、今日では金利変動に対する耐性は強化されている。

(2) リスクの多面性と複雑性

　バブルとは、資産価格がそのファンダメンタル価格から上方に乖離し継続的な高騰が続き、それが行き過ぎると、その後は一転して資産価格がそのファンダメンタル価格を下回り、急激に暴落する現象のことをいう。人間の経済行動の潜在的な要素の中にこれらを繰り返し発生させる要因があるため、一定の時間がたった後、同様の現象が繰り返されている。

　金融バブルに起因して企業が破綻する場合の共通点は、リターンという誘惑に負け、取引を拡大し過ぎた結果、純資産を超える巨大なリスクを抱え込んでしまうというものである。多くの金融機関が同様の状況に巻き込まれると、金融システムの安定に影響を及ぼす金融危機に発展する。

　2008年の金融危機の誘因になったのは、サブプライムローンの担保となっていた不動産のバブルが進んでいたことである。ローンで購入した不動産を担保としてサブプライムローンが組まれていたため、不動産価格が上昇している限り、十分な担保として機能するが、下落するとこのメカニズムに支障をきたす。実際、2007年ごろから、米国の不動産価格が低下し始め、サブプライムローンの利用者の中でも、最も返済見込みの薄い人々が債務不履行に陥り、債務担保証券の連鎖的市場崩壊を招き、貸し手のリスクオフ、金利の上昇、住宅価格の下落、債務不履行の拡大へと負のスパイラルに陥っていった。

　金融危機の教訓を踏まえ、規制改革とERMの強化が進められた。規制強化の主なものは、金融システム安定化の観点からの規制資本の増強、リスキーな取引を異常拡大させるインセンティブとなった報酬の是正やリスクガバナンスの強化、銀行におけるトレーディングの制限などである。

　また、ERM態勢の強化として、リスクアペタイト・フレームワークの強化、リスクの特定、評価を補強するためのストレステストの強化、潜在的リスクに対するモニタリング強化を挙げることができる。

(3) ERM強化の視点

　金融危機、その後の欧州ソブリン危機といったグローバル経済に大きなインパクトを及ぼした一連の流れの中で、われわれはリスク管理の基本的な部分に

ついて再認識をさせられた。それは、サブプライムローンに自体が有する不確実性に対する警戒不足と、そのリスクの急激な積み上げを是正する仕組みの欠除であった。その結果として、市場が持つリスク許容度以上に積み上がった取引は、いつかはリスクオフの動きとなるという、これまで何度も経験してきたリスクと市場の論理が繰り返され、倒産の危機を回避できなかった。ERMの枠組み的な課題としては、市場の変化とともに様相を常に変えるリスクへの対応不足が再認識された。

例えば、以前はユーロ危機という言葉を現実のリスクとして特段の意識をしていない（Unthinkable）。つまり、実務対応が必要となり得る（Possible）という認識にはなかったわけである。しかし、いまや一定蓋然性のある（Probable）要素として認識するようになっている。このように、未知リスクからリスク管理の枠組みの中へ組み込む仕組み、つまり、エマージングリスクモニタリングの強化の必要性を再認識させられた。さらに、リスクを認識した場合は、次に評価が必要となる。ただし、モデル構築できるほどのデータがない場合、ストレスシナリオに基づくテストにより、経営として一定のストレスバッファを確保することの重要性が再認識された。ただ、妥当なストレスシナリオの設定は簡単ではない。仮想的なシナリオはその定義上無限に考えられる。しかし、あまりにも悲観的なシナリオでは、実務上「起こり得ない状況」を想定することとなり有用ではない。一方、蓋然性を過度に意識し過ぎると、ありきたりなシナリオとなり、ストレステストは意味を持たなくなる。従って、この両者をバランスさせ、テスト時の自社の対策を合理的に検討し得る仮想シナリオの作成が検討課題となる。

さらに、金融危機を通じて、その意義が再認識されたものとして、リスクアペタイト・フレームワークがある。これまで、意外性のあるリスクの発現を経験するたびに、金融機関や保険会社はリスク管理態勢を強化してきたわけであるが、動態的管理を強化しようとするなら、自らのポートフォリオを中期的にどのように変化しようとする意図を持っているのか、つまり、今後のリスク選好を踏まえたフォワードルッキングな管理を強化する必要がある。

最近、日本をはじめとする各国でリスクとソルベンシーの自己評価（ORSA：

Own Risk and Solvency Assessment）が導入されたり、導入に向けて準備が進められている。ORSA は、中期的視点でリスクポートフォリオの変化と、リターン、リスク、資本の状況を多面的に分析する有用な手段である。各保険会社にとって、ERM の中核的なプロセスの一つとして経営管理上の意義が高まっていくものと考える。監督当局も、各保険会社の ERM 態勢を把握するばかりではなく、業界横断的に比較するツールとしても活用している。2008 年に発生した金融危機以降の規制改革の論議の中で、結果論として後追い的対応となってきていたものを、フォワードルッキングな当局モニタリングへと変えるべく模索が続けられている。この観点からも、保険監督において ORSA レポートに基づく対話は重要なツールとなろう。

⑷　フォワードルッキング力の強化

これまでの ERM の進化を振り返ってみると、過去のパターンから将来を予測し、リスク量を計測する統計・分析技術の向上が大きく寄与してきた。ただ、過去のパターンは将来を全てカバーしているわけではないという事実が、この手法の限界を示している。ここから ERM の今後挑戦すべき課題が明確になる。将来の予測技術の現状をフォワードルッキング性と定量可能性による 4 象限の中でプロットしてみる。そうすると、図表 I -10 の余白の多い領域への対策が課題として浮き彫りになる。

また、金融危機以降、その意義が強調されているリスクアペタイト・フレームワークの中に、フォワードルッキングな観点からの枠組みや項目を取り込み、動態的 ERM を強化する必要があるだろう。リスクアペタイト・ステートメント（リスク選好方針）や経営戦略、事業計画と、リスク管理の各ツールが図表 I -11 のように全体として機動的、有機的に機能発揮する態勢へと整備していくものと考える。

■図表Ⅰ-10　将来予測の現状

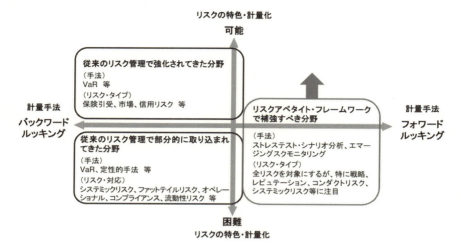

■図表Ⅰ-11　保険ERMのPDCA

マネジメント プロセス	リスクレジスター	エマージングリスク・ モニタリング	多様なストレステスト
P(Plan)	事業計画策定時に重要リスク事象を洗い出す。		定量的アプローチで十分捕捉できないリスクについてストレスシナリオ分析を実施し、確保すべきストレスバッファ水準を評価する。
D(Do)		定期的にヒートマップ等によってハザード、リスクファクターの変化を観察する。リスクレジスターの重要リスクを更新する。	
C(Check)	ポートフォリオが及ぼす影響を再分析する。	定期的にヒートマップを洗い替え、必要な分析を実施。	ストレステストによる影響度分析を実施する。
A(Action)	事業計画時の環境前提の見直しの要否を確認する。	ストレスシナリオの変更の要否を確認する。	リスク選好方針の見直しの要否を確認する。

戦略、リスク選好方針の修正、事業計画の修正

ストレスバッファの再設定と、資本配賦の変更

I-2-3. リスクアペタイト・フレームワークの実効性とコンダクトリスクへの関心

(1) リスクガバナンス

　金融危機以降は、規制が絶え間なく変化し、期待される水準がますます高くなっていく状況にある。保険会社は現在、このようなニューノーマル（New normal）に直面している。この様子は、デロイト トーマツ グループが、2014年下半期に世界71の金融機関（銀行、保険、資産運用）に対してサーベイを実施した結果からも、うかがい知ることができる。85%の金融機関において、取締役会がリスクの監督に費やす時間を増やしていると回答しており、リスクアペタイト・ステートメントの承認や戦略とリスクプロファイルとの整合性レビューに深く関与しているという結果が出ている。

　また、最高リスク責任者（CRO）の職位は、サーベイの回を重ねるうちに、一般的な存在と言えるまでになっている。今日では、CROを取締役会の直属とすることも検討されている。

　金融危機からの教訓の一つとして、取締役会と業務執行の間や組織内でのリスクテイクに関する認識の共有が十分でなかったことが指摘された。この点の強化として、監督と執行の連環としてのリスクアペタイト・フレームワークに関心が高まっている。

　リスクアペタイト・フレームワークの実効性には、それを決定するトップの基調（Tone at the top）が極めて重要である。同時に、短期的には現在の組織のビジネスモデルとリスクカルチャーを前提としなければならない点にも留意すべきであろう。これらは、いずれも短期的に大きく変化する要素ではないからである。

　組織全体が、取締役会で定めたリスクアペタイト・ステートメントにのっとり行動するためには、各人の認知にばらつきが生じやすいリスクという対象について組織構成員が共有できる形で、特定・評価の枠組みを整備しなければならない。また、重要リスクの種類と量に対し、意思決定、行動のよりどころとなるガイドラインをリスクアペタイト・フレームワークの中に組み込む必要がある。また、特にリスクカルチャーについて将来目指すべき姿と現在のギャッ

プを明確に認識し、その姿に近づけるための施策とモニタリングが必要となろう。

(2) 三つの防衛線

バーゼル銀行監督委員会（BCBS：Basel Committee on Banking Supervision）は 2016 年 7 月に「銀行のためのコーポレート・ガバナンス諸原則」の改訂版を公表した。改訂において、リスクアペタイトの確立、リスクカルチャーの確立に関わる取締役会の責任と役割が強調されており、「リスクアペタイト、経営、管理」という新たなセクションも追加されている。全体的な構造は、図表2-6 のようにそれぞれの基本概念が関連付けられている。

■図表Ⅰ-13　「銀行のためのコーポレートガバナンス諸原則」における基本的関係

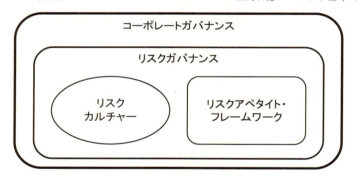

同原則 1 の中で、三つの防衛線（Three lines of defence）の活用が明示されている。この枠組みは、銀行と同様、保険 ERM においても、リスクガバナンスの中核をなす概念である。現実に、欧州ソルベンシー Ⅱ のガバナンスの枠組みでは、取締役会が承認したリスクアペタイトに基づき業務執行がなされ、取締役会内の監査委員会がその執行状況をモニタリングする内部監査機能の有効性が重視されている。三つの防衛線による多面的なリスクへのアプローチは、リスクアペタイト・フレームワークの機能を担保する上で不可欠である。

第 1 の防衛線は、保険引受けを行っているビジネスユニットがリスクを負担

し、これを管理することである。当該責任部署は、リスクオーナーと呼ばれる。第2の防衛線は、執行とは独立したリスク統括部署によるモニタリングである。第3の防衛線は、第1、第2とも独立した立場で合理的な保証を与える内部監査部署によるモニタリングのことである。

実務においては、リスクガバナンス強化のため、取締役会内のリスク委員会のメンバーをリスク専門家である取締役や独立取締役によって増強するといったプラクティスが検討されている。さらに、金融機関のインセンティブ報酬がリスクアペタイトと整合しているか、報酬制度が過度のリスクテイクを助長していないかを精査するプラクティスも進められている。

⑶ コンダクトリスク

ERMの実効性を高めるためには、リスクアペタイト・フレームワークの整備を通じた取締役会の機能強化や三つの防衛線などの仕組みによるモニタリング強化が重視されている。しかし、人が動かなければビジネスは胎動しない。企業は、目的の実現に向けて、経営理念、経営目標や戦略、組織や制度などの経営システムを構築し、組織構成員の価値観、信念、行動規範などの企業文化を醸成することによって、組織的な企業活動を推進していく。最近、規制当局の間で顧客に悪影響を及ぼすと見なされる行動や市場の健全性に害を及ぼしかねない行動（Conduct）に新たな関心が集まっている。つまり、倫理基準、報酬実務、倫理的行動の促進における取締役会と経営陣の役割など、金融機関のリスクカルチャーを構成する幅広い事項に対する監視を強めており、新たな観点としては、個人の行動に着目している。これは、金融危機以前の制度において従業員の責任が必ずしも明確でなかったことや、従業員の行動に対して当局が十分な執行権限を保持していなかったことへの問題点が指摘されてきたこと、また、現実に規制改革を断行している最中、LIBOR（London Inter Bank Offered Rate）の不正操作やマネーロンダリング（資金洗浄）の問題が発生したことも、行動に伴うリスク（コンダクトリスク）への直接の監視強化を促進する誘因となったものと考える。

コンダクトリスクは、新しい概念であるが故に、明確な定義が当局、業界の

間でもまだ確立していない。ただ、英国当局は、コンダクトリスクは、消費者に対する不公正な取り扱いの結果に対するリスク（the Risk of unfair consumer outcomes）と定義し、顧客保護、市場の健全性、有効な競争への悪影響といった観点から、このリスクを捉えようとしている。このスタンスは従来、オペレーショナルリスクで取り扱っていたオペレーションの失敗や、コンプライアンス違反に伴う経済的損失を防止しようとする考え方よりは明らかに広く、かつフォワードルッキング性を強く感じるものである。

　コンダクトリスクを洗い出す場合、まず、企業内の個人の行動に着目し、顧客へのサービスチェーンの中に不公正な取り扱いにつながる可能性がないかを検証していく必要がある。そして、商品開発、販売、情報開示、リスクテイク、保険料徴収、保険金支払い、苦情対応などといった、保険契約に関わるライフサイクルごとに現在の統制環境を検証していかなければならない。[4)]

　コンダクトリスクを検証する過程で、リスクアペタイト・フレームワークを組織の中に浸透させると共に、現場までの各層の活動にその内容を浸透させる効果がある。同時に、経営方針がサービス提供のチェーンを通じて顧客に適切に伝わっていることを合理的に保証する体制整備を意味する。その意味で、コンダクトリスクは、保険ERMの実効性を担保するリスクカルチャーの浸透に関する重要なバロメーターと見ることができる。

　顧客に悪影響を及ぼすと見なされる行動、または市場の健全性に害を及ぼしかねない行動をモニタリングする場合、倫理基準、報酬実務、倫理的行動の促進における取締役会と経営陣の役割など、リスクカルチャーを構成する幅広い事項に着目することに加え、会社全体の行動に大きな影響を及ぼすミドル層へのモニタリングに関心が高まっていると言われている。

　コンダクトリスクを軽減しようとすると、リスクカルチャーが浸透しやすいようなシンプルで透明性の高い組織作りや、ビジネスプロセスにおける各機能の連鎖の明確化、責任関係の透明化、オペレーションの効率化により、コンダクトリスクの原因を軽減するといった発想が必要となる。

　例えばロイズは、保険ビジネスに関するライフサイクルごとに最低基準（Minimum standards）を定めているが、その中に、コンダクトリスクに関す

る最低基準も追加した。コンダクトリスクは、他のリスクと同様、経営が主体的にモニタリングすべきリスクであるため、経営情報としてどのように取り扱い、リスクアペタイト・フレームワークへ取り込んでいくかが重要な検討事項となっている。冒頭で述べた通り、金融機関に期待する水準がますます高くなっている。そういう時代には、先々を見据えたフォワードルッキングなスタンスが何よりも大切である。コンダクトリスクへの対応について例えば、図表Ⅰ-14のハインリッヒの法則5)を意識して、ヒヤリ・ハットの段階での対応強化を進めていく必要があろう。

■図表Ⅰ-14　ハインリッヒの法則（ヒヤリ、ハットの組織内共有）

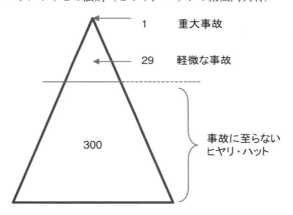

注
  1) ALMとは、資産・負債が抱えるリスクを前提として、自らの資産・負債の構成を能動的に変えることによって、戦略的にリスクを取り、かつコントロールしていくことである。保険会社の場合、保険負債と資産運用の平均残存期間（デュレーション）を合わせることで、両者の金利変動に伴うリスクを相殺するといった手法がよくとられている。
  2) デロイト・ファイナンシャル・サービス・インダストリーグループ「グローバルリスクマネジメントサーベイ第9版―ニューノーマルの中での事業経営：増大する規制と高まる期待」(http://www2.deloitte.com/jp/ja/pages/financial-services/articles/ins/fi-ins-globalrisk.html)
  3) ただ、今回のサーベイでは、これが当てはまるとした回答者は46％にとどまり、

最高リスク管理責任者（CRO）が最高経営責任者（CEO）の直属となっているとする回答が 68% を占めている。
4) IAIS（International Association of Insurance Supervisors：保険監督者国際機構）は、最近公表した文書（Issues Paper on Conduct of Business in Inclusive Insurance Consultation Draft 21 October 2015）の中で、保険契約に関わるライフサイクルごとの検討の必要性を強調している。
5) 1930 年代に米国損害保険会社の技師であったハインリッヒ（Heinrich,H.W.）が工場の災害調査の中から経験則に基づき発見した法則のことで、1 件の重大な災害事故の背景に 29 件の軽度な災害事故があり、さらにその背景には 300 件の傷害を伴わない事象が存在している、というものである。

コラム1

金融危機以降の監督規制の動向

　本コーナーは、保険ERMを検討する際の基礎的事項を取り上げて整理することを目的にしている。免許事業としての保険会社にとって、規制は事業運営上遵守すべき基本条件である。過去より金融機関の破綻や金融システムが脅かされるたびに規制は強化され、リスク管理の強化が要請された。

　2008年に発生した金融危機（コーヒーブレイク2「サブプライムローンによる金融危機」参照）以降、金融機関や保険会社の規制改革が進められている。同危機には多くの金融機関が影響を受けたため、業態を問わず規制改革が進められている。ここでは、金融システムを介在したビジネスモデルを持つ銀行の規制改革の特徴について整理する。

　金融システムの発展過程において、政府は銀行に対してどの程度の規制をすべきか、という命題を常に検討してきた。金融という事業は利益追求を目的とする民間事業だという考えを持つ一方で、他の民間事業とは異なっていることも認識していた。マネーは経済の生命線であり、その循環が確保できなければ、健全な経済活動が機能しないからである。それ故、規制当局は、金融業界にどの程度の利益追求を許し、どの程度のマネーの流通を確保する責任を負わせるべきかという問題に悩まされることとなる。20世紀を通じて規制は拡大を続け、商業銀行と投資銀行の分離を求める米国のグラス・スティーガル法や、米国連邦準備制度理事会（FRB：Federal Reserve Board）が商業銀行に課す自己資本規制はその代表例である。

　銀行規制は、各国の国内規制の上に、バーゼル合意（BIS：Bank for International Settlements）と呼ばれる国際規制が存在するのが特徴である。金融システム面の政策（マクロプルーデンス政策）や、金融市場

のミクロ的な機能（Market microstructure）を高める施策（ミクロプルーデンス政策）が総合的に発揮されなければならない。経済・金融政策における不均衡がもたらす予期せぬリスクへ対応するため、各国中央銀行や財務当局による政策の協調・調整に加え、金融機関の監督・規制体系の業種、国境を越えたハーモナイゼーションを一段と進展させる必要がある。

　中央銀行や財務当局だけでなく、金融監督当局やマーケットプレーヤー等幅広い関係者間で論議して金融市場のパラダイムと規則や行動規範に関する対応の共有を図るバーゼルプロセスと呼ばれる協調・調整機能が、中央銀行の国際機関であるBISを中心とする活動の中で定着してきた。その結果成立したBIS規制はその成果である。その中で、かつては金融機関の一部の専門家の領域であったリスク管理が金融の最も本質的な側面であるとの認識が定着し、リスク管理をベースにした金融行政を再構築することが、金融当局にとっての共通の課題となっている。

　2008年に起こった金融危機を契機として信用秩序確立が重要問題となった。バーゼル銀行監督委員会では自己資本規制強化の議論が進められた。欧州連合（EU）では加盟各国の銀行、保険・年金、証券の各監督機関を統合し、EU全体をカバーする委員会が設置された。さらに、それらの上部に連鎖破綻（システミック）リスクを監視・防止する理事会（ESRB）も設立された。米国でも金融規制改革法が成立し、マクロプルーデンスに責任を負う評議会（FSOC）が設立された。さらに、デリバティブ（金融派生商品）規制、証券化・格付け会社の監督、米連邦預金保険公社（FDIC）改革などに関し法律の整備が進められてきた。

　しかし、このようにマクロプルーデンス面でシステミックリスク対策が整備され、ミクロプルーデンス面でも各種の施策が実行に移されても、市場の信頼性や安定性が十分に確保され市場が公正・効率的に機能する保証はない。

市場参加者である金融機関やその職員が高度金融商品や複雑な取引を駆使して意図的に詐欺類似行為を働き、しかも当局の取り締まりが不十分な場合には、市場への信頼が失われる。リスク管理の高度化が不可欠な要素となっている。

　各国金融機関のリスク管理のあり方を検討する際、グローバルシステム、国家規制、金融・情報通信技術（ICT）、環境、各国民の金融倫理・風土・リスク選好などを含む総合的な視点が必要である。金融危機以降のリスク管理は、グローバル金融システムの改革、金融機関の改革、金融商品取引規制と情報開示、金融技術への再評価といった観点から検証された。

　2009年4月のロンドンG20首脳会議では、国際政治的枠組みとして金融安定理事会（FSB：Financial Stability Board）を設立し、2010年末までに金融システム改革を実行する計画を承認した。その基本的な考え方は「システミックリスクの波及」を防ぎ、国際金融市場の安定性を将来的に確保することである。そのために「システム上重要な」金融市場・金融機関・金融商品の統制と、それに関わる情報開示と監視の枠組みを各国で作ることになった。

　このシステミックリスク概念は、各国内での「銀行間の決済不能リスクの波及」概念から、グローバルシステム全体のリスクの相互関係に着目している点に金融危機の教訓が反映されている。

　米国では、金融規制改革法（ドッド＝フランク法：Dodd Frank Act）が成立した（2010年7月）。その内容は、①「大きすぎてつぶせない」銀行を解散可能にする仕組みの導入（経営のモラルハザード除去）、②銀行の規模と範囲を制限（伝統的商業銀行へ回帰）し、銀行の自己勘定取引禁止、自己資本・レバレッジ・流動性・リスク管理などの規制強化、報酬規制導入、③ヘッジファンド、格付け機関への規制、④証券化に関する規制、重要なデリバティブの集中清算と取引所取引の要求、⑤シス

テミックリスクの監視制度設立など多岐にわたる。1930年代以来の大改革であり、米国の国家的レベルのリスク管理とも言える。

　金融危機には、さまざまなプレーヤーたちのインセンティブとモラルハザードが関与した。これらの連鎖を防ぐためには、金融のプロとしてまず適切なリスク評価が必要であることが改めて確認され、これまでのリスク評価モデルに対する課題も指摘された。例えば、金融危機で明らかなように、多くの金融商品のリスクは、価格の下方変動に関して相関が極めて強くなり、市場リスクと信用リスクは一体化する。そこには市場における「恐怖の共有」的な人間の心理が介在する。その結果、資産の価格下落、市場流動性の枯渇などにより、銀行や保険会社だけでなく事業会社の財務構造も大きく悪化させた。しかしながら、これまでの金融工学的リスク管理モデルは、下方変動に対して相関が大きくなるモデルではなかった。このように、金融危機は、規制強化のみならず、リスク管理の基本的な部分に対しても検証のきっかけを提供している。結果、BIS規則のリスク量計測や、銀行の健全性を点検する資産査定（ストレステスト）の手法に対して修正を求める結果となった。

第 II 章
保険 ERM の活用上の論点

第1節　意思決定の科学

　第Ⅰ章第2節では、保険ERMの実効性を高めるため、リスクカルチャーの浸透、組織構成員各人の意思決定・行動に注目が集まっている点を指摘しました。また最近、個人責任のモニタリングについても監督上の関心が高まっていることに触れました。

　本節は「意思決定の科学」と題しました。ERMの枠組みが現実に実践されるためには、リスクに対する適切な意思決定が重要です。個々の適切な意思決定なくして、組織としての整合性ある活動、経営目標を達成するための企図した活動は期待できません。しかし、一方で、個々人のリスクに対する認知を共有し、組織として整合的な意思決定を実現することは容易でないことも事実です。組織内でリスクアペタイトが明示され、共有されていたとしても、現実の意思決定段階においては、判断上のリスクが介在する可能性もあるからです。このような現実的な観点から、リスクに対する意思決定について考えてみます。

Ⅱ-1-1. 意思決定における錯覚と判断上のリスク

(1)　なぜ今、意思決定なのか

　将来のシナリオは、誰にも正確に予測できない。従って、将来に対して働き掛ける企業活動には無数のシナリオが想定されるし、それぞれに対して評価し選択を行うという意思決定は決して容易ではない。

　経営の歴史を振り返っても、不確実性がもたらす収益機会と損失機会に翻弄され、事態の変化に対する「見極め、見切り」ができず、戦略の変更の遅れから倒産に至った企業も多い。戦略論では、過去の経営破綻においてタイムリーな判断力、先見力、決断力、実行力について多くの事例研究がなされている。

その中で、類似の失敗を繰り返している事実も確認され、なに故、先人の経験を生かせなかったのかが本質的な問題として提起されている。実際、金融バブルの発生・崩壊が周期的に繰り返されている事実から言えることは、この問題に対してわれわれはいまだ十分な処方箋を出せずにいるということだ。

人は「先人の轍は踏みたくない」と考えていたとしても、その後、何度も同じ失敗を繰り返し、経験が十分生かされていない事実を認識させられる。それは、人の意思決定の本源的要素の中にそのような失敗に誘導する要因が含まれているためではなかろうか。例えば、誰でも一度は見たことがあるミュラー・リヤーの矢（図表Ⅱ-1）の錯覚について、知識として知っていたとしても、実際に矢を見たときには広がった矢を伴った線の方が長く見えてしまう。

■図表Ⅱ-1　ミュラー・リヤーの錯視

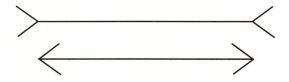

このようにわれわれが自然に感じる錯覚が、意思決定にも存在するのではないだろうか。このように意識することによって、陥りやすい偏り（バイアス）へのリテラシーを高めることが可能になろう。リスクの場合は、特に多面性を有するだけに、われわれに錯覚を呼び起こし、複数人が同じ土俵で論議することを難しくしている。本節ではわれわれのリスクリテラシーを検討するために、意思決定を科学してみたい。

(2)　二つの意思決定方式

意思決定の問題を取り上げる場合、人の心の中で起こっている認知プロセスを確認する必要がある。さらに、その対象がリスクとなると、リスクに対するわれわれの認知について考えなければならない。人は、相反する多様で複雑に絡み合った要素を脳で整理し、瞬時に非常に多くの事柄についての意思決定を

行っている。判断に必要な情報の量とその処理に必要な能力を比較すると、圧倒的に処理能力が不足していることが知られている（限定合理性と呼ばれている）。そのような事実の下でも、一定の合理性を確保して処理能力の範囲内で対処する術をわれわれは身につけているという。それが、現実の世界において思考を節約するための手段、直観を活用した意思決定（ヒューリスティクスと呼ばれる）である[1]。従って、われわれの思考は次の二つの方式として整理される（図表Ⅱ-2）。

■図表Ⅱ-2　意思決定における二つのシステム

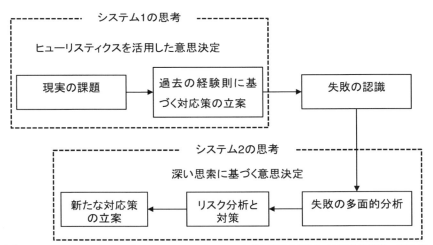

出典：ダニエル・カーネマン『ダニエル・カーネマン　心理と経済を語る』（友野典男監訳、2011年、楽工社）と Finkelstein, S., Whitehead, J. and Campbell, A., 2008,『*Think Again*』(Harvard Business Press) を参考に筆者が作成

　現実の意思決定において「迅速さ」に重きを置きすぎると、システム１の思考に多くを頼ることとなる。ここでは多面的・複眼的に検証、思索することが難しくなり、心理的なバイアスが意思決定に影響を及ぼす恐れも高くなってくる。一方、全ての案件をシステム２で対応しようとすると、多大な時間を要することとなり、逆にタイミングを失ったり、消化し切れず重要な案件を放置してしまう恐れがある。従って、われわれが日々直面する意思決定案件に対して、

どのシステムを使うべきか、われわれは常に選択を迫られている。システム1、システム2の思考のどちらを選択したか、意思決定全体をポートフォリオに見立てることも可能であり、バイアスによる判断上のリスクを最小化しつつ意思決定のスピードも管理していくことが要求されている。

(3) 判断上のリスク

　イソップの寓話の中に塩を運ぶロバの話がある。これは、塩を背負って川を渡っていたとき、滑って水中に倒れ、塩が溶けて身軽になった経験に味をしめたロバが、海綿を背負って川のほとりにやってきたときわざと滑ったが、海綿が水を吸って重くなり、立ち上がることができず溺れてしまったという物語である。リスクを十分確認せず、誤った判断から、重大な事態を招くことの教訓が語られている。

　直感で判断することの意味を考えてみたい。直面する課題の解決を検討する際、われわれは、無意識に事実関係にストーリーを見いだそうとする。そのストーリーは、かつての自分自身の経験を下地にする傾向がある。しかし、この経験上のストーリーと直面する事実が異なっていると、極論すれば、ロバと塩の話のような事態を招く。このようにバイアスの存在を意識すること、つまり、無意識のうちに行っている自分自身の嗜好や行動の特徴を客観的に認知することを、「メタ認知」と呼んでいる。

　さて COSO ERM の枠組みを参照して ERM 体制を整備することは有用であるが、COSO は、この体制は「合理的な保証」を与えるに過ぎないと警告している。つまり、固有の限界が存在している。その一つが、「人の意思決定に介在する判断ミス（Faulty judgment）」である。

　われわれが、戦略形成過程、執行過程における合理性を担保するためには、意思決定過程における判断ミスから生じるリスク（判断上のリスク）に対する管理が不可欠であることを指摘しているわけである。

　不確実性に対して、組織がいかに合理的な意思決定をするかが強く問われる時代である。保険会社は契約者の危険をプールし、統合的に管理することを業としている。それゆえ、組織構成員はリスクに対するプロフェッショナルとして、常にリスクリテラシーの向上が求められる。

リスクアペタイト・フレームワークから逸脱した不適切なリスクテイキングは、組織のリスクポートフォリオを歪める。リスク管理プロセスの最初のステージにあたるリスクの特定・評価においてバイアスが介在すると、図表Ⅱ-3の通り、合理的なリスク処理ができない。環境の変化、リスクの多様化・複雑化はリスクの未知性を高め、同時に自身の判断にバイアスが介在する可能性も高めるという認識がますます重要となろう。

■図表Ⅱ-3　不適切なリスクテイキングの構造

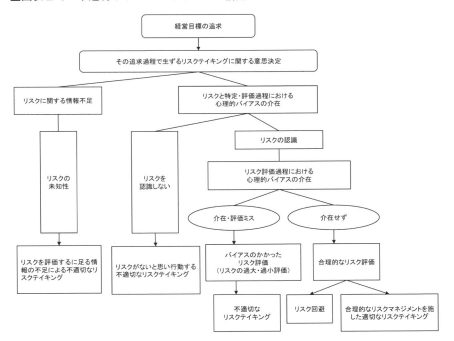

Ⅱ-1-2. ERMの実効性を担保するリスクカルチャーの重要性
(1) 意思決定の合理性とバイアス
　われわれは、日常生活でも将来に対するシナリオについて決定的な情報を得ることはない。これは、われわれが予測を行うとき、過去のデータや経験を頼りにすることが多いが、将来の事象は過去と完全に一致することはないからで

ある。仮に、予想が的中した場合、それはむしろ偶然とも言える。従って、われわれは将来について、不十分な情報の下で、何らかの意思決定を下す必要に迫られている。そのような中で、われわれは事象の「起こりやすさ」の程度を表す情報（確率）を活用して意思決定を行うことが多い。ここで言う予測とは、統計学で言う、「一定の確率で○○から××の範囲になる」というものである。従って、例えば将来の予測値と現行会計における収益や費用のような確定値とは区別しなけばならない。また、将来のキャッシュフローを見積もり、それを前提に戦略論議をする際、想定したシナリオ通り事実が展開することはむしろ稀であることを意識することも重要である。

　将来のシナリオを予見し起こりやすさを認識する際、多くのバイアスに翻弄されている事実が行動経済学の研究で明らかになっている。合理的意思決定を妨げるバイアスとして、例えば、人は望ましくない結果の原因を自分の行動のまずさに求め、無知であったことに求めない傾向がある（後知恵バイアス）。また、人は決定の質と結果の質を混同してしまい、たまたま不幸な結果となってしまった健全な決定を後悔したり、幸運な結果となってしまった不健全な決定を誇りに感じたりする傾向がある（結果バイアス）。

　そこで、意思決定に関わるリスクを理解するためには、人の陥りやすい傾向を知った上で、具体的な意思決定の対象について自分が何をどれだけ知っているかを冷静に検証することが重要となる。それが分からず自信過剰になった場合、人は無意識のうちにリスキーな選択をし、組織を危うくさせる。一方、何事も心配し過ぎて行動を起こせない人は、チャンスまで逃し組織を衰退させる恐れがある。

　ただ幸い、このような将来に対するわれわれの思考の特徴については、多くの研究成果がある。汎用性の高い理論の一つとしてプロスペクト理論がある。これは、獲得する可能性（収益機会：ゲイン）と失う可能性（損失機会：ロス）に対する個人の好ましさの程度（価値関数）は、ある参照基準点を境にして変化するというものである（図表Ⅱ-4）。つまり、ゲインの領域においては、人は一般にリスク回避的な傾向を持っている。一方、ロスの領域では反対にリスク追求的傾向を持つというものである。もちろん個人差があり、そのときの

置かれた環境や財産状況によっても変化する。また、種々の個性が混ざった個人の集合、つまり組織を考えると、リスク追求的な人も回避的な人も混在する。さらに、リスク・リターンの選好は同じでも各人によってその程度は違うので、例えば戦略策定時には、全体的な方向性は一致していても、具体的方策において慎重派と積極派に意見が分かれる現象は常である。

■図表Ⅱ-4　プロスペクト理論─価値観数─

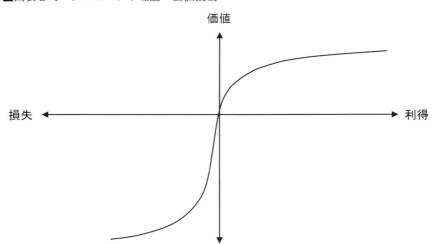

出典：Kahneman, D. and A. Tversky, 1979, Prospect Theory: An Analysis of Decision under Risk, Econometrica 47:263-292.

(2)　本質への肉薄

　未知の事象に対して、部分的解明を試み、その知見を活用してさらなる課題解決にあたるという科学的アプローチは、われわれの歴史の中で繰り返され、多くの成果を挙げてきた。同時に歴史は、人がその基本的な発想の枠組みを転換する難しさも教えている。典型的な例はかつての天動説であろう。地球から見ると、月や太陽が等速の円運動をしていることから、当時ごく自然な考え方として受け入れられた。ただ、惑星の動きを観察すると、時として動きを止めたり、西から東へ逆走したりする事実に直面し、それを適切に説明できない。このような不規則な動きを説明するため、各種の修正（パラメーター修正）を

施し、補強の努力をしたわけであるが、結局は、前提自身を修正し、地球も太陽の周りを回っていると考えなければ説明できなくなった。ものの見方をパターン化する考え方を認知心理学では、「スキーマ」と呼ぶ。これは、思考をショートカットし迅速に判断できる効果があるが、スキーマ的思考が通じない事態に遭遇したときに一転して弱点になってしまう危険もある。従来の思考パターンを自ら崩すことができない場合、本来通じないはずの常識を無理に使ってしまう危険がある。不確実性と向き合うためには、われわれの五感や常識に照らすと信じられない世界や現象を受け入れ、常識に挑戦する勇気も必要になってくる。

(3) 限定合理性

　人が一度に扱える情報量はわずかしかないという。心理学的には、一度に考えることのできる上限値はわずか5～9項目とも言われる。情報量がそれ以上になると頭に入らず、こぼれ落ち始める。心理学者ハーバート・A・サイモン（1916～2001）は、人は情報処理能力の範囲内で処理するために、実際的な処理方法を見いだしていくと説明する。例えば、決定のための要素をいくつか無視し、残した要素に集中して意思決定をする。または、最高の選択を追求するのは諦める。つまり、十分満足である選択肢が見いだされればそれ以上の探索はやめるというものである。人のこのような特性のことを完全に合理的ではないが、そこそこ合理的であるという意味を込め「限定合理性」と呼んでいる。

(4) 合理性を阻害する企業カルチャー

　個人の合理的判断には限界がある。また、複数の人で構成する組織の意思決定においては、さらに複合的な要素が絡むこととなる。

　例えば、グループ行動心理学の中に「ジョハリの窓」という概念がある。これは、1人の人間を知るには、実際上、少なくとも2人の人間が必要であることを説いたものである。ここで自分（ジョン）も他人（ハリー）も知っている事柄を「公開領域」と呼び、自分も他人も知らない事柄は「神秘的領域」と呼ぶ。全てのことを知っているつもりの自分のことについても、図表Ⅱ-5のマト

リクスが示す通り、「盲目的領域」や「神秘的領域」が存在するという認識が大切である。このような認識が、組織構成員のバイアスを回避し、冷静な論議を進める際に役立つだろう。

■図表Ⅱ-5　ジョハリの窓

〈他の人〉

		知っている	知らない
〈あなた自身〉	知っている	1. 公開領域	2. 隠された領域
	知らない	3. 盲目的領域	4. 神秘的領域

出典：アイアン・ミトロフ『危機を避けられない時代のクライシス・マネジメント』上野正安、大貫功雄訳、2001年、徳間書店、97ページ。

組織が持っているリスクカルチャーについても考慮が必要である。これは、不確実性に直面し、収益機会と損失機会を比較考量する際の心理状態は、株で大損を抱えたときや、競馬で負けたときに、それを正当化したい気持ちにかられる状況に似ている。このような状況は「認知的不協和」と呼ばれる。イソップに出てくる「酸っぱいブドウ（Sour grapes）」で示される心理状態もその一

■図表Ⅱ-6　企業カルチャーと危機管理の関係（組織の防衛メカニズム）

タイプ	解釈/例
否定	危機は他社には起こるが、我が社は大丈夫。
不承認	危機は起こるが我が社への影響は小さい。
理想化	危機は立派な企業には起こらない。
誇大妄想	我が社は強大であるから危機を防げる。
転嫁	もし危険が起きるとしたら、だれかが悪いか、もしくは何者かが我が社を陥れようとしている。
理屈	危機が起こる確率は低いから、危機を心配する必要はない。危機を真剣に考える前に、その発生の確率と帰着を正確に測定するべきである。
仕切り	危機は我が社全体に影響を与えることはない。なぜなら各部門はそれぞれ独立しているから。

出典：アイアン・ミトロフ『危機を避けられない時代のクライシス・マネジメント』上野正安、大貫功雄訳、2001年、徳間書店、75ページ。

例である。つまり、目的が達成できなかったとき、その欲求と現実のギャップを埋めるために、自分の都合のよい理屈で埋めたいと思ってしまう心理のことである。

　現実に危機に直面した際、組織がさまざまな防衛メカニズムによって合理的対応を免するケースも確認されている。たとえ初期に警戒信号を受けとっていたとしても、適切な危機管理を行わないことを正当化しようとする心理的障害（図表Ⅱ-6）が働く恐れが指摘されている。[3] ERMの実効性を担保するリスクカルチャーの重要性が昨今高まっている理由ともつながるものである。

Ⅱ-1-3. 判断上のリスクに対するアプローチ
(1)　知見の有効活用

　われわれは、日ごろ特段自覚していないものの、事業計画を立てたり、新たな投資判断をしたりする場合、経営戦略論やコーポレートファイナンスの理論に基づいて考え、行動を起こしている。理論とは、一般に、自然現象や社会現象を法則的、統一的に説明できるよう、筋道を立てて組み立てられた知識の体系と考えられている。そして、ある条件下において、何が、何を、なぜ引き起こすかといった知見を得ることができる。

　理論を知っているから、これから実施しようとしている行動に対して自信や納得が得られることも多く、他者との意見交換においても、意思疎通に関する共通のプラットホームを提供してくれる。ただ、理論は一定の単純化、類型化をしていることや、現実の事象はランダムな要素に影響を受けるので、理論どおりの意思決定プロセスを採ったとしても実際のシナリオは多数存在するため、結果は期待通りとならないことも多いことを十分理解する必要がある。しかしながら同時に、結果はランダムでも、結果を生じさせる前提条件、プロセスや因果関係は必ずしもランダムではない。そして、理論の中で記述されている前提条件、プロセス、因果関係などを正しく理解することによって、われわれの将来の取り組みに対する企図した結果への確率を高めることが可能である。

　不確実な将来をマネージしようとする場合、結果を保証することは誰にもできないが、合理的に対応することによって、その成功の確率を高めることは可

能である。

　仮説が検証されて、その確からしさが公認されることにより、理論として認められていくものであるが、理論も常に反証される可能性が残る以上、仮説と言える。このような反復的検証プロセスを経て理論はさらに精緻化されていく。従って、自分は今どのような段階にある理論を使おうとしているか、当てはめようとしている現実の課題と理論上の前提条件には整合性があるかといった確認は、理論を活用する上で重要である。

(2)　知見の体系化と検証

　自ら保有したリスクの持つ不確実性をいかにマネージするかを問われる保険会社にとって、認知されている危険に対して不確かさを理解する一つの体系的手段として、「内部モデル」がある。保険会社は、内部モデルの構造を理解し、モデルを使った分析により、リスクの特性を理解することが可能である。しかし、内部モデルは原則として過去のデータに基づく蓋然性を前提とする、いわば、現時点におけるナレッジの集大成、当該リスクに対する評価の仮説である。従って、その後、把握したデータや経験によって常にモデルを検証し、さらに納得感のあるものにしていかなければならない。

　例えば、リスクは動態的に捉える必要がある。ある出来事をきっかけとして人々の認知に新たな切り口が追加されることがある。これにより、人々の行動が変わり、それが新たなリスクを生むこともある。かつてEU諸国はそれぞれ経済財政状態に違いがあったが、EU加盟国として、そのクレジット・スプレッドに違いはなかった。しかし、リーマンショック以降各国の違いが認識され、クレジット・スプレッドに反映されるようになり、リスク評価も各国別に異なるものとなった。

(3)　バイアスの回避・是正

　事業計画を立てる際、将来のキャッシュフローを描いたとしよう。マネジャーは、あたかも未来をコントロールしているかのような感覚にとらわれ、知らず知らずのうちにそのシナリオに近い形で事が運ぶような幻想にかられる。

このようにわれわれの意思決定には、無意識のうちに介在するバイアスが存在するので、これに向き合い、それを回避・是正する必要がある。しかし無意識を意識することが、「判断上のリスク」の難しさである。前述のミュラー・リヤーの矢を参考に、どのようなアプローチが必要か考えてみたい。図表Ⅱ-7のように2本の補助線を引いてみよう。そうすると2つの線の両端（ABとCD）が強く意識されることとなる。そうすることで錯視の原因となっている矢への意識が弱まる。ある意味バイアスは意識の偏りから生じるので、それを回避・是正するための仕組みを組織の中に組み込んでいかなければならない。

■図表Ⅱ-7　ミュラー・リヤーの錯視を是正するための補助線

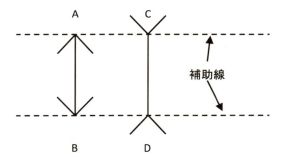

　知覚や言語と文化の関係については、文化人類学において多くの研究がある。同じ言語で意見交換する際も、その言語の背景を構成する文化や価値観を理解しないと、適切な異文化間コミュニケーションが難しいことはよく指摘されるところである。

　例えば、アメリカ人が発した言葉に日本人的に判断し、意味を取り違えることもある。自分の考えに対し相手が"Your thoughts are parallel with my thoughts."と賛同してくれたにもかかわらず、自身はこれだけ説明しても、いまだ平行線なのかと落胆するといった誤解も起こり得る。これはParallelという語から「平行線は交わらない」と考えてしまう日本人と、お互いの方向性は同じだといったアメリカ人の持つ語感の違いから生じる食い違いである。

　同様のことはリスクの特定・評価に関するやりとりにおいても生じ得る。リ

スクに対する認知や評価は、自分自身の経験から形成されたフレームワークに従っていることが多い。個々人のフレームワークは違っているので、そこでキャッチされ、認知される内容も変わってくる。特に、戦略上重要な意思決定を下す場合には、組織としてリスクを多面的に考察しなければならないが、組織構成員の多様なフレームワークから発せられた意見について、食い違いを回避しうまく交流し、総合的評価につなげる必要がある。個々のフレームワークのバイアスによって混乱が生じ得る点にも留意が必要である。

　組織構成員は、その個人が持っている固有のバイアスに影響を受けるが、同時に所属している組織の影響も受ける。例えば、意思決定の際にある特定の者の評価に極度に依存、追随するといった傾向に陥ったり（「社会的手抜きによるバイアス」と呼ばれる）、個人の態度が討論を通じ、さらに極端な方向へ強化されたりする現象も観察されている（「集団極化現象によるバイアス」と呼ばれる）。これらのバイアスは、重要なリスクを見逃したり、リスクの過小評価、過大評価へと導く恐れがある。リスクに対し合理的な評価を行うためには、個人や集団におけるバイアスの特徴をよく理解した上で、その弊害が起きないようにするための仕組みや運営が重要となる。例えば、リスク管理委員会を適切に運営するために、バイアスを意識し、多面的交流を促進する運営は重要である。重要な意思決定において、バイアスの回避・是正の目的で図表3-8のようなサブルーチンを意識的に回すことは一案であろう。

　このような仕組みの中で、リスク情報を交流させる必要がある。事件や事実を伝えるニュースを第1次的情報としよう。この情報に基づきその意味について解釈をする。これを第2次の情報としよう。他の情報と関連付けて、さらに解釈をする。これが第3次の情報となる。このように多種の情報を頼りに思考を深めていく中で、リスクを多面的に理解することができる。これを制度として回していく仕組みが有益となる。

■図表Ⅱ-8　判断上のリスクを統制するサブルーチン

```
                    判断上リスク発生
                          ↓
  ┌──────────────┐     ┌──────────────────────┐
→ │ リスク特定・評価 │────→│ 心理的バイアスに基づくリスク特 │←┐
│ └──────────────┘     │ 定・評価の歪みの確認      │ │
│        ↓         ←──│                      │ │
│  ┌──────────────┐   └──────────────────────┘ │
│  │ リスク処理    │    ┌──────────────────────┐ │
│  └──────────────┘    │ 判断上のリスクに対するリスク処 │ │
│        ↓         ←──│ 理の実施                │ │
│  ┌──────────────┐   └──────────────────────┘ │
│  │ リスクの検証  │←───┌──────────────────────┐ │
│  └──────────────┘    │ 判断上のリスクの残存を認知した │ │
│        ↓             │ 上での検証              │ │
│  ┌──────────────┐   └──────────────────────┘ │
│  │   改善       │    ┌──────────────────────┐ │
│  └──────────────┘    │   改善                │─┘
└──                    └──────────────────────┘
```

(4) リスクとソルベンシーの自己評価（ORSA：Own Risk and Solvency Assessment）プロセスへの参考

　リスクは、さまざまな管理の視点、時間軸、ポートフォリオの切り方から検証することによって理解を深めていくものである。そもそも実務で扱うリスクの大半は、「サイコロの1の目の出る確率は1/6である」といったような、数学的な確率（先験的確率：Apriori probability）が成り立つ世界ではなく、ひずみのある世界であり、不確実な要素を多く含んでいる。そのような特性を持つリスクの管理を業とする保険会社としては、リスクの持つ尽きない深淵さに対抗し得る重層さでリスクを検証していく宿命を負っている。

　今日、保険ERMの重要なツールとなっているORSAは、経営としてガバナンスの目線でリスクを検証していくのに有益なツールと言える。それ故、取締役会は、経営から上がってくるORSAレポートに対して、どのような批判的検証を行った上で承認したかが問われることとなる。執行に携わる経営が作成過程でリスクにバイアスがかかっていないかの検証が必要となる。また、エマージングリスクの捕捉を含め、リスクの網羅性についても問われることとなろう。昨今、ORSAプロセスに対して独立した客観的レビュー（外部専門家

による検証）が試みられているのも、これらの点を考慮したものである。

注

1) ヒューリスティクスとは、必ずしも最適解に導くわけではないが、高い認知的労力をかけずに短期間で満足のいく判断や意思決定を行う簡便な思考方法。いわゆる直観や経験則に基づく意思決定。
2) COSO（The Committee of Sponsoring Organizations of Treadway Commission：トレッドウェイ委員会支援組織委員会）が策定した ERM の枠組み。第Ⅰ章第 1 節「保険 ERM と温故知新」〈3 頁〉参照。
3) アイアン・ミトロフ『危機を避けられない時代のクライシス・マネジメント』上野正安、大貫功雄訳、2001 年、徳間書店、24 ページ。

> **コラム2**

意志決定における主要なバイアス

　認知や判断が歪むことを「バイアス」と呼ぶ。また、直感や経験則を使って判断することを、「ヒューリスティクス」と呼ぶ。ヒューリスティクスを使った場合、バイアスが介在する度合いが高まるといわれている。

　バイアスやヒューリスティクスの特性については、これまで多くの研究がなされている。命名されたバイアスの中には類似の事柄を異なる視点から見たものもあり、必ずしも厳密に体系化されていない。

　将来の不確実性に対する意思決定においては、バイアスが介在する機会が多いと指摘されている。リスク管理に関する意思決定においては、

図表 C2-1：意思決定と典型的なバイアス

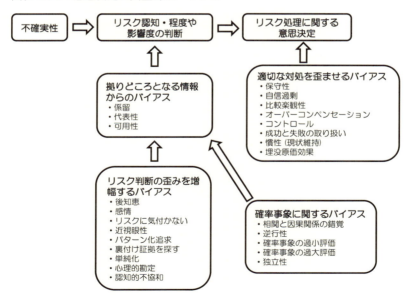

バイアスによる弊害を防止しなければならない。典型的なバイアスをリスク管理のプロセスと関係づけてみると図表C2-1の通り整理される。

（a）個人におけるヒューリスティクスとバイアス
代表的なバイアス（個人）の特徴を整理してみたい。

フレーミングによるバイアス（Framing effect）

何かを決定するときに、何を考慮し、何を無視すべきかを決めることを「フレーミング」と呼ぶ。これは、迅速に物事に対処する際効果的である。つまり、無視してよいものを枠（フレーム）で囲み、無視してはいけないものを別のフレームで囲むことによって、問題解決に近づけることができる。しかし、フレームの設定が適切でなければ、適切な判断や行動に支障をきたす。この現象を、フレーミングによるバイアスと呼ぶ。

可用性のヒューリスティクスとバイアス（思い出しやすさのバイアス）（Availability）

可用性のヒューリスティクスとバイアスとは、ある事象が発生するか否かの可能性についての判断において、その事象に関するイメージを作るための情報が入手しやすいかどうかによって大きく影響されるという現象である。特に外部から十分な情報が与えられていない場合には、自分の記憶の中でも特に思い出しやすいもの、検索可能なものが、意思決定に対し非常に大きな影響力を持ってしまう傾向のことである。

思い出しやすさは、ある事象に関する情報が示される頻度や記憶の鮮明さによって影響を受けるため、「情報の選択的露出（Selective exposure）と記憶のバイアス」と呼ばれることもある。また、類似の現象と

して、「ピーク・エンドの法則」がある。これは、人はある程度の期間にわたった経験を想起してある事象を評価するとき、その期間の経験を均等に考慮するのではなく、特徴的なスナップショットだけを記憶していて、その評価を全体の評価に置き換える傾向があるというものである。

後知恵バイアス（Hindsight）

　起こってしまった後で、「そうなると思っていた」とか「そうなることは初めからわかっていた」などと言う人がいる。このように、結果を知ってからあたかも事前にそれを予見していたかのように考えてしまうバイアスを後知恵バイアスという。

　人には、ある事象が起こったという事実を知らされると、既に起こった事象が再発する可能性を大きく評価してしまう傾向がある。つまり、自分自身が経験した出来事を、経験していない出来事より重みをつけて評価する傾向と同じである。

係留ヒューリスティクス（アンカーリング：Anchoring）

　不確実な事象について予測をするとき、初めにある値（＝アンカー）を設定し、その後で調整を行って最終的な予測値を確定するのが、アンカーリングというヒューリスティクスである。これは、船がいかりを降ろしているときに、いかりと船を結ぶ艫綱の長さの範囲内だけしか動けないように、最終的な判断や意思決定が最初に設定したある値に制約され、結果として適切な調整ができない現象である。

　実際に、既に提供されている情報、あるいは自分で記憶している情報を基準点（参考値）とし、そこからの調整（アンカーの周りに推測値を係留させるように）でもって意思決定を行うことはよくある現象である。例えば、人は、評価の対象になった事象に対して、必ずしも直接関係のない数値や専門家の意見や態度を無意識のうちに基準点にし、直感的推

論を行おうとする傾向がある。

代表性によるバイアス：（Representativeness）

　特定の個人やグループにおいて見いだせる特性をその代表性と呼ぶ。人が判断する際に論理や確率に従わず、ある集団の持つ特性と現実の事象の特性との関連性を基準にすることである。その場合関連性が薄いにもかかわらず、両者を類似していると考えてしまうバイアスのことである。例えば、少数の標本では母集団の性質を代表し得ない。しかし、あたかも母集団の性質を小標本が代表しているかのように思い込んでしまう。これを大数の法則（母集団から抽出される標本の大きさが大きくなるにつれ、その標本の平均は母集団平均に近づく）をもじって、小数の法則（Law of small number）と呼ぶ。

感情ヒューリスティクス（Emotion）

　人は感情の動物と言われる。外的な環境変化や何らかの出来事をきっかけとして、あるいは生理的な変化などによって、楽しさなどの肯定的感情（Positive affect）や怒りや悲しみなどの否定的感情（Negative affect）を抱いたりする。多くの状況で、意思決定が感情によって影響を受けることが知られている。つまり、人は選択問題に直面すると、まず選択対象に対して「良い」か「悪い」かあるいは「快」か「不快」か「安心」か「心配」かといった感情が働き判断が影響を受けることがある。

保守性のバイアス（Conservatism）

　新製品に対する消費者の意見を営業部門の者が技術者に伝えたとしても、その技術者は自分自身の信ずる考えを重視し、そうでない意見を軽視あるいは無視してしまうがために、営業部門と技術部門の認識がすれ

違うといった話はよくある。つまり、客観的に正しい情報に接したとしても、既に自分の中にできた考え方によって、認知が選択的となるために、意思決定にバイアスがかかってしまう。このような場合、結果として、極めて保守的な判断傾向となるので、保守性のバイアスと呼ばれる（Negative feedback loops と呼ばれることもある）。

認知的不協和のバイアス（Cognitive dissonance）

　人は、自己の認知体系の整合性を保とうとする強い傾向を持っている。整合性が失われると、それを回復しようとする。人は自分をスマートで賢いと考えたがるものである。脳は自分の悪いイメージに対して良い気持ちにはならない。これを心理学の用語で認知的不協和と呼ぶ。
　こうした心理的苦痛を避けるために、脳はそれを無視し、反発し、都合の悪い情報を最小化しようとする。
　たとえば、大事なテストの後、解答にあえて目を向けないという行為もそうである。否定できない事実には、信条を変化させて対応したり、信条を過去の判断と首尾一貫するように変化させることがある。これにより、正しい判断をしたかのように信じようとすることができるのである。

慣性のバイアス（Inertia）

　何の行動も起こさないことは安全と思ってしまうバイアス（Inaction inertia）のことである。現状維持バイアス（Status quo bias）とも呼ばれる。これは、客観的に判断すれば、現状を打破しなければならないと考えられる場合でも、人は現状からの変化を回避しようとする心理的バイアスを言う。
　一般に、現状からの変化は、良くなる可能性と悪くなる可能性の両方がある。そこで、現状がとりわけいやな状態でない限り、損失回避的傾向が働き、現状維持に対する強い誘引が働く。このバイアスが引き起こ

す例としては、いざ想定していない事態がふりかかったときに迅速に適切な行動が取れないといった恐れや、もう少しデータを集めて分析してから意思決定しようとしていると実際にその事態が起こってしまい、結果として後手に回ってしまうようなケースが想定される。

相関関係と因果関係の錯覚によるバイアス
(Difference between causation and correlation)

　因果関係と相関関係は異なる概念である。つまり、ボールを投げるという事象とボールが飛ぶという２つの事象の関係のように、必ず起こる直接的関係を因果関係（Causation）と呼ぶ。これに対し、寒くなると雪が降るといったような関係を相関関係（Correlation）と呼ぶ。これはある事象（雪が降ること）とその他の事象（気温が低くなること）との間の連動性のことである。２つの事象の背後に共通の原因があり、その原因がそれぞれに影響を及ぼしている場合に観察されることが多い。変数の背後に潜んでいる共通の因子を探し出す作業を因子分析と呼ぶ。

　このように因果関係と相関関係とは異なる概念である。統計学は「相関の強さ」を扱う学問であって、「因果関係」を証明するツールではない。しかし、人は因果関係と相関関係を直感で区別する傾向があり、統計的精緻度でもって厳密に区別する場合は少ない。従って極めて強い相関の場合、原因と勘違いして意思決定を行うというバイアスが生じやすい。

自信過剰によるバイアス（Over confidence）

　自らのリスク管理能力を過信し、発生する結果の範囲を小さく見積もるバイアスのことである。例えば、投資家が情報の分析能力を過信することにより、過度の取引やリスク負担をし、多額の損失を被ったとする。その場合、自信過剰の原因として、情報量の増加と予測の正確さは必ず

しも比例するものではないが、それが比例するものと思い込んでしまうことによって生ずる。

比較楽観性によるバイアス（Comparative optimism）

　人には、望ましいことについては自分は他人よりも比較的高い確率で経験し、望ましくないことは他人よりも比較的低い確率で経験するものと思いたい傾向がある。つまり、客観的な予測より楽観的にリスクを評価することから生ずるバイアスのことである。

　人はいろいろな場面で自分の技術を平均より上に見ようとする傾向があることは、心理学者により指摘されている。例えば自分の運転技術を採点してくださいと言われると、ほとんどが平均より上だと答える。理論的には平均より上のドライバーは全体の49.9%しかいないはずである。

リスクに気づかないバイアス（Complacency）

　日常行動の中に組み込まれたリスクは、自分の中で自然な感覚となってしまうことがある。その結果、事実としてのリスクを軽く見てしまうバイアスのことである。例えば車の運転は日常化してしまっているので運転に伴うリスクを事実より低く見てしまうことや、他の同類の事象より軽視してしまうような事例が考えられる。

　組織に深く浸透した文化や組織構成員が共有している世界観などに合致しない情報は無視され、構成員は変化のシグナルに気づかない。そして環境が変化したにもかかわらず既存の戦略を継続してしまい破綻に至るといった事例には、本バイアスが介在している。これは、「組織の慣性」という概念で説明されることもある。

オーバーコンペンセーションによるバイアス（Over compensation）

　ある特定のリスクへの対応に成功した場合、同類のリスクも含め、対

処できたと自信を持ってしまうことから生ずるバイアスのことである。例えば、利益を得た経験の後では、人はより多くのリスクをとる傾向がある。逆に損をした経験があると、リスクを回避しようとする傾向と、損失を埋めてゼロ（ブレーク・イーブン）にしたい誘因が生まれる。

　よく引き合いに出されるのが、ドイツ連邦交通省による次の調査である。

　ドイツでは、新しいタクシーにABS（アンチロック・ブレーキ・システム）が装備された。急にブレーキをかけてもタイヤがロックされないため、ぬれてスリップしやすい道路での操作性が特に向上した。しかし、ドイツ当局の調査によると、ブレーキとしてはより安全性の高いABS搭載のタクシーの事故件数の方がはるかに多いことが分かった。ABS搭載のタクシーの運転手の方がスピードを出すし、カーブを曲がる角度も急で、ニアミスが多く、その上ABSを装備していない車の運転手よりブレーキの踏み方が荒いため、かえって危険な状態であったことが確認された。

近視眼性のバイアス（Myopia）

　最近起こった事実に影響を受けてリスクの評価をするといったバイアスのことである。最も新しいものが優先され、それ以前のものは軽視または無視される傾向があるという点である。例えば川辺に建った家を購入しようとして、最近20年の洪水の有無を調べた結果、存在しなかったため安全だと思い込んだところ、さらに20年過去の歴史を調べてみると、洪水が多発している地域だということが判明するような場合があったとすると、意思決定を誤る恐れがある。

パターン化探求のバイアス（Pattern seeking）

　事象の裏に何らかのパターンがあるものとして、そのパターンを探し

て理由づけしようとすることから生ずるバイアスのことである。

　将来を過去のデータの傾向から推測することは、一見科学的ではある。実際確率論的手法で将来を推定することは合理的判断と言える。しかし、その前提として、将来も過去も同じ客観的環境の下にあると見なしている点に注意が必要である。つまり、現実の世界は常に変化しているという事実を無視して、盲信する恐れがある。

逆行性のバイアス（Reversibility）

　ある視点から観察すると一定の方向性が見いだせるが、実際の変化には逆の意味が内在している場合がある。その内在する本質を無視してしまうバイアスのことである。

　例えば、絶対値としては売り上げが上昇している状況が続いているが、商品のライフサイクルや市場の成熟といった要素により、上昇率は徐々に低下しているような場合である。

　また、ある程度の期間にわたって平均値や分散が一定であるようなデータでは、ときどき平均よりも大きく離れた値が出ることがあるが、それは長くは続かず、遠からず平均値へと回帰するような事態においても逆行性は観察される（「平均への回帰：Regression to the mean」と呼ばれる現象である）。

単純化のバイアス（Simplifying heuristics）

　認識を容易にするため事実を単純化して整理しようとすることから生ずるバイアスのことである。例えば、ある要素が明らかに深刻な問題を起こさないと分かっている場合は、小さな違いを無視し、単純化し、認識を容易にすることが行われる。この場合、不注意にかつ、不必要に単純化を行うと無視された要素の影響で予想外な結論に陥る恐れがある。

　経済モデルやファイナンシャルモデルも一定の前提条件の下で構築さ

れている。従って、複雑な現実に対して一種の単純化が行われているわけであるが、この単純化されていることを忘れてモデルの分析結果を現実だと勘違いしてしまったり、単純化の過程で無視されたはずれ値の存在を忘れてしまうことも、このバイアスと言える。

心理勘定によるバイアス（Mental accounting）

リチャード・セイラー（Thaler, R.）により提唱された概念であるが、企業が会計システムを使って業績を評価するのと同様、人の心の中にも「会計勘定（Mental accounting）システム」が存在していると考える。この会計処理から生ずるバイアスがある。つまり、人の行う意思決定、行動、結果は、コストと利益という形で脳のファイルに記録される。

ある劇場に行くチケットをあらかじめ自分で買っている場合と、劇場に行って買う場合とでは、当日の状況変化への対応に差が生ずる。当日雨が降ったり体調が悪かった場合、チケットを買っていなければ、容易に行動を変更する可能性があるが、既にチケットを購入している場合は、予定を変更することに極めて消極的になる。逆に、ただでもらったチケットの場合も容易に予定を変更する傾向がある。

埋没原価効果のバイアス（Sunk cost effect）

経済学では回収不能な過去のコストのことを「埋没原価」と呼ぶ。合理的に意思決定を行う者は、将来の利益とコストのみを相互比較して決定するべきであるが、現実には、既に発生したコストにひきずられて意思決定するケースがある。

英仏が共同開発した超音速旅客機コンコルドは、開発の中途で、たとえ完成しても採算が取れないことが予測されたが、それまでに投資した開発費が巨大だったことから、その計画を放棄することができなかったため、「コンコルドの誤謬」と呼ばれる。この事例も、埋没原価効果の

バイアスの一例である。

裏づけ証拠を探すバイアス（Search for supportive evidence）

　ある結論に結びつく事実を集め、その結論に反するものを無視しようとし、結果として歪んだ分析・根拠に至るバイアスである。例えば企画や計画を立案しようとする者が、自分の案を正当化させたいという思いが強くなり過ぎるとしばしば陥るバイアスである。

成功と失敗の取り扱いに関するバイアス（Attribution of success and failure）

　成功の理由と失敗の理由を公平に扱おうとしない心理的傾向に関するバイアスのことである。例えば、人には、成功は自分自身の力であり、失敗は運が悪いか、他人の間違いのために起こると考えようとする傾向がある。このような傾向が正確な原因究明を妨げ、将来間違った意思決定へと導く恐れがある。

確率事象の過小評価バイアス（Underestimating uncertainty）

　一般に確実視されている事象より、将来いつ起こるか明らかでない事象の評価は困難である。いわば認知のゆらぎが生ずる。しかも、前述の比較楽観主義、相関関係と因果関係の錯覚、成功と失敗の取り扱いに関するバイアス等が関与する場面においては、将来に関する不確実な事象を過小評価しようとするバイアスが強く働くことが確認されている。

確率事象の過大評価バイアス（Overestimating uncertainty）

　投機的市場が成り立つのは、リスク追求型の投資を行う人が存在するためである。これらの投資家は、将来の投資商品のリターンについて、リスク回避型の人に比して、リターンといった確率事象を過大評価する

傾向が指摘される。

独立性バイアス（Independence bias）

　二つの事象が独立といった場合は、片方の事象が起きたことが分かっても、もう片方の事象の起きる確率が変化しないことを意味する。また二つの確率変数が独立といった場合は、片方の変数の値が分かっても、もう片方の変数の分布が変化しないことを意味する。

　しかし現実には、独立していない標本データを集めることで重要な失敗をすることがある。典型的な事例として人々の記憶にとどめられているものに、1936年に雑誌「リベラリー・ダイジェスト」が、フランクリン・ルーズベルトとアルフレッド・ランドンとの大統領選挙の結果を予想したアンケート調査の実施がある。電話帳と自動車保有台帳から名前を選び出し、返信はがきつきで100万人に回答用紙を送った。その結果、ランドンには、59％、ルーズベルトには、41％の支持が集まった。ところが結果は、ルーズベルトに61％の支持があった。この原因は、1930年代中頃の米国では、電話や自動車を保有する人は、選挙民のランダムなサンプルとは言えなかったところにある。つまり、独立性のバイアスに陥っていたのである。

曖昧性回避のバイアス（Ambiguity aversion）

　人が持っている、曖昧な状況はできるだけ避けようとする習性のために生ずるバイアスのことである。

　ダニエル・エルスバーグ[1]の実験は興味深い。彼は、100個ずつの玉が入った二つのつぼから赤い玉か黒い玉を取り出す賭けの機会を、いくつかのグループの人々に与えた。

　つぼ1には両方の色が50個ずつ入っているが、つぼ2の玉の内訳はわからない。しかし1回の試行でつぼから一つの玉を取り出すとするな

ら、1回の試行によって取り出される玉は赤い玉か、黒い玉であり、それはどちらのつぼにおいても同じである。つまり、例えば赤を取り出す確率は 50% であり、二つのつぼは変わらない。ここで、赤を出したなら、1万円をもらえるとした場合、どちらのつぼを選ぶかを質問した場合、圧倒的多数がつぼ1からの抽出に賭けることを選択した。この結果は、人は「確率の与えられた環境」と「確率が分からないような不確実性」との間では後者を嫌うという本バイアスの現れである。

<u>コントロールに関する幻想のバイアス（Illusion of control）</u>

人は環境をコントロールできない状況であっても、あたかも自分がコントロールできるかのように思い込んで危険な賭けに打って出ることがある。自分の成功の原因は自己の能力の高さに帰属させ、失敗の原因は環境の変化などの外的要因に帰属させたがる傾向がある。人は、結果の連続（起こった結果が続くと感じること）に慣れたり、あるリスクに関する多くの情報を収集したり、積極的に関与するといった行為をとると、そのリスクに対してコントロールが可能だという幻想に陥りやすいというバイアスを持っている。たとえば、宝クジで、買う人が自分でラッキーナンバーを選べるようになっている場合（自分が特定の番号を選ぶというコントロールが効くと思う）と、選べない場合とでは、選べる場合の方に当選する確率を高く見積もる傾向があることが確認されている。

（b）集団におけるバイアス

集団になると思いもよらない行動をとることは種々の研究で明らかにされている。人間で構成する集団においても無意識の内に同様の集団行動の特徴が生ずることがあるので、留意が必要である。

「群集の知恵」と呼ばれる現象がある。それは、集合的な予測はその集団の中の10人による最高の予測を上回る精度を発揮することを言う。

「例えば、びんに1円玉を詰めて、中にいくら入っているか一番近い予測をした人に100ドルの賞金を出すと大学生のクラスに言ってみよう。この場合の集団の知恵は、全員の予測値の平均を計算すれば決まる。そして、この平均値は、個々の予測値のどれよりも実際の値に近いことが多いというのは、何度となく示されている[2]。」このように、集団で物事を判断するプラス面は多いが、逆にマイナス面にも注意が必要である。個人が集まった集団の意思決定において、個人の有するバイアスが相互に影響し合うという事態が発生する。その場合、個々人の間で認知的不協和が生じ、それへの対応のプレッシャーから集団特有のバイアスを形成することがある。それ故、これまで個人の意思決定に関するバイアスだけでなく、集団特有のバイアスについても注目する必要がある。以下に、代表的な集団における意思決定バイアスを挙げてみたい。

<u>同調圧力によるバイアス（Conformity pressure）</u>

　内容の客観的な正確さとは関係なく、集団内の大勢意見に同調しなければならないような雰囲気が生じる状況を指す。個人の判断が同席している他者の判断に影響されることである。

　この同調圧力では、同調する先にある意見の客観的な正確性が問題となる。もしもこの意見が、単純に間違っているとか、道徳的に正しくないといった場合には、この集団での意思決定は大きな問題を抱えることになる。こういった個人の意思決定に影響を及ぼす社会的影響力は、下記の二つが存在していると言われている。

①他の情報源からの情報の信憑性を自分があらかじめ持っていた情報のそれよりも高いと信じ、自分の意思決定の根拠に使ってしまうという心理的な作用。
②内心では正しいとは思っていなくても、他人の期待や気持ちを損なわないよう配慮したいがため、表面上ではあるがその意見に同調してしまうという現象。

人は意思決定に不安がある場合は、他者の行動をまねる（模倣、追随する横並び行動）傾向がある。そして、多くの他者がとっている行動故に正しいと理由づけることを社会的証明（Social proof）の原理と呼んでいる。

少数派影響力によるバイアス（Minority influence）

　同調圧力現象で見られるように、一般的には少数意見は多数意見に比べ無力であることが多い。しかしながら、逆に、その少数意見が集団の意思決定を大きく左右することになり、バイアスを生むこともある。

　例えば、ある新製品のコンセプトを議論している際、1人だけ際立って他の意見と異なる場合、もしもその人間が日ごろから創造的な人物であるとの評判があった場合、その人物の意見が通ってしまうこともある。

社会的手抜きによるバイアス（Social loafing）

　ただ乗り（Free riding problem）とも呼ばれる現象で、個人の動機が集団になると下がることから生ずる現象である。集団で意思決定する際には、個人で意思決定するときよりもその努力の度合いを下げてしまう。このような行動によって生ずる意思決定上のバイアスと言う。

　集団で議論をしている際、他のメンバーから適当な量と質のアイデアが出されている場合には、自分自身必死になって新しいアイデアや論点を集団に提供しなくなるような事例である。つまり、個人の貢献が明確に評価されないような環境に置かれると人間は手抜きをしてしまう傾向がある。

集団極性化現象によるバイアス（Group polarization）

　個人の態度が、討論を通じさらに極端な方向へ強化される現象を指す。つまり、よりリスキーなアイデアを持つ個人は、集団での議論を通じ、

さらにリスキーなアイデアを志向するようになり（リスキーシフト）、その反対に、より保守的なアイデアを持つ個人は、さらに保守的なアイデアを志向する現象である。このような傾向によって集団の意思決定が歪んでいく恐れがある。

　この理由として、人間は他人が自分と同様の意見を共有していると知ると自分の意見をより強力に信じるのではないかという理由づけや、集団での議論を通じて意思決定がなされたとしてもその責任の所在が曖昧であるがために、より極端な志向に流れるのではないかといった理由づけがなされている。

過剰配慮によるバイアス（Excess consideration）

　他者の置かれている状況やその気持ちを過剰に思いやるがために、個人としては望まない結論を集団として出してしまう現象を指す。

　たとえば、グループ内であまり存在感がない人物が、周囲の注目を集めようと個人的には正しいとは思わない奇抜なアイデアを出したとする。周囲の人物は、たまにはこの人物の意見も尊重してやろうと、個人的にはそのアイデアを正しいとは思わないが、ついつい賛成してしまう。

　結局、誰も個人としては望まない結論を、集団として決定してしまうといった現象を引き起こすことになる。

集団びいきのバイアス（Group-serving bias）

　組織構成員が成功を集団の属性に、失敗を状況に帰属させがちになることである。一人の行動の原因を外的な他の様々な要因があるにもかかわらず、その人が含まれる集団の帰属に求めようとする傾向をいう。

集団思考（Group think）

　集団が無敵であると感じたり、満場一致幻想を持ったり、過剰に楽天

的であるときに起こる。集団において危機状況が起きても、誰も決定に対して異議を申し立てられなくなり、組織構成員はその決定を傷つけるような外部情報から自分たちを守ろうとするようになる。集団思考は非常に凝集性の高い組織において起こりやすい。

<u>社会的促進（Social facilitation）</u>

　他者が存在するため個人のパフォーマンスが影響を受け、促進される現象を言う。ケースによっては阻害される場合もある。これは観察者の存在が覚醒水準や動因水準を高めるからである、と説明される。これにより、個人の判断が他人の存在の影響を受け、本来の内容と乖離することもある。

注

1) Ellsberg, D.1961, Risk Ambiguity and the Savage Axions, *Quarterly Journal of Economics*, 75,643-669
2) イアン・エアーズ『その数学が戦略を決める』山形浩生訳、2007年、文藝春秋、36ページ。

第2節　不確実性と ERM

　前節「意思決定の科学」では、ERM の枠組みが現実に実践される際の意思決定の重要性に焦点を当てました。適切な意思決定が現実に難しいのは、われわれを取り巻く危険に不確実性をはらんでいるからです。

　不確実性といかに向き合うかは、ERM にとって永遠の課題の一つです。本節ではこの点に焦点を当てるため、「不確実性と ERM」と題し、不可避な関係にある不確実性と保険 ERM の関係について整理してみたいと思います。

Ⅱ-2-1. 保険で対処できる領域と限界

(1) 不確実性と保険制度

　保険は多数の者が保険料を出し合いプールし、保険事故が発生し、生じた損失を埋め合わせるため、そのプールから保険金を給付する制度である。

　ここで、保険の価格（保険料）決定について考えてみよう。この際、二つの要件が必要となる。一つ目は、保険契約者に支払うことを期待されている保険金コストと保険会社が、保険制度を運営するために必要と考えられている期待運営管理コストを用意するのに十分な保険料であること、二つ目は、リスクを伴う保険事業に出資する投資家に対して、期待収益を提供し得る保険料であることだ。この二つが成立しなければ、経済制度としての保険の仕組みは継続できない。このような保険料のことを「公正保険料（Fair premium）」と呼んでいる。

　「国際財務報告基準」、通称「国際会計基準」（IFRS：International Financial Reporting Standard）の Phase Ⅱ 草案（2010 年 7 月）は、保険契約を定義しているが、その前提条件として、保険事故や支払保険金の不確実性の存在を挙

げ、次の要素に言及している。
　①保険事故が発生するかどうか（発生可能性）
　②保険事故がいつ発生するか（発生時期）
　③保険事故が発生した場合に保険者はいくら支払う必要があるか（保険金の水準）
―である。

　このように不確実な経済的損失を補償・保障するという機能を担った保険制度を運営するための基礎を確率論・統計学における大数の法則に求めている。つまり、個々の保険契約者にとって不確実であったとしても、多数の人から成る集団を捉えれば、一定期間における保険事故による損失の確率が安定的に算出できるという点である。このようにして、一定期間に保険会社が支払わなければならない保険金の総額を予測し、これに見合う保険料を保険契約者から徴収すれば、保険料の総額から保険金の総額を差し引いた収支は中期的に均衡することとなる（「収支相等の原則」と呼ぶ）。このように保険制度を適切に運営するためには、不確実性をマネージすることが不可欠となる。われわれが不確実性について深く理解する意義はここにある。

　保険金は経済的損失を埋め合わせるために支払われる。その意味では、保険は極めて経済的取引と言えるが、同時に、保険事故に関連して発生する法的責任や環境問題への対処、自然災害からの復興、社会保障制度の補完など、保険は社会・経済問題に深く関わっている。その意義は単に保険会社／契約者間の経済問題にとどまらず、広く社会・経済・個人生活といった文脈で考えなければならない。

(2)　経済学から見た不確実性

　経済学の視点から保険の意義を整理してみる。保険会社から見れば、前述のとおり大数の法則により、「個の不確実性」を「集団の確実性（安定的な期待コスト）」に変化させることで成立するビジネスである。一方、保険契約者（購買者）から見ると、保険事故によって所有する財の価値の毀損や死亡・疾病による収入の喪失といった価値変動にさらされずに済むという効果を得るた

めに保険を購入する。いわばリスク回避型の保険契約者がリスク中立型の保険者との間で結ぶ危険分散取引と見ることができる。

1921年にフランク・ナイトは、われわれの直面する不確実性、つまり確率的状況（Probability situation）を三つのタイプに区別した。それは、サイコロの「1の目」の出る確率が6分の1であるように数学的命題として捉え得る状況（第1のタイプ）、過去のデータから統計的・経験的に確率が決まる状況（第2のタイプ）、事例がユニークであり、確率計算が不可能な状況（第3のタイプ）、の三つの分類である（図表Ⅱ-9参照）。

■図表Ⅱ-9　ナイトの不確実性の3分類

タイプ	確率的状況	リスクか不確実か	測定の可能性
第1のタイプ	先験的確率 （apriori probability）	リスク（risk proper）	測定可能な不確実性 （measurable uncertainty）
第2のタイプ	統計的確率 （statistical probability）	リスク（risk proper） （実際に保険の対象になるリスク）	同上
第3のタイプ	諸々の推定・判断 （estimates, judgments）	真の不確実性 （true uncertainty） （保険対象とするのが困難なリスク）	測定不可能な不確実性 （unmeasurable uncertainty）

出典：酒井泰弘『ケインズ対フランク・ナイト』2015年、ミネルヴァ書房、89頁の表に基づき筆者が一部補足説明を追加した。

一般事業会社は、自社が抱える危険（それが発現すれば、損失が発生し、資本が毀損する）について保険を購入することにより、価値の変動（不確実性）を保険料という費用に固定化することができる。

ここで、ナイトは数量化できない不確実性（「真の不確実性（True uncertainty, or Unmeasurable uncertainty）」）を利潤と結びつけて説明する。つまり、この不確実性については、保険購入という形でリスク移転できないため、自社内に抱えることとなる。企業にとって、この不確実性が価値を大きくプラスにもマイナスにも変動させる源泉となる。もちろん、これに挑戦し成功すれ

ば大きな利益を獲得し得る。

このようにナイトは、真の不確実性を利潤との関係で整理し、企業家（Entrepreneur）への報酬と市場経済制度のダイナミズムとを結びつける[1]。

株式会社はいくつもの事業（Venture）に取り組み、ポートフォリオの多様性を高め、成功と不成功を相殺（分散効果と呼ぶ）して、会社全体の損益を安定させていこうとしている。

ナイトと同様、蓋然性、不確実性、複雑性の問題に最大の関心を示した経済学者は、ほぼ同時代に活躍したジョン・メイナード・ケインズ（1883～1946）である。ケインズは、1921年に『確率論』[2]を発表し、そこで展開した不確実性の考え方を踏まえ、1936年に発表した『雇用、利子および貨幣の一般理論』の中で、民間投資の不確実性から非自発的失業が生じることを解明し、その対策として政府による介入の必要性を説いた。

経済学者酒井泰弘（1940～）は、『ケインズ対フランク・ナイト』[3]（ミネルヴァ書房 2015年）の中で、ケインズの蓋然性と不確実性の考え方をナイトと比較し、ケインズはナイトの三つの分類に加え、蓋然性という名の中間ベルトを加え、その概念を整理したと説明する（図表Ⅱ-10参照）。これは、現実の世界ならば、「測定可能」と「測定不可能」の境界線はそれほど明確でなく、曖昧模糊たる緩衝地帯が存在するといった発想から、これを加えたものであろうと解説している。

■図表Ⅱ-10　ケインズ体系における蓋然性と不確実性

出典：酒井泰弘『ケインズ対フランク・ナイト』2015年、ミネルヴァ書房、64ページ

(3) 保険リスクにおける不確実性要因

　保険会社が引受ける危険は、ナイトの分類においては、確率論・統計学的に表現可能なリスクではあるものの、利用可能な過去のデータですべての将来を説明できるものではないため、保険会社の取り扱う危険には不確実な要素を内包している[4)]。それ故、リスクポートフォリオの多様性を高めることにより、不確実性の要因を相殺して、その影響を低下させる努力を行っている。

　リーマンショック以降、不確実性への対処という観点から再びナイトとケインズが見直されている。保険ERMの実務において、リスクと不確実性の峻別が重要である。保険が取り扱う個々の危険は変動性を有し、その動きを正確に予測することは不可能である。保険が確率論、統計学の法則を活用するとはいえ、制御された実験室の中での現象を取り扱うのではなく、現実の社会におけるパターンを洗い出して管理しようとしていることを忘れてはならない。ナイトの分類における第2と第3のタイプの境界は不明瞭である。ある意味不確実性の程度の問題によるとも考えられる。それ故、保険ERMの実務においては、リスクと不確実性を峻別し、その不確実性の度合いを意識して取り扱っていく必要がある。そして、その不確かさの度合いを理解した上で、定量的情報の弱点をその他の定性的情報で補完していくといった発想が必要となる。

II-2-2. 保険会社の使命と枠組み

(1) 保険ポートフォリオの意義

　ここで保険の原理について、極めて単純なケースを想定して整理してみたい。例えば、ある個人100人の集団があり、直近1年間において、特定の危険によって、97人には損失がなかったが、個人A、B、Cに損失が発生した。その損失額は図表II-11のようなものであったとする。

　より多くの集団のデータを収集し、1年間に発生する損失に関するヒストグラムを作ったところ、図表II-12のような分布に近似したとする。このような状況が観察されるなら、各個人から、分布の期待値（図表II-12の"e"）だけの資金を徴収し、プールすると当該集団の損害を補てんすることが統計学上は可能となる。

■図表Ⅱ-11　過去1年間の損失発生状況

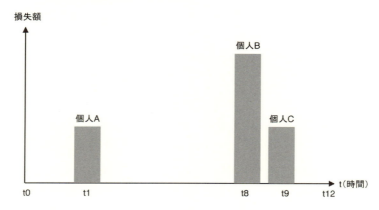

■図表Ⅱ-12　多数の集団による多年度のデータに基づく1年間の累積損失の確率分布

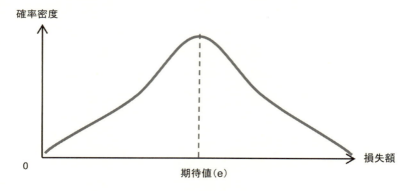

　このような仕組みが、危険のプーリングアレンジメントと呼ばれるものである。保険会社は、各種保険種目に関しプーリングアレンジメントを運営する専門家と言える。大数の法則が機能するプールを作っていくためには、当該プールに参加する者を募り、契約を締結し、集金を行うプロセスが必要となる。専属営業職員、独立保険代理店、保険ブローカーなどといった流通システムが必要となる。また、保険プールに参加する者の期待損失を認識するプロセスがアンダーライティングである。これらのコストは、保険引受け費用と呼ばれる。
　また、損失が発生し保険金請求に対して、保険条件に従って適切なプロセス

をとり、保険金を支払うために要するコストは、損害査定費用と呼ばれる。

　保険会社が、プールを大きくすれば、その期待値も安定するので、リスクを固定化する精度も高くなる（大数の法則）。また、異なる複数の危険プールをポートフォリオとして管理することを考えてみる。あるプールの損害が期待値より大きい年度があったとしても、他のプールの損害が期待値より小さければ、ポートフォリオ全体としては、期待値で着地する可能性も高くなる。もちろん逆の場合もあるが、そのように正の相関（複数事象が同じ方向に動くこと）ではなく、それぞれ独立した危険プールでポートフォリオを形成すれば、全体の危険の変動性に対する耐性は強化されることとなる（分散効果）。

　このように保険会社にとって、リスクポートフォリオの適切な管理は、保険制度を継続的に維持するために不可欠の実務である。

⑵　リスクポートフォリオ管理の実務

　ポートフォリオ管理という観点から、保険会社の実務を見ておきたい。大数の法則が機能し、適切な分散効果が得られるようなリスクポートフォリオを形成する方針はリスクアペタイト・ステートメントの中に示される。そして、その方針通りにポートフォリオが形成されているかどうかについて指標を設定し、モニタリングする枠組みとしてリスクアペタイト・フレームワークが構築される。このようにして形成されたポートフォリオを前提に平均値で予測したものが事業計画と言える。

　マーケティング、アンダーライティングによって実現可能な元受けベースのポートフォリオと経営が志向するポートフォリオに乖離がある場合の対処手段としては、資産運用リスクに対してはヘッジが、保険リスクに対しては再保険が一般的に利用されている。

　再保険は、元受保険会社と再保険会社との間のリスクシェアリング契約である。再保険契約には種々の形態がある。個別のリスクに対するリスク移転手段としての任意再保険や、元受保険契約の一定割合を出再する比例再保険や、特定の境界点（アタッチメントポイントと呼ぶ）に保険金が達した場合に再保険金を支払うエクセス（オブ）ロス再保険が一般に利用されている。これらの再

保険により、リスクポートフォリオを例えば図表Ⅱ-13のように変化させることも可能である。これにより、最大予想損失を小さくすることによって資本の負担を軽減し、同時に期待利益を安定化することができる（もちろん実現利益は、再保険コストの影響も受けることとなるが）。

■図表Ⅱ-13 再保険（比例再保険の場合）の効果のイメージ

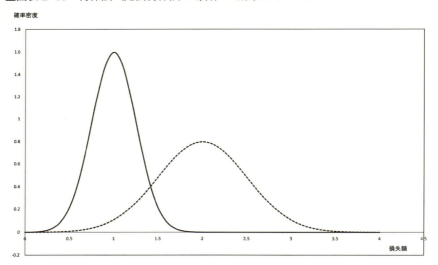

(3) 資本市場の活用

巨大な損害を引き起こす可能性がある自然災害リスクに対する保険市場の引受けキャパシティーは、時として過小気味になる。1992年に米国に大きな被害をもたらしたハリケーン・アンドリュー[5]をきっかけにして、資本市場においてキャパシティーを求める取り組みが進められてきた。このような取り組みの中で発展してきた手段としてキャット・ボンド（Catastrophe bond）やウェザー・デリバティブ[6]などの手段があり、代替的リスク移転（ART：Alternative Risk Transfer）と呼ばれる。キャット・ボンドは、自然災害リスクの発現をトリガーとした証券を発行し、トリガー条件を満たした場合は、元本が減額されたり、没収され、保険金支払いに充てられる。自然災害が発生しなけれ

ば、元本の確保と多額の利子を得るという仕組みになっている。キャット・ボンドを利用した損害補てんは当初、現実の保険金とのギャップができたり（ベーシスリスクと呼ぶ）、価格が必ずしも競争的でないなどの課題もあった。しかし、最近はキャット・ボンドを専門に引受ける投資家が成長したこと、流通市場も発達し、再保険に近い商品の開発や価格競争力が向上したことなどから、自然災害リスクに対する一定のキャパシティーを提供するまでに育ってきている。（ART の詳細はコラム 5）

⑷　市場の失敗とその対応

　保険会社が安定的な危険集団を形成でき、保険商品が市場経済の下で継続的に取引されるなら、保険契約者は保険商品を購入することにより、自身が保有している危険を効率的なコスト（保険料）で保険会社へ移転することができる。[7] また、保険プールを形成するためには、各種装置が必要で、そのコストは付加保険料として、価格に組み込まれる。従って、低強度の危険においては、付加保険料の比率が高くなり、商業的に魅力のある商品とならない可能性がある。一方、高頻度の危険の場合、期待保険金コストが高くなり、実際の損失に近づくこと、それに比例して管理運営コストも高くなり、保険料と実際の損失との差が縮小して保険金の分散効果が働く魅力ある商品を開発できない可能性がある。

　さらに、正の相関が高い危険の場合、例えば、大地震や洪水といった広域に損害が発生する危険は、低頻度巨大損害（カタストロフィ・リスク）と呼ばれる。当該危険を集団化したとしても危険の分散が十分働かず、実用的な価格を導き出すことができなくなる可能性がある。このような場合、民間企業の資本のみでは当該危険プールを管理できないこととなる。実際、地震の場合、過去 500 年で 350 回以上の被害地震が発生しているものの、1 年当たりの平均発生件数は 1 回にも満たない。しかし、多い年は 6 回の被害地震が認められるというようにその発生にランダム性があるのに加え、東日本大震災の例を見ても分かるように、その損害額のランダム性が極めて大きい。

　このように、市場での取引のみでは経済的に効率的なリスク管理ができない

事態は「市場の失敗」と呼ばれる。[8] 日本の地震リスクは、国民経済や家計経済に多大な影響を及ぼすため、政策的対処が必要となる。そこで、日本における家計地震リスクについては、再保険によって政府が保険金を分担するという官民一体の制度が作られた。これは、「地震保険に関する法律」によって設立された日本地震再保険株式会社が、元受損害保険会社が引受けた家計地震保険契約の保険責任を再保険で全額引受け、その一定額を超える損害額を政府に再保険に出すことにより、関東大震災級の地震が再来しても、家計地震保険制度が回っていく仕組みとなっている。

同様のケースとしてタイの事例がある。タイでは、2011年のモンスーン期にチャオプラヤー川流域において7月から3カ月以上続いた洪水で甚大な被害が発生し、この事故以降保険引受けが停止された。その後、日本の家計地震保険制度に類似の制度が導入されて、保険引受けが再開された。

このように、保険制度のみで対応し切れない不確実性に対しては、資本市場と連携した対処、さらに市場の失敗に対しては、国民経済的観点からの政策的対処も必要になってくる。

II-2-3. 不確実性を捉える視点
(1) リスクの質について

リスク研究の領域には、リスクの量と質の両面がある。近年のERMにおいては、量的側面の強化が進められた。つまり、確率論、統計学を使ってリスクを計測し、コーポレートファイナンス理論も踏まえ、リスクアペタイト・フレームワークと資本配分、財務健全性の確保、資本効率を追求する統合管理体制の整備である。しかし、リスクの複雑化・グローバル化に伴い、定量化し得ない要素について、それを補完する意味で、ストレスシナリオに基づく定性的アプローチの充実に関心が高まっているのも事実である。

一方、われわれの価値観やリスクに対するアプローチも多様化している。その意味で、リスクの質的側面への留意も必要になっている。保険制度は、契約者に経済的補償・保障を提供するものであると同時に、契約者に安心を提供するものである。

質的側面の検討には、リスク心理学の知見が役立つ。ここでの評価は、経済的な客観的リスク評価（Risk assessment）とは異なり、リスク認知（Risk perception）に注意を払う必要がある。これまでの実証研究から、その評価は二つのイメージ尺度（「恐ろしさ（Dread）」因子、「未知性（Unknown）」因子）に大きく影響を受けると報告されている[9]。前者は、スケールが甚大なために引き起こされる恐怖感に関連する。後者は、これまで体験したことのないものやえたいの知れないものに抱く未知性に関連する。これらのイメージは、客観的なリスク評価とは違った要素を持ち、時代と共に変化しやすい。

　この尺度がどのようなものであるかは、中内谷一也が牛海綿状脳症（BSE）感染を例にとって説明している。リスク認知とリスク評価の違いを理解するのに参考になるので、次に引用する[10]。

　まず恐ろしさ因子について、「国内で初めてBSE感染牛が発見されたとき、多くの消費者が恐ろしいと感じて牛肉を避けた。……一般の人びとのリスク認知としては、BSE感染により発症する新型異型クロイツフェルトヤコブ病は死に至る病気であり〈致死的で〉、治療法はなく〈コントロールは困難〉、すでにヨーロッパでは大きな被害が出ていて〈世界的惨事となり得る〉、今後も被害が出つづけると予想される〈増大しつつある〉。」次に未知性因子について「自らが感染し冒されていく生理学的プロセスを認識することはできないし〈観察ができない・さらされている人もわからない〉、感染した場合、潜伏期間を経てから発症する〈遅れて影響が現れる〉。しかも、問題になったのは最近であり、新規なリスクである〈新しい〉。科学的にも感染のメカニズムはよくわかっていない〈科学的にもよくわかっているか〉」と説明している。

(2)　リスク社会という視点

　われわれの生活空間は、経済という限定された領域のみではなく、より広い社会という視点から見る必要がある。なぜなら、特に家計において、保険が対象としているリスクは生活の安心、豊かさに影響する。

　経済学が想定している世界では、成果やリスクなどを金銭価値に置き換える、あるいは置き換えられるものとみなしている。そうすることによって経済的尺

度で統一し、意思決定に整合性をもたらし得る利点がある。しかし、社会的影響や生態系といった複雑な相互体系に関わるリスクを考えた場合、社会的文脈からその影響を検討する必要があり、人の健康、文化、幸福に関する評価や判断は必ずしも経済価値のみで十分測れない複雑な要素を持っている。社会学では、技術的「安全」と社会的「信頼」を通した「安心」の確保を重視する。信頼には、主観的要素も多々入ってくる。

　ドイツの社会学者ウルリヒ・ベック[11]（1944～2015）は、旧ソ連のチェルノブイリ原子力発電所事故直後に、産業社会がもたらす負の側面（環境汚染や放射線被曝、遺伝子組み換えなど）に着目した。これらは、「自然的リスク（Natural risk）」と違って、人間の手が加わった「人為的リスク（Manufactured risk）」であり、科学技術による便益向上の裏にはリスクがあるといった観点からアプローチしている。そして現代は、原子力発電所事故や鳥インフルエンザなど、大規模なリスクが次々と増え、それらが連鎖もしており、社会に対して富の分配とは別に「リスクの分配」という現象が起こっている。

　ベックは、地震や津波といった自然災害に対する恐れや不安を生み出すリスク（古典的リスク）をコントロールしようとして、われわれは科学技術を進化させてきたが、近代が生み出した技術や制度自体が発生させるリスク（「現代的なリスク」と呼んでいる）が、人類を脅かすといった新たなリスクが社会に充満していると指摘し、このような社会を、「リスク社会（Risk society）」と呼んだ。

(3)　非知という概念

　ベックは、「現代的リスクは、環境汚染、薬害、コンピュータ・ウイルスなど直接に知覚できないもの（「非知のリスク」）に向かっている」と指摘している。ドイツの社会学者ニコラス・ルーマン（1927～1998）は、豊かな社会では生活の自由さや快適さを確保する欲求が高まり、これが侵されることに対する不安意識から安全・安心に敏感になっている、と指摘する。また、小松丈晃[12]が説明するように、ルーマンは、個人は多様な諸個人とのコミュニケーションを通して、社会の中の諸機能システムへと関与し、社会システムに対して絶

えず新たな自己更新能力を提供していると考え、リスクを「危険」や「安全」に対比させるのではなく、社会システムにおける「決定」のプロセスに関連付けて捉えようとする。

　これまで展開されてきたリスク論は、事故や失敗といった例外事例の持つ「不確実性」や「揺らぎ」を強調し過ぎており、「何が」に重きが置かれている。しかしこのアプローチでは、「どのように」観察したり、説明するかという点に着目する。未来の損害の可能性が、自ら行った「決定」の帰結と見なされる場合の危険性（これをルーマンは、「リスク」と呼ぶ）と、自分以外の誰かや何か（社会システムを含む）によって引き起こされた場合（「危険」と呼ぶ）との間には違いがあり、コミュニケーションや対応にも違いが生まれるといった視点を提示する。

　また、ベックによって提起された「非知の概念」もその後さらに整理がなされ、確実な科学的知識になっているものや、科学的知識にはなっていないが、どの部分が非知であるかが明らかになっている「特定化される非知」と、その区別すらできていない「特定化されない非知」に区別される。このように分類することによって、科学的知識の限界や盲点を洗い出し、制度的対処の必要性を検討する際のコミュニケーションの視点が提供される。

(4)　リスクコミュニケーション

　社会に大きく影響を及ぼすリスクに対処する場合、社会的コンセンサスが重要になる。リスクに対する不適切なコミュニケーションは、相互信頼を損ね、求めている相互の価値を毀損させる恐れがある。ミスコミュニケーションは、価値観の多様性に原因があるだけでなく、コミュニケーションの主体者が陥りやすいバイアスにも原因がある。例えば、発信者は、自分の考え方が一般的であると考えたがる傾向や、受信者側も自分の枠組みで相手の発信内容を理解しようとする。リスクに関する議論において、リスク評価とリスク認知が混在する場合もあり得る。例えば、「たぶん起こりそうだ」、という表現を使ったとしても、各人のイメージは同じでないことが多い。また、確率的な数値感と個々人のイメージとの乖離も存在するであろう。これまで整理してきたようにリス

クや不確実性に関連する概念も図表Ⅱ-14のように多様である。

■図表Ⅱ-14　リスクに関する諸概念

社会学上の分類	経済学上の分類	リスク認知による分類
確実な科学的知識	ナイトのリスク	恐ろしさ因子、未知性因子といった尺度に変化はないが、社会学上の分類の違いによってその主観的判断内容は異なる。
特定化される非知	ナイトの真の不確実性	同上
特定化されない非知	ナイトの真の不確実性	同上

　保険サービスに関するコミュニケーションにおいても、どのような視点から、また、どのような枠組みの下で、どのようなコンセンサスを得ようとして意見交換しているのか、関係者それぞれがリスクの質的側面も意識した対応が重要となっている。

注

1) ケインズは、『雇用、利子および貨幣の一般理論』（間宮陽介訳、2008年、岩波書店）の中で、不確実性に挑戦する「アニマルスピリッツ」と称して、市場経済制度のダイナミズムを説明している。
2) ジョン・メイナード・ケインズ『確率論』ケインズ全集第8巻、佐藤隆三訳、2010年、東洋経済新報社
3) 酒井泰弘『ケインズ対フランク・ナイト』2015年、ミネルヴァ書房
4) ナイトは、各種の事故は全く同質的な事柄としてグループ化するのが難しいことから、保険料の算出の困難性を認めている。
5) アンドリューは、バハマ北西部、続いてフロリダ州、ルイジアナ州を襲ったハリケーンで、265億ドルの経済被害が生じた。経済損失は2005年にハリケーン・カトリーナに抜かれるまでアメリカ史上最大であった。この災害後、保険引受けキャパシティーは不足した。
6) 気温、降水量、降雪量などの気象変動や現象による収益の増減に対して、利害が相反する投資家の間で取引されるヘッジ商品のこと。
7) 厳密に言えば、保険の市場取引は、保険者と保険契約者による相対取引が中心で、流通市場（Seconderly market）は発達していない。それ故、市場メカニズムの活用は限定的とも言える。

8) このように、ある行為や事象が市場機能を通じず直接他の経済主体に影響を与えることを、「外部性」が存在するという。
9) Slovic, P.（1987）"Perception of Risk", Science, Vol 236
10) 中内谷一也『リスクのモノサシ』2006 年、日本放送出版協会、P.83 〜 84
11) ウルリヒ・ベック『危険社会―新しい近代への道』東廉、伊藤美登里訳、1998 年、法政大学出版局
12) 小松丈晃『リスク論のルーマン』2003 年、勁草書房

コラム3

不確実性下の意思決定理論

　将来は誰にも正確に言い当てられない。それ故、将来をいかに合理的に予測すべきなのかについて多くの研究がなされてきた。これまでヤコブ・ベルヌーイ、アブラハム・ド・モアヴル、トーマス・ベイズらは、事前に知ることのできない確率を実際に起こった現実から推定する方法を研究した。

　統計的推論では、個人の情報処理能力では対処しきれない複雑な不確定要素の分析に対応できる点に利点がある。人は、このような将来の不確実性の下で、何らかの選択を行い、行動する。この将来に対する意思決定の方法について、これまでどのような理論が展開されてきたのか、その概要をスケッチするのが本コラムの目的である。

<u>期待効用理論</u>

　経済学における合理的経済人の意思決定の前提となっている考え方である。本理論では、人は不確実性に直面すると、まず考えられる代替案（ai）をすべて列挙できると考える。次に、それぞれの代替案をとった場合に想定される事態（起こり得るべきこと＝ステイト；E）を予測し、その客観的確率（起こりやすさの度合い＝オッズ；p）を評価する。そして、その事態の経済的結果 cj の効用 $u(cj)$ が最大となるように代替案を選択すると考える。

$$u(ai) = \sum_{j=1}^{n} u(cj) Pi(cj)$$

　期待効用理論を数式で表現すると、代替案 ai の効用は、ai に対する結果が確率分布 Pi に従って発生するものと考え次の通り表現する。

各 cj を ai と Ek (k = 1, 2,…r) の関数：c (ai, Ek) によって表現するならば、

$$u(ai) = \sum_{k=1}^{r} u\bigl(c(ai, Ek)\bigr)P(Ek)$$

となる。

　これを、例えば、リスクを考慮して、家を購入する際の意思決定に応用すると図表 C3-1 の通りとなる。ここで、火災発生環境（ハザード）に対する極めて単純なデシジョン・ツリーを描いてみる。期待効用理論に従うなら、火災（ペリル）の発生確率と平均の損害額が明らかになっており、火災による想定されるロスが正確に評価されると考えている。その結果、u(c_1) が最大となる代替案 a_1 を選択することとなる、と結論づけることとなる。

　ここで、ロスの期待値は、火災（ペリル）の発生確率と平均の損害額が、コントロール不能な損失生起要素（火災発生環境＝マクロ・ハザー

図表 C3-1：火災リスクと家の所持に関する意思決定

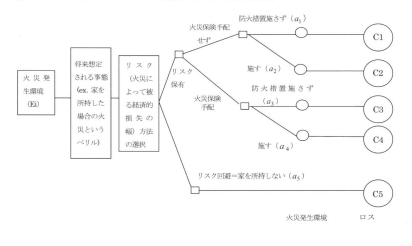

ド）E_i や、自らの行動 a_i による損失生起要素の変化、例えば、保険の手配、防火措置＝ミクロ・ハザードの影響を受けることとなる。期待効用理論では、ここで描かれた情報が客観的に利用可能であること、個人の効用関数も安定的で明確であることを前提にしていることとなる。

事例ベース意思決定論

イツァーク・ギルボアとデビッド・シュマイドラーは、デシジョン・ツリーにおいてステイト（確率事象）もオッズ（発生頻度）も明確でない仕組みの見えない状況（「構造的不確実性（Structural ignorance）」）における意思決定を「事例ベース意思決定理論（CBDT：A Theory of Case-Based Decisions）」としてモデル化した。

われわれは、過去の類似事例から類推して取るべき行動を選択しよう[1]とする。そして、各選択肢がどのくらいの効用をもたらしたかを思い出す。そして、そのときの状況が現在の状況とどの程度類似しているかという情報とを統合して、取るべき行動の評価をしようとする。これは、図表 C3-2 のように整理できる。

図表 C3-2：構造的不確実性と事例ベース意思決定の関係

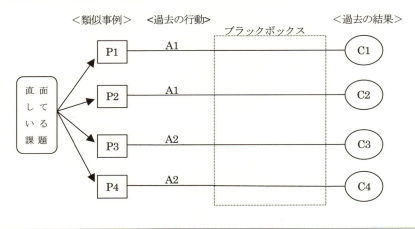

ここで、まず解きたい問題をP（Problem）とする。そして、問題Pが与えられたとき、選択可能な行動のリストの中からどんな行動を選ぶべきかを知りたいとする。このとき、Pに似た問題を過去の記憶から列挙する。例えば、問題P1、P2、P3、P4に対して自分が実際にとった行動A（Action）をそれぞれA1、A2とする。

　そこで、過去に経験した問題P1、P2、P3、P4と今直面する問題Pとの関係で「似ている程度」を0以上1以下の数値で評価する。仮にそれぞれ0.4、0.7、0.3、0.9としておく。これを「問題の類似度」と呼ぶ。このとき、行動A1をとった問題P1とP2に対して、そのとき得られた利益C（Conclusion）C1、C2に問題の類似度を掛けて加える。

　つまり、
　0.4 ×（問題P1でA1を行ったときの利益）＋ 0.7 ×（問題P2でA1を行ったときの利益）を計算する。

　次に行動A2をとった問題P3、P4に対しても同じことを行う。
　0.3 ×（問題P3でA2を行ったときの利益）＋ 0.9 ×（問題P4でA2を行ったときの利益）
　この二つの計算結果を比べて、前者の方が大きければ行動A1を選び、後者の方が大きいなら行動A2を選ぶという考え方である。

<u>強化学習理論</u>

　類似事例すら想定されない場合の考え方を強化学習理論が示している。例えば、初めてのレストランでは、味についての経験がなく、予測ができない。従って、一度試してみて、初期の評価を行う。ただ、一度その評価ができると、二回目以降では、「いつもよりおいしくない」というように、予測とのずれ（誤差）で評価することができる。この「いつも

よりおいしくない」という負の予測誤差が続けば、その店に対する評価は落ちて、その店には行かなくなるだろう。

　このような評価過程を環境とエージェントという二つの概念を使って説明する。例えば、カードゲームでは、ゲームのルールや対戦相手が環境に相当し、われわれ自身がエージェントとなる。エージェントは、ある時刻において、環境から与えられる状態に対して、ある行動をとる。すると環境からその行動に対し報酬が与えられ、エージェントは次の状態に推移する。つまり、エージェントである人間や動物は将来にわたって得られる報酬総額の期待値（報酬予測）を最大化するような行動則を学習していくものと考える。

　報酬の予測の計算では、遠い将来に得られるものほどその価値を割り引くという、経済学の「時間割引」の概念を用い、現時点での報酬予測とその一つ手前の時点の報酬予測の差を報酬予測差とする。最適の行動則を学習すると、報酬予測差はゼロになるはずなので、強化学習理論の代表的な方式はこの報酬予測差を学習信号として用いる。誤差が正の値であれば、その行動をより多くとるように、逆に負の値であれば、その行動をなるべくとらないように学習則を更新していく。

<u>限定合理性と満足化理論</u>

　ハーバート・A・サイモンは、人が経済学者たちの想定した合理的規範的モデルと一致するような意思決定をするための知識と計算能力は持っていないと結論づけた[2]。そして、人の意思決定は、経済学的視点からは合理的な行動ではないが、合目的的であり、相応な（Reasonable）行動であるとし、人の合理性には限界があり、限られた範囲で次善策を追求するという限定合理性（Bounded rationality）[3]を主張した。

　サイモンは、人は、知識や計算能力に関する認知能力の限界から、最適解を求める「途中の」段階で、自分にとって最低限譲れない基準を

クリアするような選択肢で満足してしまう、十分だと思えるところまで達すると、それが客観的に見て理想的か、真実に近いかにかかわらず、それ以上の検討はやめてしまう傾向があるという仮説、満足化理論（Satisfycing theory）[4]を提示した。このようにわれわれの情報処理能力の限界を踏まえた現実の意思決定は、期待効用理論より満足化理論がより的確に表現し得る。両者は図表C3-3のように整理できる。

図表C3-3：満足化理論と現実の意思決定

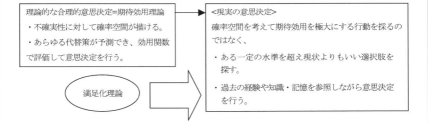

プロスペクト（Prospect ＝ 予想・期待）理論

ダニエル・カーネマンとエイモス・トヴェルスキーは、さまざまな意思決定に関わる実証研究の末、サイモンの満足化理論を発展させ、限定合理性の下での意思決定の特徴として、人は期待効用理論が想定するように与えられた選択肢の中から最適なものを選ぶのではなく、面倒な計算や思考をすることの限界から、「取りあえず」（＝一定の水準における満足）の解決を得られる簡便な問題解決法を多用している、と結論づけた。そして、この簡便な解決手段をヒューリスティクスとして体系づけていく。彼らの研究がきっかけとなり、この領域の研究が進み、ヒューリスティクスは有益ではあるが、バイアスに陥る恐れもあることが明らかになった。

ヒューリスティクスとバイアスの関係を、カーネマンらとは異なる視点で捉える考え方もある。ギーゲレンツァは、ヒューリスティクスに内在する弊害を指摘するのではなく、むしろ積極面を強調する。すなわち、「バイアスという表現はミスリードで、必ずしも人々は確率を理解できずに非合理的判断をしているわけではないというのである。……提示側が前提とする確率と、受け手側が認知する確率の間に性格のズレがあり、提示側が正確とする解答自体に誤りがある……例えば自動車事故の確率は対象となる複数の人に対して繰り返されることが前提で、当該集団全体では確率が一定であることを想定し、過去の頻度データに基づいて確率は計算される。そして、これを正解とする。しかし、1回性の事象、つまり、過去に経験がなく、初めて経験するような個別事象に対して適用できるのは認識論的確率、すなわち、この場合は個人がもつ信念の度合いとしての確率のみである。従って、どんな確率が正解であるかを客観的に定めることはできない」と。[5]

　カーネマンらは、ヒューリスティクスを使った意思決定の構造を、プロスペクト理論として整理した（詳細は、コラム 4：プロスペクト理論参照）。

<u>不確実性下の意思決定—確率論による予測と意思決定理論—</u>

　一定のデータや経験が蓄積されてくると確率推定との関連が出てくる。十分な過去のデータがあれば、演繹的に将来の確からしさを推定できる（フィッシャー＝ネイマン推定）。しかし、過去のデータが不足している場合は、主観によって確からしさを仮置きし、その後のデータの蓄積によって帰納的に修正していくベイズ推定が活用できる。

　ただ、ベイズ推定のプロセスが相当程度継続されると、ある時点においてフィッシャー＝ネイマン推定を行ったのと類似の結果が期待できるものと考えられる。また不確実性に対する意思決定については、データ

の整備が進み、リスク構造とその結果が客観的に明らかになっている場合には、演繹的アプローチをとり得る。つまり、不確実性は、データの質・量の変化にともない推定方法、意思決定上のアプローチと確率推定の関係を示すならば、図表C3-4の通りである。

図表C3-4：意思決定のアプローチと確率推定の類似性

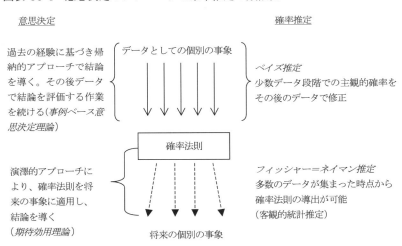

ゲーム理論

　ゲーム理論は、不確実性下の意思決定に新たな検討軸を与えた。つまり、不確実性の一つの側面は他人が下した意思決定にあると捉え、2人以上の人間のそれぞれの効用を同時に最大化しようとして、お互いの行動を感知した状況における意思決定を対象とする。

　ここから、われわれが要求するものと他者が要求するものを交換することにより、不確実性を軽減しようとする試みに光を与えた。現実の世界では、最も高い利益をもたらすだろう選択肢は、形勢不利な相手側プレーヤーに最強の防御を誘発した場合最もリスクの高い決定となる。そ

の結果、マキシミン（Maximini）[6]やミニマックス（Minimax）[7]といった悪条件下で最善を尽くす選択肢を取るという発想を生むこととなった。

このようなナッシュ均衡は、安定的な意思決定ではあっても最適ではない。相手とのトレードオフの関係の中で、自分が合理的に行動した時に最低限得ることができる利得を示している。しかし期待効用理論が示すように、現実の意思決定が相手との関係を介在させた場合、自身の効用を最大にする方向に必ずしも向かない実例の存在を認識することが大切である。なぜならゲーム理論に基づく合理的行動に関する仮説の提示とこのような行動が測定可能である点が不確実性下の意思決定に重要な示唆を与えるものだからである。

この発想は、勝つこともなければ負けることもない戦略といえる。勝つことを目的とした戦略が敗北の原因となることも多いので１つの現実的選択肢といえる。そして、この戦略を引き出すのはプレーヤー自身であるが、独立の事象として組み合わせ時の期待値になっており、確率論的推論との整合性を有している。

注

1) ここでの"Case（事例）"とは、意思決定上の問題（Decision Problem：P）、行為（Act：A）、結果（Result：R）の三つを言う。（イツァーク・ギルボア、デビッド・シュマイドラー『決め方の科学―事例ベース意思決定理論―』浅野貴央、尾山大輔、松井彰彦訳、2005年、頸草書房）
2) ハーバート・A・サイモン『意思決定と合理性』佐々木恒男、吉原英樹訳、1987年、文眞堂、13ページ
3) Simon, H. A., 1957, *Administrative Behavior*, Macmillan, J. G. March and A.Simon, 1958, Organizations, John Wiley.
4) 十分である（suffice）と満足させる（satisfy）を混ぜた用語
5) 中谷内一也編『リスクの社会心理学』2012年、有斐閣、42～43ページ。ギーゲレンツァは、「無知は専門家の知識に勝る」とか「情報は少ない方が上手くいく」等の表現をとり、直感＝無意識の知性と位置づけるが、「思い付き」で行動することを勧めているわけではなく、理由づけや根拠、情報、統計などにこだわり過ぎることが逆にバイアスにつながる点への警鐘を鳴ら

しているとも考えられる。その観点から、むしろ「将来の予見が難しい局面」や「情報が限られている場合」には直感を活かすと上手くいく面を指摘しているともいえる。（Gigerenzer, G. 1996, On narrow norms and vague heuristics：A reply to Kahneman and Tversky, *Psychological Review*, 1996, 103, 592～596, ギーゲレンツァ『なぜ直感のほうがうまくいくのか？—「無意識の知性」が決めている—』小松淳子訳、2010年、インターシフト）

6) 行為者にいくつかの選択肢があるとき、それぞれの選択によって最悪でも得られる利益に着目し、最悪の場合の利益が最大になるものを選ぶ戦略を、自分の最小（Minimum）のもうけを最大化（Maximize）する戦略という意味で、マキシミン戦略と言う。

7) 想定される最大の損害が最小になるように決断を行う戦略のことを言う。

コラム4

プロスペクト理論

　カーネマンとトバスキーが実証研究によって導出したプロスペクト理論[1])は、不確実性下の意思決定の特性を理解する際に有効なモデルである。本コラムの目的は、その概要を整理することにある。

　不確実性下の意思決定に関する規範的理論である期待効用理論において、期待効用Uは、次の通り表現される。
　$U(x) = \Sigma p \cdot u(x)$
　プロスペクト理論において、ある結果（利益あるいは損失）xが確率pで得られ、結果yが確率qで得られる場合、この二つの選択に関わる将来の展望（プロスペクト）として、全体的価値関数V（期待効用理論におけるUに相当する）を次の通り表現する。
　$V = w(p) v(x) + w(q) v(y)$
　これは次の通り一般化して表現し得る。
　$V(x) = \Sigma w(p) \cdot v(x)$
　価値関数v(x)の形状は、彼らの実証研究の結果、図表C4-1の特徴を持った形状で表現される。
　この価値関数は、期待効用理論で想定されている関数図表C4-2とは形状を異にする。
　当然ながら、この価値関数は、すべての人にとって、同じではない。関数の形には、個人差があるし、同一の個人でも決定すべき問題により異なる。
　カーネマンらは、実証結果に基づく期待値として価値関数の数値例を次の通り提示した。
　xを参照基準点（x = 0）からの利得（x > 0）または、損失（x < 0）

図表 C4-1：プロスペクト理論—価値関数—

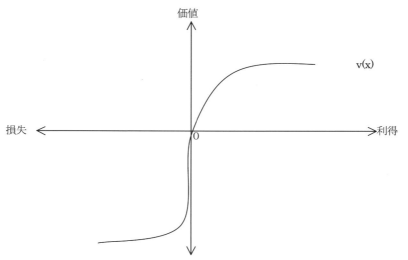

出典：Kahneman, D. and A.Tversky, 1979, Prospect Theory: an Analysis of Decision Under Risk, *Econometrica* 47: 263-291.

図表 C4-2：リスク回避型効用関数

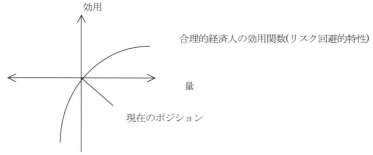

出典：Bernoulli, D. 1738, Specumen theoriae novae de mensura sortis, St. Petersburg, English translation: *Econometrica*, 1954, 22, 23-36 や von Neumann,J. and O. Morgenstern, 1944, *Theory of games and economic behavior*, Princeton, N. J. Princeton University Press, で提示されている伝統的なリスク回避型効用関数

とすれば、

$$v(x) = \begin{cases} x^a & (x \geq 0 \text{ の時}) \\ -\lambda(-x)^\beta & (x < 0 \text{ の時}) \end{cases}$$

また観察データから、$a = \beta = 0.88$、 $x = 2.25$ と計測している。

なお、感応度は逓減する。$(0 < a、\beta < 1)$

λ は損失回避係数と呼ばれる。

期待効用理論では、確率Pがそのままのウエートで効用u(x)と結びついている（確率の線型性）。これに対して、プロスペクト理論においては、人の確率に対する主観的価値評価（確率ウエート関数：Probability weighting function）w(p)は、客観的に与えられた確率がさらに異なるウエートで主観的に評価されるという点に特徴がある。カーネマンらは、実証的にw(p)は確率Pが小さいときには過大評価され、中くらいから大きくなると、過小評価されることを確認した。

人は確率がゼロであるときには価値評価ベースの確率もゼロと評価する（w(0) = 0）。確率がゼロより若干高くなるときには、価値評価上の確率を額面より高く考える（w(P) > P）。このような現象を確実性効果（Certainty effect）と呼ぶ。例えば、確実に何か「良いこと」が起きるとわかっているときと比べ、わずかな確率でその事象が起きない可能性がある場合には「価値」評価はぐっと低くなるし、逆に確実に良い事象が起きないという場合よりは、わずかでもその事象が起きる可能性がある場合の方が個人の価値評価はぐっと高くなることを意味する。この感覚はわれわれにとって自然なものである。さらに、カーネマンらは、実証分析から導出した平均的な確率ウエート関数の特徴として、w(P)は、実際の確率Pに関する増加関数であり、おおむねP = 0.35近辺において、w(P) = Pとなることを実証研究の中から導出した[2]。つまり、これが参照基準点である。

つまり、次の関係が成り立つ。

$0 \leqq P \leqq 1$　　$P = 0.35P = w(P)$
$0.35 < P < 1$　　$w(P) < P$
$0 < P < 0.35$　　$w(P) > P$

その形状は、図表3の通りである。

そして典型的な関数として、$w(p) = \dfrac{p^r}{\left[p^r + (1-p^r)\right]^{1/r}}$　$r = 0.65$として示した。

図表C4-3：確率ウエート関数

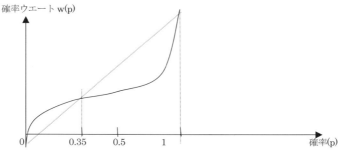

出典：Tversky, A. and D. Kahneman, 1992, Cumulative Prospect Theory: An Analysis of Decision under Uncertainty, *the Journal of Risk and Uncertainty*, 5, 297-323

　利得（ゲイン）における確率ウエート関数と損失（ロス）領域においては損失回避係数（λ）を反映させた確率ウエート関数を対比させて表示している（図表C4-4）。
　プロスペクト理論の特徴は、次の5点に要約される。

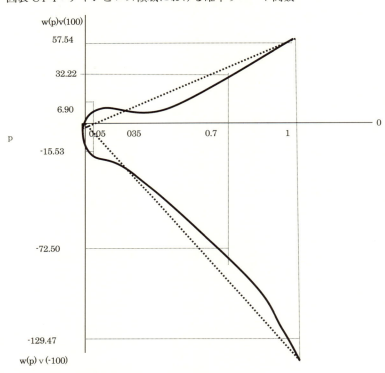

図表 C4-4：ゲインとロス領域における確率ウエート関数

出典：友野典男『行動経済学』2006 年、光文社、137 ページ。

①参照基準点の存在

　価値（効用と同義）の決定は、期待効用理論のように絶対的な大きさで決められるのではなく、参照基準点からの変化額で決められる。また、参照基準点からの変化の方向により、利得（ゲイン）領域と損失（ロス）領域に編集される（フレーミング）。

②ゲインとロスに対する価値のリスク選好

　参照基準点からの変化額に対する価値 V(x) の形状は、ゲイン領域

では、参照基準点に向かって凹（リスク回避的）で、ロス領域では凸（リスク追求的）という違いがある。

③感応度逓減性

参照基準点からの変化額の増加に対して、価値の変化の度合いは逓減する。つまり、ゲイン・ロス・両領域ともその変化額が小さい間は、変化に対して敏感である。

④損失回避性

前述、$\lambda = 2.25$ が示す通り、参照基準点からの同額の変化に対し、ゲインよりロスの方が強く評価される。

⑤確率ウエートに関する特徴

確率の絶対量に対する個人の評価が異なるということは、起こり得る可能性に対する選好を示している。つまり、その関係をリスク回避、リスク追求という概念で分類すると図表C4-5に示す4パターンに分類できる。

図表C4-5：確率とリスク選好

確率	利得	損失
中　高	リスク回避	リスク追求
低	リスク追求	リスク回避

出典：友野典男『行動経済学』2006年、光文社、136ページ。

プロスペクト理論は、期待効用理論を一般化したと言われる。しかしながら、期待効用理論は、その前提条件に関し疑問が投げかけられていた。つまり、一つはその前提にしていた効用の基数性に対する疑問である。基数的効用関数とは、効用の水準も測定可能であり、効用水準の情

報にも経済的な意味があるという性格である。これを満たすためには、独立性公理（Independence axiom）という条件を満たさなければならない。これは、くじ X とくじ Y を比べて、くじ X の方がくじ Y よりも望ましいならば、無関係な第三のくじ W や Z の確率 1-p によるミックスによって、選好の逆転は起こらないというものである。

数式で表せば、

(X, p；Z,1-p) ＞ (Y, p；Z,1-P) ⇔ (X, p；W,1-p) ＞ (Y, p；W,1-p)

となる。

しかし、モーリス・アレにより、実際の選好は独立性公理に反している事実が指摘された（「アレの反例」と呼ばれる）。

この点は、プロスペクト理論では、参照基準点からの乖離により効用が決定すること、またゲイン領域の効用の増加よりロス領域の効用の増加の方が早い損失の回避、主観的確率と客観的確率の乖離によって説明される。

さらに、期待効用理論は、ダニエル・エルスバーグによって、主観的確率アノマリーの指摘を受けていた。これは、赤玉と黒玉が等確率（50%）のつぼとつぼの中の赤玉と黒玉の確率分布の情報がないつぼを提示され、つぼを指定し、次に赤玉か黒玉を指定し、玉を一つ取りだすという選択を求められた場合、後者を選ばないという曖昧性回避が働く事実から、主観的確率には、加法性がなりたたないとの指摘である（エルスバーグの反例）。つまり、後者のつぼの場合も、赤玉と黒玉の確率分布に関してまったく情報がないのだから、赤玉と黒玉両者の蓋然性は等しいとみなすことができるはずである（これを論拠不十分の原理と呼ぶ）。

この点は、プロスペクト理論では、主観的確率は、客観的確率と乖離しており、参照基準点以外では一致しない。それ故、参照基準点以上では主観的確率は過小評価をされ、加法性は成り立たないことを示してい

る。また、現実の意思決定を、確率を判断材料とし得るリスク下の意思決定と、確率を判断材料にできない不確実性下の意思決定を区別することにより両者は区別して考えるべきと整理も可能となる。

プロスペクト理論におけるゲイン領域とロス領域との価値関数の形状の違い、すなわちアップサイド（利得）とダウンサイド（損失）のリスクに対する選好の違いを視覚的に説明するため、発生確率と損害強度という二つの要素によるリスクマトリックスを考えてみたい。

事象の選好がダウンサイドとアップサイドで異なり、好ましくない領域（高リスク領域；図表C4-6の中の濃い部分）が逆の位置となり、事象に対する評価が異なることが分かる。つまり、高いリスクの評価が両者では逆のポジションをとるため、ゲイン領域では、アップサイドとダウンサイド双方の評価が含まれ両者が相殺され総合的に評価されるが、ロス領域ではダウンサイド・リスクのみであるため、これが純粋に影響するからである。

図表C4-6：ダウンサイドリスクとアップサイドリスクの相違

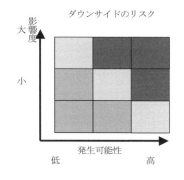
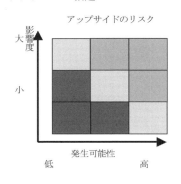

注

1) Kahneman, D. and A.Tversky, 1979, Prospect Theory: an Analysis of Decision Under Risk, *Econometrica* 47: 263-291. Tversky, A. and D. Kahneman, 1992, Cumulative Prospect Theory: Analysis of Decision under Uncertainty *the Journal of Risk and Uncertainty*, 5, 297-323
2) Tversky, A. and D. Kahneman, 1992, Cumulative Prospect Theory: An Analysis of Decision under Uncertainty, *the Journal of Risk and Uncertainty*, 5, 297-323

第3節　資本と ERM

　前節の「不確実性と ERM」では、保険 ERM と不可避な関係にある不確実性との関係について基本に立ち返り再整理を行いました。

　本節では「資本と ERM」と題し、経済価値ベースの視点と資本の意義を検証していきたいと考えています。前半は、保険ポートフォリオの特徴と資本管理について、現行会計制度とは基本的に異なる概念である経済価値ベースの枠組みを中心に検討していきます。中盤では、19 世紀の終わりごろから株式会社のファイナンスに関する意思決定問題を研究する領域として発展したコーポレートファイナンスと資本コストについて考え、後半では重要な危機が発生するたびに強化された規制資本と、金融危機によってその重要性を見直されることとなったストレステストについて考えてみたいと思います。

II-3-1. 保険のポートフォリオの特徴と資本の管理の概念
(1)　ERM における資本

　ERM において、資本は二つの機能を果たしている。すなわち、①ビジネス遂行に伴う不確実性から生じる潜在的な損失に対し、企業が備えておくべき資金（財務健全性の確保）、②保有している資金を活用して、グループ全体として効率的なリスクテイクを行い、収益性を向上させる（資本効率の追求）―という 2 点である。

　このように資本は、重要な手段であるが故に、保険会社は、リスクに対してどの程度の資本を確保しておくべきか（財務健全性の管理）、リターンの源泉としてのリスクをどこでテイクするか（リスク予算：Risk budgeting）を決定しなければならない。そして、結果どの程度の収益を挙げたかを管理する（収

益性の管理）。また、投入した資本に対してどの程度の収益性を生んでいるかを検証する指標として、リスク調整後業績指標（Risk adjusted performance measurement）が利用されることが多い（資本効率の追求）。

保険 ERM では、保有しようとするリスクに対して資本を配賦し、リターン、リスク、資本を体系的に管理する仕組みが組み込まれている。これを図示すると図表Ⅱ-15 の通りである。

■図表Ⅱ-15　資本配賦の運営

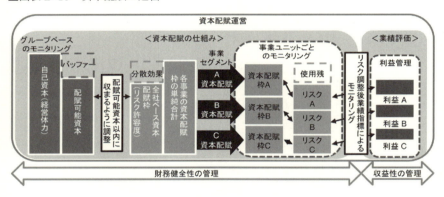

保険会社の活動を整合的・統合的に管理していくための共通のプラットフォームが、「経済価値ベースの枠組み」である。企業価値（株主価値）は、企業活動に伴って獲得した新契約や経費等のキャッシュフロー、さらに保有している資産・負債から生み出されるキャッシュフローを総合的に評価することによって経済価値ベースの資産・負債を把握し、その差額から算出した純資産を把握する。期中の純資産の増減が経済価値ベースのリターンである。

将来の多数のシナリオによる企業価値の変化を確率分布で表し、その期待値として企業価値が把握できる。そして、経営が定める信頼水準[1]におけるストレス時の価値と期待値との乖離をリスク量とし、リターン、リスク、資本を整合的、統合的にモニタリングする仕組みができる（図表Ⅱ-16 参照）。

このような共通の枠組みに立った上で、目的に応じて計測方法や表現方法を変えたものが、例えば、生保の MCEV（Market Consistency Embedded

■図表Ⅱ-16　自己資本の多様なシナリオ

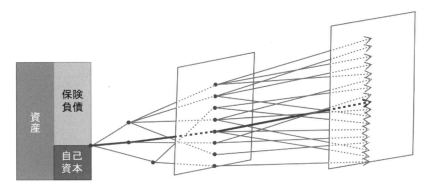

Value）あるいは EEV（European Embedded Value[2]）や、IFRS（International Financial Reporting Standards：国際財務報告基準[3]）、欧州ソルベンシーⅡ[4]の枠組みである。

　経済価値ベースの枠組みは、日本の現行会計制度の枠組みとは基本的に異なる概念である。現行会計は、期間損益に焦点を当て、一定期間中に発生した費用と実現した利益との対比で当期の実現利益を把握することに目的がある。費用も収益も基本的には確定した数値を扱うが、保険の場合は、保険負債が不確実であるという特徴を持っているため、責任準備金[5]や支払い備金[6]等の制度を保険業法、施行規則等で定め、保険負債の特性を反映している。このように、日本の現行保険会計は、財務会計（GAAP：Generally Accepted Accounting Principles）と監督会計（Statutory）が一体となっている。

　経済価値ベースの指標と期間損益指標は、枠組みが異なり、同一の土俵で扱えるものではない。しかし、将来の保険会社の価値の把握と1年間の活動によって、どの程度の実現利益（期間損益）を獲得したか、ということも重要である。ある期間の実現利益は、いわば、経済価値評価の中で、想定した一つのシナリオの実現を意味するわけであり、両者はその前提となる枠組みから、事業ポートフォリオを評価したものであり、経営に異なる視点を提供する。経営は、株主に足下で還元できる処分可能利益と中期的に可能となる実現利益を判断する材料とし得る。この経済価値と期間損益のバランスをどうするかは、経

営戦略や経営環境の予測によって影響を受けるものである。

(2) 保険制度と資本

　個々の保険事故はランダム性を有する。従って、仮に十分なデータにより保険のロスの期待値が正しく評価されていたとしても1年ごとの保険収支の実績を観察したとき、保険料収入と資産運用収入の合計額より、1年間の保険金支払額と管理コストの方が上回ることや、短期的には支払保険金の実績値が危険保険料を上回ることもある。また広域の自然災害、火災・爆発といった巨大事故、環境汚染によるクラスアクション（集団訴訟）といった賠償責任、広域におけるパンデミック[7]の発生等の巨大損失がランダムに発生する可能性もあり、資本を毀損する事態も起こり得る。それ故、このような保険事故の特徴を踏まえても保険事業を継続できる担保として適切な水準の資本を確保しておくことは何よりも重要である。

　保険会社の所有形態は、株式会社か相互会社である。前者の場合、会社スタートにあたって発行された株式を購入した投資家が所有者になる。後者の場合における所有者は、保険契約者である。設立に際し、投資家からの借り入れによって資本を確保し、この借入はその後の事業利益によって償却されることとなる。追加的な資本の必要性がなくなった場合においてのみ、その利益が保険契約者に配当として配分されることとなる。

　契約者にとって、保険会社の資本の多寡は、支払不能の確率に直接影響する。そして保険金支払能力の高さは、保険を購入しようとする契約者にとって、保険選択上の重要な要素である。

　一方投資家にとっては、投資収益の適切な確保と共に投資ポートフォリオのリスクにおける当該証券のリスクとの関係に強い関心がある。投資収益については、事業継続が担保されなければ、投資家の利益は損なわれる関係にあるものの、必要以上の資本の拘束は代替投資機会の喪失を意味し、ステークホルダーにおける健全性と資本効率はトレード・オフの要素を持つ。つまり、保険会社は、財務の健全性と資本効率の追求といった二つの要素をいかに調整するか、その方針を決めなければならない。

保険会社の支払能力の低下は、不適切な価格、資本と比較して過度の保険リスクや資産運用リスクの保有、異常危険の連続的発生、資産価値の急激な下落等の要因から生じる。

　保険会社は常に、保険引受リスク、市場リスク、信用リスク、オペレーショナルリスク等を計量化し資本との対比でモニタリングし、ストレス事象が発生した場合（有事）には、コンティンジェンシープランに基づき対応する態勢を構築しておく必要がある。

(3) 資本の希少性

　ある保険市場において発生した予期せぬ巨損によってもたらされた保険金支払は、当該保険事故の特性を形成するデータに組み込まれていく。その後の期待保険金コストの上昇により当該市場の保険料水準を上昇させる可能性があるだけでなく、再保険取引を通じてグローバルに浸透することとなる。また、巨大損失によって生じた資本の毀損は、資本を希少要素化し、保険会社に追加資本の調達を要請する可能性がある。その場合は、資本蓄積が進むまでの間、保険の供給能力が低下し、資本コストの上昇圧力として働く（ハード市場）。しかし、時間が経過すれば、資本の回復と、その蓄積が進み、保険供給能力が拡大し、需給の関係から保険料水準が引き下げられる（ソフト市場）。このように、保険市場がハードとソフトを繰り返し、保険料水準が公正価格の周りを循環的に変動する現象（アンダーライティング・サイクルやマーケット・サイクルと呼ぶ）を生む。このサイクルは、経済の景気循環とは無関係で、過去巨大な自然災害が原因となって引き起こされた不規則な波が観察されている。一方、ある国で自然災害が多発した場合でも、グローバルで見ると自然災害が少なかった場合、国際再保険市場はソフト化しており、その影響で当該国の次年度の保険料水準は上昇しないといった事態も起こり得る。このように再保険を通じて資本の希少性は分散される。

　資本の希少性が引き起こす現象は、保険引受け（リスクテイク）のためには資本が必要であるという論理に基づいており、保険会社や保険市場のキャパシティに影響を及ぼしている。

保険 ERM では、資本の状況（十分性、希少性）に留意する必要があり、資本の希少性を引き起こす事態に対し、その影響を予め低下させるための対処も検討される。例えば、再保険やキャット・ボンド等（コラム5参照）を活用してリスクそのものを低下させたり、このようなイベントと資本との関係を予め見越して、平時において、ストレス事象発生時に資本増強が図れるよう新株発行予約を行ったりする対応も取られる。後者をコンティンジェンシー・キャピタルと呼んでいる。コンティンジェンシー・キャピタルにおける資本への振替条件（トリガー）としては、自然災害の累積損害額や株価指数の下落等といった、将来の資本の減少の原因となるイベントが設定されることが多い。

II-3-2. コーポレートファイナンスと資本コスト

(1) 資金循環と資本コスト

コーポレートファイナンスは、19世紀の終わりごろから株式会社のファイナンスに関する意思決定問題を研究する領域として発展した。コーポレートファイナンスでは、事業活動の元手となる資金に着目する。すなわち、企業は、その活動に伴う資金を資本市場や金融市場から調達し、企業活動を順調に進め、利益を獲得し、一部を配当で株主還元する。一部を自己資本として内部留保し、企業価値を拡大していく元手にするといったように、企業と資本・金融市場との間の資金循環をスムーズにするための条件として、「資本コスト」は重要な役割を果たしている。

資本コストは、投資家にとっては、今回の選択をしたために、その他の潜在的リターン獲得の可能性を失うという意味で機会費用（Opportunity cost）の意味を持つ。一方、保険会社にとっては、リスクテイクの担保である資本を確保するためにも、事業収益が資金提供者の要求するリターンを満たすかどうかの基準として重要であり、保険会社が投資の選択を行うためのハードル・レート（Hurdle rate）として機能することとなる。つまり、同指標は、投資家が要求する最低限のリターン水準（期待収益率）[8]であり、その確保を目指して取られる投資行為が資本・金融市場の均衡へと導くものと考えられている。リターン、リスク、資本を統合的に管理しようとする ERM にとって、企業の持

続的成長のための資金の安定的循環を満たすために重要な指標と位置づけられる。

資金調達には、銀行借入、普通社債、新株予約権付社債、普通株式などの手段がある。資金を提供する者の期待リターンは、企業への請求権の強さを示す支払い順位（Seniority）や償還、転換権などの条件に応じて変化する。

投資判断においては、企業の生み出すキャッシュフローを資本コストで割り引いた現在価値を重視している。そして、経営者が、投資家の期待する収益率を踏まえて、戦略を立てるなら、資本・金融市場での均衡につながる投資家の行動原理と合致し、企業活動のための資金循環を維持しやすくなるはずである。つまり、コーポレートファイナンスは、市場の論理や、投資家と経営者をつなぐ枠組みを提示している。

保険会社は、契約者の危険を引受け、保険事故の持つ不確実性に対し自己資本で担保することによって、事業の安定性を確保する。株式会社は、株主の保有している自己資本を使って事業活動を行っているので、それに対してコストを支払わなければならない。株主にとって、保険会社株への投資は、自らの投資ポートフォリオの中の一つの銘柄である。従って、同銘柄のリスク、リターンが自らの投資ポートフォリオのパフォーマンス向上にどのように貢献しているかに関心がある。

投資家の行動と資本・金融市場の均衡を理解するために現代ポートフォリオ理論が役に立つ。ここでは、リスク証券に投資する投資家はリスク回避的であると仮定している。すなわち、大きなリスクを引受ける場合は、その対価として大きなリターン（期待収益率）を要求するという行動原理に立っている。また、一定の単純化を行っており、例えば、全ての金融資産の収益率は正規分布[9]に従うものとし、期待収益率とその標準偏差のみに関心を持ってポートフォリオを選択するものと考える[10]。そして、投資家が各証券の期待収益率、標準偏差、証券間の相関係数[11]に関して同じ期待を持ち、同一のリスクフリーレートで貸し借りができると仮定すると、全ての投資家は有リスク証券に関して同じ保有比率で保有することとなる。これを「市場ポートフォリオ」と呼ぶ。この均衡状況を図示すると、リスク資産の合理的な組み合わせは、無数にあるが、その投

資機会のうち、所与の期待収益率を得られる分散が最小となるポートフォリオの境界線が効率的フロンティア（Efficiency frontier）として描ける。合理的な投資家は、共通の効率的フロンティアを頭の中で描きながら、この境界線上のどのリスク・リターンを選ぶかを自らの選好によって決定する。

　投資家は安全資産（Risk free asset）を借り入れポートフォリオに加算することができる。その場合、安全資産の借り入れによって、効率的フロンティアは上方へシフトすることが可能になる。最も効率のよいポートフォリオは、安全資産収益率（Rf）から効率的フロンティアへの接線を引いたとき、その接線上のポートフォリオを選択することで最大の効用が得られる。この接線を「資本市場線（the Capital Market Line：CML）」と呼ぶ。その場合、効率的フロンティアとの接点が、市場ポートフォリオとなる。投資家が全体として保有しようとする証券市場における需給が均衡したリスク証券ポートフォリオの構造と一致する。なお、資本市場線上のどの組み合わせを選択するかは、投資家のリスク・リターン選好によって決められる。

　このように個々の証券への投資決定と市場の均衡は、資本をリスク・リターンの選好に応じて効率的に使う中で達成される（図表Ⅱ-17参照）。

　均衡した市場における証券 i の期待収益率（市場価格）は、式Ⅱ-1で表される。

　これは、資本資産評価モデル（Capital Asset Pricing Model：CAPM）と呼ばれている。

■式Ⅱ-1

$$E(R_i) = R_f + \beta i \, [E(R_M) - R_f]$$
$$\beta i = Cov(R_i, R_M) / \sigma^2(R_M)$$

　$E(R_M) - R_f$ は、有リスク証券市場全体の期待収益率からリスクフリーレートを差し引いた平均的な超過収益率（リスク・プレミアム）を意味し、βi はこれに対する証券 i の感応度で、ベータ係数（ベータ値）と呼ばれる。この式により、株主資本コスト、$E(R_i)$ を推計することができる。

　証券 i のリスクは式Ⅱ-2の通りとなる。

■図表Ⅱ-17　効率的フロンティアと最適ポートフォリオの決定

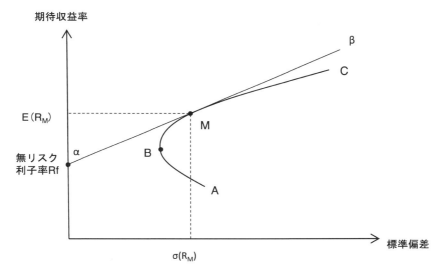

B－C：リスク資産からなる効率的ポートフォリオ
　　　標準偏差を一定としたときに期待収益率が最大、期待収益率を一定としたときに標準偏差が最小という性質を満たすポートフォリオ群
α－β（資本市場線）：市場ポートフォリオ
　　　Mより左側の部分は、無リスク証券への投資とMの組み合せ。右側は無リスク証券の空売りとMの組み合せを意味する。

■式Ⅱ-2
$$\sigma(Ri) = \beta i^2 \sigma^2(RM) + \sigma^2(\varepsilon i)$$

　証券iのリスクの式が示す通り、個別証券のリスクは、分散投資によってこれ以上低減できないリスク、すなわちシステマティックリスク（Systematic risk）と分散投資によって低減できる証券固有のリスク（Idiosyncratic riskとか、ノンシステマティックリスク：Nonsystematic riskと呼ばれる）に分解される。個別資産証券のリスクプレミアムは固有リスクとシステマティックリスクとの連動性（ベータ値）に応じて与えられる。つまり、市場との連動性が強い銘柄ほど、高いリスクプレミアムが支払われる（$\beta > 1$）。逆に、連動性が

低ければ、リスクプレミアムも小さくなる、という関係になる（$\beta < 1$）。

　同理論に従うなら、保険株式を購入する投資家の意思決定は、同株式のベータ値に見合うリスクプレミアムが期待できる場合は、購入への誘因が働くこととなる。もちろん実際の市場は、ポートフォリオ理論が描くように単純ではないが、資本・金融市場の理念的な枠組みを理解した上で、ERM 上の論議をすることは、自らの行動を合理的に説明するためにも重要である。

(2)　資本効率の指標

　リスクアペタイト・フレームワークには、資本効率をモニタリングする指標として、収益性を配賦資本に対する比率で計測するためのリスク調整後資本収益性率（Risk Adjusted Return on Capital：RAROC）[12]と、資本コストを考慮して収益の絶対額で計測する株主付加価値（Shareholder's Value Added：SVA）[13]の 2 種類の指標がよく使用される。

　ポートフォリオ理論が説明するような最適な期待収益率と、比率で表現するRAROC は、親和性が強いため好んで使用される。しかし、RAROC のみを用いる場合は、収益率の最大化を求めるために分母である配賦資本を縮小させ、縮小均衡に陥る場合があるため、企業価値の最大化を追求するために、絶対額に関する指標を合わせて使用するのが普通である。

　金融危機においては、金融指標が強い正の相関で動くといったシステミックリスクが発生した。このような低頻度高額損失事象をどのようにモデルに取り込んでいくかによって、リスク、期待リターンの数値も変化する。

　過去のデータから見いだされるパターンを前提にしたモデルでは、将来の全ての動きを捕捉し得ない。また、モデルは使用目的に応じ一定の単純化も行っている。それ故、現実との乖離（かいり）を踏まえ、モデルで捕捉し得ない点を他の方法で補完する工夫が必要である。

(3)　保険会社の運用

　保険会社の資産運用は、投資家が一般に行う行動とは違いがあり、保険契約者から預かっている保険料を保険金支払いまでの間、健全に運用・管理すると

いう目的がある。また、保険負債のキャッシュフローの特徴も意識すると、保険会社による現実の資産運用は、前述のポートフォリオ理論が想定しているほどの自由度はない。資産・負債両面を意識した管理（ALM：Asset Liability Management）が重要となる。このため、通常の運用方針は、保険負債に対応した部分と、純投資とに分けて行われる。前者では、負債のキャッシュフローに合わせた資産のキャッシュフローを構成することにより、保険金支払いのための流動性と将来の金利変動リスクを管理する。後者では、ポートフォリオ理論も踏まえ運用戦略を策定する。ただ、現実の制約としての ALM や営業関連の要請からくる政策株の存在などによってポートフォリオ理論から乖離する要素が存在する。

Ⅱ-3-3. 規制資本とストレステスト
(1) 規制資本

規制は、市場の失敗を矯正し、国民や企業の安心・安全・信頼を確保するために必要である。保険事業は、金融事業と同様、国民経済にとって密接かつ重要な制度であり、免許事業となっている。保険事故の不確実性への適切な対応や保険金支払いの安全性確保のためには、十分な資本が必要である。規制の観点から設定された資本のレベルが「規制資本」である。実際、これまで重要な危機が発生するたびに規制資本が強化されてきた。

1980 年代後半から世界規模で加速化した資本取引の自由化により、恒常的に国際流動性が供給され、それが拡大している。また、運輸・通信技術の革新が取引のグローバル化を促進させている。このような環境変化が、リスクを変え、必要資本も変えていく。

銀行に対する国際規制資本の流れを見ると、1988 年のバーゼル合意において、初めて国際的な自己資本比率規制（バーゼルⅠ）が導入された[14]。その時点では、信用リスクのみを対象としていたが、トレーディング業務に係るリスク（市場リスク）の拡大を背景に、1998 年に市場リスクが追加され、2004 年のバーゼルⅡではオペレーショナルリスクが追加された。

保険は各国ベースの規制となっており、監督当局が健全性の観点から介入す

る基準として、ソルベンシー・マージン比率が定められている[15]。銀行業と保険業では、リスクの性質が異なり、資本規制の捉え方などに違いはあるが、リスクを吸収するための資本規制という意味では共通している。

(2) 金融危機以降の資本規制

2008年9月の金融危機では、サブプライムローン[16]に関するCDS（Credit Default Swap：信用リスクの移転を目的とするデリバティブ）やCDO（Collateralized Debt Obligation：債務担保証券）等の金融取引の破綻が及ぼす金融システムへの多大な影響を回避するため、いくつかの金融・保険グループの救済として公的資金が投入された。リーマンショックによる米国の金融の混乱は、欧州、新興諸国へと波及した。これは世界的な金余りの中で、異常な投機行動が米国の住宅市場とそれに関連した証券市場で展開され、サブプライムローンに構造的に内包されていた瑕疵が発現したために生じた。

このような事態の再発を防止するため、2009年11月、G20の首脳によるピッツバーグ会合において、世界経済と金融システムの健全性を回復するための、改革プログラムの推進が合意された。この合意に基づき、金融安定理事会（FSB：Financial Stability Board）による規制政策、バーゼル規制などによる共通ルールの策定、これらの枠組みを踏まえた各国の監督当局によるモニタリング強化など改革が進められている。

金融危機の教訓を踏まえ、バーゼルⅡの抜本的見直し（バーゼルⅢ）が行われ、自己資本水準が引き上げられ、流動性比率、カウンターシクリカル（景気変動抑制的な）資本バッファー[17]などの導入がなされた。また、巨大金融機関の経営破綻によるシステミックリスクの防止のため、グローバルな金融システム上重要な金融機関（G-SIFIs：Global Systemically Important Insurers）に対する、より高い損失吸収力の要請や再建・破綻処理計画、破綻処理制度の導入、母国監督当局と進出先国の監督当局の協力による監督の強化が方向づけられている。

グローバルに整合的な保険監督を促進する目的で設立された保険監督者国際機構（IAIS：International Association of Insurance Supervisors）は、FSB

のメンバーであり、金融危機において、非伝統的な保険引受け（金融リスク）を多く抱えた保険会社が関与したことから、保険監督の中にグローバルの金融システム安定に関するモニタリング（マクロプルーデンス）に関する規制論議が大きな関心事となった。国際的事業を展開するグループの資本規制として、保険資本基準（ICS：Insurance Capital Standard）設定の論議やグローバルな金融システム上重要な保険会社（G-SIIs：Global Systemically Important Insurers）に、より高い損失吸収力を確保させるための資本上乗せ（HLA：Higher Loss Absorbency）の論議等が現在、進められている。

⑶ ストレステスト

ストレステストの使われ方は何通りかある。金融機関の健全性を検証するために監督当局によって金融危機とは無関係に実施されるものがあるが、これは、「監督ストレステスト」と呼ばれている。一方、金融危機において、各国の監督当局が金融システムに対する信認維持を図るための手段として利用する事例も増えている。これは、「クライシス・ストレステスト」と呼ばれている。また、保険会社や金融機関自身によって実施されるストレステストは、内部モデルの限界を補完し、一定のストレスバッファーを確保することによってERMを強化する目的で実施されている。

金融危機によってストレステストの重要性は見直されることとなった。つまり、これまでリスクを計量化することによって、モニタリング・管理する定量的アプローチに依存し過ぎていたリスク管理の在り方への問題意識を高めた。今日、リスク評価として、ある資産や負債を一定期間保有した場合、その将来の価値の変化を評価する手法としてバリュー・アット・リスク（VaR：Value at Risk）という統計的手法がよく使われる。これは、そもそも1980年代後半以降、デリバティブ取引が拡大し、金融機関がデリバティブを1日1回値洗いし、リスク内容を把握するために開発されたものである。その後バーゼル銀行委員会によって市場リスク規制導入において標準的方法として認識され、急速に普及したものである。保険事故による損失についても同様の考え方を採り、図表Ⅱ-18に示したように過去の損失データから確率分布を取り、一定の信頼

水準の下での損失と期待損失との乖離を、予想損失としてリスク評価するものである。

■図表Ⅱ-18　リスクの計測（保険事故の確率分布）

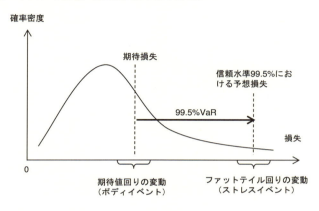

VaRは直観的に捉えやすいという利点がある。しかし、個々の資産や個々のリスクファクターのリスク量についての和が、ポートフォリオのリスク量の範囲に入らない場合がある（劣加法性を満たさない[18]）といった欠点があるため、資本配賦を実施する際に留意が必要である。

また、金融システムにおいては、それぞれの金融機関は独立した主体として取引を行っているが、金融機関相互の取引や決済ネットワークを通じて緊密な関係が築かれている。一つの金融機関での支払い不能や、金融危機のように、サブプライム・ローンに関するあるリスクに多くの関係者が重層に関連していると、多くの金融機関に影響が及び、連鎖して悪影響が出る。このような状況を「システミックリスク」と呼んでいる。このような事態においては、平時において見られる各リスク間の分散効果が効く状況ではなく、リスクが同じ方向に連動し（「正の相関」と呼ぶ）大きな損失が生じる。

しかし、平時におけるVaRに基づく統合リスクは、このような事態を十分捕捉できていないという弱点を有する。それ故、金融危機以降、これを補完する必要性が強く意識されることになった。

■図表Ⅱ-19　ストレステストの類型

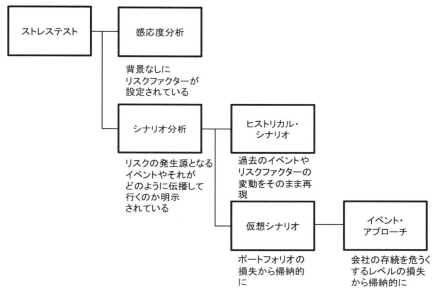

出典：有限責任監査法人トーマツ　金融インダストリーグループ『保険会社のERM「統合的リスク管理」』2012年、保険毎日新聞社、P.225

　今日では、ストレステストは、定性アプローチによって定量アプローチを補完するものとして関心が高まっている。効果的なストレステストを実施するためには、意味のあるシナリオを設定しなければならない。そのために、蓋然性（がいぜん）と想像力のバランスが何よりも大切である。そして、フォワードルッキングな視点から、いかに必要なエマージングリスクを取り込み得るか、また、いかに合理的なシナリオを描き得るかが重要となる。自社のポートフォリオにとって、インパクトの大きなシナリオは捕捉しなければならない。そのためのアプローチとして、リスクアペタイトに着目することが有益であろう。リスクテイクの方針は、保険会社にとって戦略そのものである。戦略とは選択と集中というゆがみをつけ積極的にリスクを取ることである。そして、その選択したリスクに対して誰よりもよくマネージする競争力が戦略の成功につながる。それ故、関連するエマージングリスクをより早く捉え、誰よりも多くのナレッジを蓄積し

なければならない。

　実務では、種々のストレステストが実施されているが、その類型は図表Ⅱ-19 の通り整理できる。

注

1) 統計学で母数がどのような数値の範囲にあるかを確率的に示す方法である。「信頼水準 99％、99.5％」と表現する。感覚的に理解しやすいように、「100 年に 1 度の頻度、200 年に 1 度の頻度で発生する程度の数値」と説明することも多い。
2) MCEV、EEV 共に、生保の保有契約価値と純資産価値の合計で、潜在的価値を評価する枠組み。生保の保有契約が将来生む収益は、現時点では、責任準備金の中にエンベットされている（埋め込まれている）と考えられることから、こう呼ばれている。
3) 欧州連合(EU)が EU 域内の上場企業の連結財務諸表に適用を義務づけている基準。
4) 2016 年 1 月に導入された、EU の経済価値ベースの保険ソルベンシー規制。
5) 保険会社が、将来の保険金や給付金を支払うために、保険業法上積立てが義務づけられているもの。
6) 支払い義務が発生しているが保険金を支払っていないものについて決算期に積み立てが義務づけられているもの。
7) ある感染症（特に伝染病）の世界的な流行のこと。
8) 期待収益率は、企業が生み出す収益率のあらゆる可能な結果の加重平均として計算される。
9) 同理論では、価格分布を正規分布と仮定しているが、現実の市場価格はこのように単純ではない。
10) 標準偏差とは、データや確率変数の散らばり具合（ばらつき）を表す数値のこと。
11) 相関係数とは、二つの確率変数の間にある線形な関係の緩弱を測る指標のこと。例えば、ある変数が動くともう一方の変数も同じ方向に動く場合、正の相関があるという。
12) 「利益／経済価値ベースの純資産」で計算される指標。ここで、利益をどのような概念で捉えるかによって実務では、種々のバリエーションがある。純理論的には、経済価値ベースの期待リターンが合理的と考えられるが、保険の実現利益の概念を重視する考え方もある。
13) 「利益－リスクの担保となる資本×資本コスト率」で計算される指標。
14) 銀行の自己資本比率は、自己資本をリスク・アセットで割って算出する。この水準は、国際業務を行う銀行は 8％、国内業務のみを行う銀行は 4％となっており、これを下回った場合は、金融庁から早期是正措置が発動され、自己資本比率の程度に応じた業務改善指導を受けることとなる。
15) 保険会社の保険金などの支払い能力の充実状況を示す比率であり、この水準を踏まえ監督上の措置（早期是正措置）がとられることとなっている。
16) 優良客（プライム層）よりも下位の層向けとして位置づけられるローン商品のこと。
17) 監督当局が過剰信用供与によるリスクの積み上がりが懸念されるときに発動される、将来的な損失防止のための処置。同バッファー水準を引き上げると配当金などの

資本流出を抑制する効果がある。
18）石井昌宏「リスク計測方法の概観」損保総研の正式名称 ERM 研究会、『保険 ERM 経営の理論と実践』第 5 章、2015 年、金融財政事情研究会

> **コラム5**

代替的リスク移転 (ART) と金融エンジニアリング

〈歴史と特徴〉

　保険の代替手法(ART)とは、伝統的保険商品では実現不可能な(または困難な)リスクの移転を保険以外の様々な手法によって実現するものである。

　ARTの登場の歴史を眺めてみると、キャプティブ保険会社(キャプティブ)が1950～1960年代、ファイナイトが1980年代後半、保険リンク証券(保険リスクの証券化)が1990年代前半、保険デリバティブおよびインテグレーティッド・リスク・プログラムが1990年代後半、サイドカー(再保険会社のポートフォリオの一定割合の収益とリスクを投資家と分担)が2005年頃から登場している。

　キャプティブとは、保険業を営んでいない企業・企業グループがその子会社として設立する、自社・自社グループのリスクのみを引受ける保険会社のことである。ファイナイトとは、再保険手法の一つで、再保険会社に移転されるリスクが限定されている(Finite)保険のことである。例えば、保険期間中の損害実績により、返戻または追徴保険料が生じる場合があること、1事故あたり、1年間あたり、および保険期間通算での保険金支払い限度額が設定されていること、大数の法則が働く従来型の保険に比べ、保険金額に対する保険料の割合が高いこと、といった特徴を有する。証券化には資産の証券化と、負債の証券化がある。資産の証券化とは、様々な資産を集約し、そのキャッシュフローを裏付けとした有価証券を発行する手法である。資産担保証券 (ABS : Asset Backed Securities)、モーゲージ担保証券 (MBS : Mortgage backed Securities) 等の例がある。保険リスクの証券 (ILS : Insurance Linked

Securities）とは負債の証券化にあたる。すなわち、保険が対象としてきたリスクをデリバティブ等を活用し金融市場へ移転することによって保険機能を代替させる手法である。保険を保険料というキャッシュフローを生み出す債権（資産）と、保険金の支払い義務という債務を持つものとみなし、これを証券化し投資家に販売することによって保険金支払い義務も投資家へ移転する仕組みである。通常、ILSを発行する保険会社は、特別目的会社（SPV：Special Purpose Vehicle）を設立し、SPVは保険会社と再保険契約を締結する一方、投資家に対し債権を発行・販売する。従って、SPVは保険会社に対して再保険取引（保険業）を行うと同時に、投資家に対して証券業を行うことになる。この二つの業務を兼業することには規制があり、それが可能なケイマン諸島等にSPVは設立されることが多い。

ILS以降のARTは、米国を中心に1980年代後半から起こった金融革新（Financial innovation）抜きには登場しなかった。この革新は、金融商品も通常の生産活動と同様に、「アイディア」から「R&D」を経て「在庫管理（ALM、経営リスク管理）」や「ロジスティックス」に至るプロセスを明確にする。そして、このプロセスを経済合理性と技術的な側面から支える「エンジニアリング」の観点から革新していこうとする動きである。損害保険の証券化の代表例として、自然災害リスクを証券化したキャット・ボンドが、生命保険リスクには、エンベッディット・バリュー（EV）の証券化がある。

金融エンジニアリングの特徴は、伝統的な金融商品の総リスクを、その構成要素である個別リスクの構成に分解（アンバンドリング）することを可能にしたり、さらに再編成（リバンドリング）することによって、特定のリスクをとることを最も望み、またそれに耐えうる相手と取り引きすることを促進するという技術である。これは、ある意味でキャッシュフローの新結合といえる。例えば、金融におけるヘッジの手法など

も、将来におけるキャッシュフローの予測（情報）に対する負の相関関係（Negative correlation：あるリスクと極めて高い相関があるがポジションは逆であるという関係）を結びつけることによって、リスク処理をしようとするものであり、一種の「情報の新結合」と言える。かつて、シュンペーターが、40〜50年に一度、経済を大発展させるきっかけをつくるものをイノベーション（革新）と呼び、「イノベーションとは生産要素（労働力、資本、設備）の新結合だ」と言った。証券化が金融エンジニアリングと呼ばれ、当時イノベーションの象徴と考えられたのは、キャッシュフローに内在する歪み（＝リスク）を管理し（リスク管理）、経済活動の潤滑油たる資金の循環を円滑に行なう金融機能に革新をもたらしたからである。

　この動きは同時に、保険と金融の共通点と相違点を明らかにし、保険の金融化を進めることともなった。例えば銀行業は一つの業務と考えられていた。ところが実は多数の業務に分解可能なものである。また債券を買うという行為をとってみると、資金の提供と同時に、債務不履行のリスクを負うことがあり、価格変動リスクを負うこともあって、そういうものが全部一緒になって債券を買うということの中に含まれていたということが認識されるようになってきた。

　そういう意味で金融業務は、色々な業務の複合であり、分割可能なものであり、それぞれを独立の業務として組み合わせていくことが可能であるという発想が生まれる。

　Riskless Loan = Riskly Loan + Loan Guarantee というように分解してみると、銀行はローンに対する保証（Loan Guarantee）をなし、リスクのないローン（Riskless Loan）を預金者に提供している、と説明し得る。

　ここで、Riskless Loan を所定の預金金利を生むローンと考えると、Loan Guarantee の性格をプットオプション（Put Option）とみなし得

る。また、プットオプションは保険と類似の性格を有していると考えると、銀行は保険を行っているとも考えられる。

一方、保険市場はいわば同業者による隔離されたマーケットである。現在でも真の意味での保険の流通市場は存在しない。しかし、自然災害リスクを中心に証券化取引が発達すると流通市場が形成される。

金融エンジニアリングの基礎技術

現在金融界において利用されているリスク処理技術を分類すると、以下の三つに大別し得る。

①分散（Diversification）

当該手法は経済的にリスク量そのものを変化させるわけではなく、リスクの偏在を減少させる（期待損失は変化しないが、標準偏差は変化する）技術である。分散投資をポートフォリオ全体としてみた場合には、ノン・システマティックリスク（Non systematic risk）が消滅し、システマティックリスク（Systematic risk）のみが残ることがその本質的説明である。

このような仕組みが整えられた市場では極度の不確実性にさらされることが減るので投資しやすい、事業を運営しやすいこととなり、結果市場への参加者を増やし、キャパシティを集めやすくなる。

現在分散を利用するための手段として、プールと証券化（Securitization）がある。

ここでは、前者の例として保険制度と後者の例としてABSを比較してみる。

保険は供給者側がリスクを特定し、過去のデータでもって分散がきいた状況を前提とした場合の数理上の価値（Actuarial sound value）を計算し、販売により個々の契約を保険プールに持ち込み、事後的に分散を

働かせ大数の法則を利用しようとする制度である。

　一方証券化は既に各金融機関がバラバラに保有する同質リスクを人為的にプール化することを前提としている（この段階であれば、再保険と基本的には変わらない）。しかし、その後、一般投資家が所持しやすいように細分化し、販売することによって資本市場に放出するところに特徴がある。つまり、前段の分散の技術は同質であるものの、保険の場合、当初統計的に想定した状況を生むだけの契約数が集まってくるか否かは不確かであるが、証券化の場合、既に集まった個々のポートフォリオから、その特性を分析するという順番の違いがある。

②証券化＝リスクのアンバンドリングと再パッケージ化
　証券化の仕組みについて代表的商品のキャッシュフローの視点から見てみよう。
　MBSは、アメリカの住宅ローンの大半は期限前返済権（Callable）付超長期固定金利型で、MBSはこのキャッシュフローに含まれる与信リスク、市場変動リスク、期限前返済リスク等すべてを証券化する中で評価し、投資家ないし市場に移転したものである。
　ABSは、MBSと比較すると、期限前返済の問題も軽微で、加工商品も自動車ローン、クレジット・カード債権等の金銭債権で限定されており、安定的である。さらに、与信リスク、市場変動リスク等、銀行等金融のプロが判断した上、ローンとしてリスクを吸収してきた金銭債権に、部分保証や余剰キャッシュフローを付加することにより証券化し市場に放出するメカニズムである。

③ヘッジ（Hedge）
　負の相関を利用し合い、相対取引でオフセットする技術である。
　この代表例がデリバティブである。

ただし、これには相対取引を可能とする市場環境が必要となる。つまり、ヘッジの代表的商品であるオプションを例にとると、オプションが一定の期間内での偶発的な権利で、オプション料（掛金）に比べはるかに大きな経済価値を持ち得ること、あるいはオプション料以上の負担が生じない性格を持つことは、オプションの買手にとってはその経済的機能が保険に類似している。

　しかし、売手の側から見た場合、保険とオプションは本質的に相違する面がある。

　保険は大数の法則を前提にしている。これに対し、オプションは原資産による複製により、売手と買手が1対1でも成立が可能となる。

<u>保険と金融のリスク管理技術の相違</u>

　金融機関における業態の違いをリスク・マネジメント・テクノロジーの相違として整理し直すと将来の金融シングル・マーケットへの係わり方のヒントが見えてくる。

　保険業のリスク管理は、プーリング技術による大数の法則の利用とリスク分散である。これがうまく機能するためには、リスクそのものが個々に、またはグループとして、合理的に独立でなければならないし、発生確率についてのアクチュアリ・テーブルの作成が必要である。

　これに対して証券業のリスク管理は、ある事象が起こったとき同時に多くの人々に影響を与えるような相関関係を有したリスク（Correlated risks）が存在することを前提とし、負の相関を利用してオフセットしようとする仕組みである。

　保険と金融の相違を検討する際にはILSを観察することは有用である。ILSが負債の証券化であり、保険負債の特徴を反映したものとなっているため資産の証券化とは異なる特徴を有する。例えば、ILSのプライシングには、金融商品（デリバティブを含む）の価格決定に用いるブ

ラック・ショールズ・モデル等の公式は使えない。異常災害の発生確率は、金融商品価格変動と異なって、損失予想額に対して非対象な分布となる。

　天候デリバティブに代表される保険デリバティブは、多数のリスクを集積するわけではなく基本的には1対1の相対取り引きである。デリバティブの本来的な機能はヘッジにあることから、保険の仕組みがもつリスクの集積、分散の技術とは異なる係数を有する。また、デリバティブの価格であるプレミアムと保険の価格である保険料は基本的に異なった構造を持っている。プレミアムは市場でリスクの市場価格として決まるが、保険料は大数の法則に基づく保険技術によって決められる。

第 Ⅲ 章
保険 ERM 実践上の論点

第1節　戦略論と ERM

　企業経営には戦略が不可欠です。「戦略」という用語はさまざまに定義されていますが、その本質的要素を抽出するなら、「目的を達成するためのプロセス」と定義できます。そして、戦術はそのために必要なアクションと言えます。戦略の主な構成要素として、①期待する達成状況をビジョンとして描くこと②それを経営目標という価値評価可能な形で設定すること③その目的達成を目指し、企業内組織を事業計画や予算などによって統制すること—を挙げることができます。

　リスクの伴わない戦略の推進はありえません。本節では、戦略論をレビューし、保険 ERM とどのように関連するのか考えてみたいと思います。

Ⅲ-1-1. ポジショニング理論と保険における外部ハザード

(1) 戦略的リスク

　企業価値を向上させるため戦略論が発達した。しかし、保険会社の戦略論はリスク管理抜きでは成り立たない。保険業は契約者の危険を受け入れ、それをプールとして管理し、災厄に遭遇した契約者に保険金を支払う業務であるからである。危険に対する理解や管理技術は保険業を運営するために不可欠である。それ故、リスク管理なしでの保険の戦略論はあり得ない。リスク管理と戦略推進をいかに統合して経営するかという基本方針を文書化したのが、リスクアペタイト・ステートメントといえる。そして、それを実践する枠組みがリスクアペタイト・フレームワークである。これらはいずれも、資本配賦、ORSA（リスクとソルベンシーの自己評価）と並んで保険 ERM の核をなす要素である。

　企業活動は、将来に対する働き掛けである。企業は、将来に対して一定の予

測を立て経営目標達成のシナリオを描き、経営資源を投入し事業活動を展開する。これらが中期経営戦略や事業計画として具現化されている。しかし、将来は常にランダムであり、不確実性を孕んでいる。それ故、戦略や計画の中に不確実性が内在している。一度設定した戦略が、その後の大きな環境変化によって計画前提から乖離し、戦略・戦術の不適合状況（「戦略的リスク」と呼ぶ）が生じる可能性が常にある。一般事業会社は、将来に対する価値の変動性（リスク）を保険という制度によって移転し、保険料という形で固定化する。しかし、全てをリスク移転できるわけではないし、逆に積極的にリスクを保有し、高い利潤獲得を追求していく選択肢もある。

　保険会社の場合は、契約者から危険を集め、プールとして管理する。そして、保険事故に関する変動性と不確実性に対して適切な資本を確保し事業の継続性を担保する。ただ、現在の方針を継続すると目標とするリスクプロファイルを達成できない事態が生じた場合は、戦略自体を変更しなければならない。

(2) 環境前提の変化

　企業が生き残るためには、高度な政策（経営戦略）が必要である。戦略概念の源流はダーウィニズム（適者生存の思想）に行きつくと言われている。企業は厳しい環境変化に見舞われた場合、旧来の経営資源の配分を続けると変化から取り残され、生存の場を失って死滅する運命にある。このように企業戦略は、時間軸と空間軸の中で特定の生存空間（企業ドメイン）を選択し、経営資源（ヒト、モノ、カネ、情報）の効果的な統合・解体（創造的破壊）を繰り返して、レベルの高い価値を創造する方策といえる。

　将来環境が質的・量的に大きく変化しようとしている場合には、現在の貸借対照表をスタート点として、3～5年先を線型的に予測することはできない。例えば、今後3年程度は大きく顕在化することはないとしても、10年後は全く異なる環境前提になっている可能性が予想されるなら、10年後のストレス状況を前提にそこから現在に線を引いたものと、現時点から将来に線を引いたものとの間のギャップに着目しなければならない（図表Ⅲ-1参照）。

■図表Ⅲ-1　戦略的リスクの存在

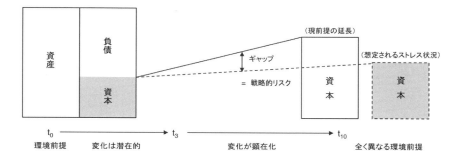

　リスク管理は現時点における将来への働き掛けである。このギャップが自社のポートフォリオに強いインパクトを与えるならば、シミュレーションが必要となる。このような事態を想定し、ハザードの変化を捕捉するためのモニタリングを日ごろから行う必要がある。

　保険 ERM における定量的アプローチでは、過去のデータのパターンを取り込んだり、蓋然性の強い将来の傾向を取り込んだりしているが、その中心は、過去のパターンが再現されるとどのような影響を受けるかという観点が強いものである。もちろん、直近の経験は過去のデータという形でリスク計測に反映されるものの、戦略への機動的反映という観点からは、別途、エマージングモニタリングやストレステストによって補完しなければならない。

⑶　ポジショニングに関する戦略

　企業戦略には、自社が置かれているポジションと自社のリソースを重視する二つのアプローチがある。競争戦略論の初期の段階では、企業に成功をもたらす決定要因を外部環境（特に産業構造を形成する外部環境）に置いていた。それ故、戦略立案において、最も魅力的な産業やセグメントを慎重に選び、そこに重要な資源を戦略的に投入する必要が説かれている。

　アメリカの経営学者マイケル・E・ポーター（1947～）は、競争という概念を競合他社との関係といったように狭く捉えるのではなく、各業界固有の経済構造に注目した。そして、競争や業界全体の平均収益力を支配する五つの競争要因（Five forces）に着目することによって、その業界の収益性を判断でき

るという、産業組織論的視点に立つ。ポーターの競争戦略論は、業界内において利益水準が平均利潤よりも高くなるところに自社をポジショニングし、その産業を取り巻く五つの脅威（図表Ⅲ-2参照）を無力化し得る戦略によって競争優位を築くという枠組みである。

■図表Ⅲ-2　ポーターのモデルによるリスクの優先順位付け

	参入の可能性	
	不確実性:誰が参入しようとしているのか？	
	高リスク:参入障壁がそれほど高くなく、新しい能力を持ち込む潜在的参入者	
サプライヤーの交渉力	業　界	買い手の交渉力
不確実性:サプライチェーンは変化するか？	不確実性:どんな新しい動きが計画されているのか？	不確実性:買い手は新製品に高いお金を支払うか？
高リスク:前方統合（メーカーと原材料の企業統合）を計画する	高リスク:"新しいルール"を設定する競合企業の動き	高リスク:価格感受性を高める人口動態的変化
	代替品	
	不確実性:どんな代替技術が出現するのか？	
	高リスク:急速に進歩する、そして（あるいは）価格下落をもたらす代替品の性能	

　ポーターは数多くのビジネスを研究した結果、三つの基本戦略を提示している。それは、コスト・リーダーシップ（競争他者よりも低い価格）、差別化（よりよい製品・サービスの提供）、集中化（ある領域への特化）である。[1]この基本戦略に基づき、経営資源を投入することにより前記の脅威に対処するという考え方である。

　保険の場合には、一般事業会社と異なる要素もあるので、ポーターの枠組みを使用する際にも、その固有の要素に注意を払う必要がある。例えば、保険が免許事業であることから、その脅威の一つとして、監督当局のモニタリングの枠組みや規制の変化を不確実性として認識しておく必要がある。また、保険で取り扱う危険は、先端科学や医療技術などの発達、自然環境の変化、交通・通信を含む社会インフラの変化、生活安全・安心に関するニーズの変化など、多様な要素による複合的影響を受けて危険事情は変化する。これらの変化に応じて保険引受条件や価格を的確に対応させなければならない。不適切な商品設計

は収益性の悪化、資本の毀損を招き競争力を失うこととなる。また、保険リスクの取引市場（再保険、資本市場）への資本の参入退出状況によるマーケットサイクルの変化にも注意が必要である。それはリスク処理キャパシティ、資本コストを変化させる。さらに、資産運用リスクは、マクロ経済に関するグローバル環境の変化、政治・外交状況の影響を受けるため、資産価値を変化させる。このように保険会社を取り巻く内外のハザードによる複合的な影響を確認することは戦略検討においてますます重要となっている。これら複合的な要素による影響を具体的に確認する方法として、リーマンショック以降ストレステスト[2]が重視されている。

Ⅲ-1-2. 資源依存理論からみた資本の意義

(1) マーケティング戦略

一般事業会社のマーケティング事情は大きく変化している。マーケティング計画を立案する際、一般に知られた枠組みは、「4P（Product、Place、Price、Promotion）」である。しかし、技術が短期間で陳腐化し差別化が難しくなったこと、消費者の価値観の変化が生じていることなどに対応する視点として、「SAVE（Solution, Access, Value, Education）」という枠組みも提示されている（図表Ⅲ-3参照）。

■図表Ⅲ-3　4PからSAVEへの視点の移行

従来	今後の方向性	
Product（製品）	Solution（ニーズ）	製品の特徴、機能の協調ではなく、製品が提供できる顧客のニーズを明示する
Place（チャネル）	Access（利便性）	個別の購入地点としてのチャネルではなく、顧客の購入過程を考慮した総合的なプレゼンスの確立
Price（価格）	Value（価値）	生産コスト、競合製品の価格比較ではなく、顧客にとっての価値を明示
Promotion（販促）	Education（情報）	PR、対面販売への依存ではなく、顧客の購入サイクルの各ポイントにおけるニーズに応える情報を提供

保険会社にとって、適切で安定的なリスクポートフォリオを形成するために、保険のマーケティングは重要である。一般事業会社の商品は、顧客が商品を現実に手に取ってあるいはそれを見て、その商品が自分のニーズ、利用価値に合致しているかを確かめることができる。これに対し保険サービスは目に見えない。しかも、将来いつ利用の機会が現実に発生するかが不確かであるという特徴があるため、顧客の購買行動は一般事業会社の商品・サービスとは異なる。

　保険購買行動は、経済学では不確実性下の意思決定問題として取り扱われてきた。保険取引は、危険回避型の保険契約者と危険中立型の保険者の間で結ばれる危険分散を目的とした取引である。個人の生活設計におけるリスクへの対処を考えた場合では、その意思決定は主観的期待効用理論によって説明される。ハーバート・A・サイモン[3]は、同理論の成立要件を次の通り要約する。①意思決定者がはっきりとした効用関数を持っていること[4]、②選択すべきはっきりした選択肢の集合を有すること、③将来のすべての出来事に対して確率分布を割り当てることができること、④意思決定者が、戦略から生じる出来事の集合の中から効用関数に照らし期待値を最大化するような選択肢を選択できること—である。

　確率論に基づくリスク評価（Risk assessment）は、「客観的発生確率×損害強度＝リスク量」として把握する。一方、人のリスク認知（Riskperception）は、リスクに対するイメージ（恐ろしさ因子、未知性因子）に影響を受けると言われており、その尺度を異にする。それ故、リスク評価（リスク量）が同じであれば保険者にとっては同じと判断されるとしても、発生確率と損害強度の組み合わせによって、保険契約者のリスク認知は異なることとなる。リスク認知と保険購買行動を取り扱った心理実験[5]によれば、同じリスク量であっても、人々はある一定の基準より低い発生頻度の損害（一度発生するとその損害の程度は大きい）を軽視し、中程度から高い確率の損失に対して保険を購入しようとする傾向が確認されている（図表Ⅲ-4参照）。

　この傾向は保険の種類によっても、その危険に対する保険購入者の過去の経験によっても異なる結果が予想される。また、この心理実験の結果は被験者全体の傾向であるので、個々の意思決定の傾向を類型に分けると、例えば、図表

■図表Ⅲ-4　投票つぼゲームによる保険購買行動の結果

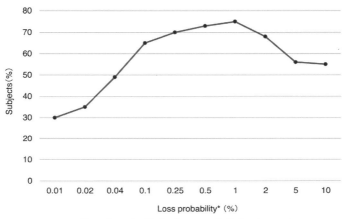

■図表Ⅲ-5　保険購入傾向の類型

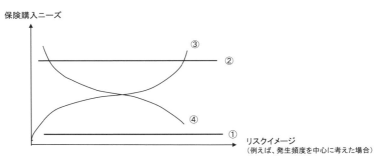

Ⅲ-5のようなさまざまなタイプが考えられる。

　このようにリスク量が同じであっても人の選好にばらつきが出るのは、人によって損害強度に大きく影響を受けるか、発生頻度に影響を受けるかによって、リスク認知に違いが生ずるためではないかと推定される。それ故、実際の保険のマーケティングにおいては、リスク認知におけるバイアスに惑わされることのないリスク評価に基づくコミュニケーションと保険の効用に対する訴求が重要と言える。

(2) 経営資源に着目した戦略

ポーターが主張するポジショニング戦略においては、魅力の乏しい産業であったとしても、希少かつ模倣困難な内部資源を有する企業には、十分魅力的な市場となり得るのではないかという議論も現れた。つまり、市場でのポジショニングよりも、各企業が保有している資源こそが持続的競争優位の源泉であるという立場をとり、企業自体の内部資源であるケイパビリティーを重視する考えが競争戦略論から出てきた。その中心が、ジェイ・B・バーニー（1954～）に代表される「資源依存理論（Resource Based View：RBV）」である。

バーニーは、「企業ごとに異質で、複製に多額の費用がかかる経営資源に着目し、これらの経営資源を活用することによって競争優位を確保できる[6]」と主張する。このような競争優位にある経営資源は市場で調達できるものではない。つまり、模倣されない経営資源の戦略的蓄積が競争優位を生むものと考え、次の四つの資本を例示する[7]。すなわち、①財務資本（多様な金銭的資源、資本金、借入金、内部留保）、②物的資本（技術、工場、設備、立地）、③人的資本（経営者、従業員、人材育成訓練、従業員の経験、判断、知性、人間関係、洞察力）、④組織資本（個人の集合体としての属性、公式の組織構造、公式・非公式の計画、管理調整のシステム、企業内部グループ間の非公式関係、他企業との関係）—である。

バーニーは、経営資源の競争力の要件として四つの問いを重視する。これは、頭文字を取ってVRIO（Value、Rarity、Imitability、Organization）フレームワークと呼ばれる。その視点は、図表Ⅲ-6の通り整理される。

■図表Ⅲ-6　VRIOフレームワーク

経済価値 （Value）	その経営資源は外部環境の脅威や機会に適応することを可能にするか
希少性 （Rarity）	その経営資源をコントロールしているのはごく少数の競合企業か
模範困難性 （Imitability）	その経済資源を獲得または開発する企業は、すでに保有する企業に比べてコスト上、不利か
組織 （Organization）	価値があり、希少で、模範コストの大きい経営資源を活用するために、組織的な方針や手続が整っているか

(3) 競争力とERM

保険会社においては、一般事業会社以上に戦略とリスク管理は表裏の関係にある。戦略を推進していくためにも、会社としてリスク管理のケイパビリティーを高めていく必要がある。戦略とリスクを統合的に管理するERMを企業の独自競争力として、つまり、バーニーのVRIOの枠組みを参照して整理してみたい。

まず、企業価値への貢献の視点であるが、もし、リスクが適切に特定・評価されておらず、過大・過小評価となっていれば、資本の十分性に問題をきたすこととなり、効果的な資本配賦も実施されない。結果、企業価値追求が非効率的となる。

次に、希少性、模倣困難性、組織といった観点であるが、これらは相互関連性が強い。ERM活動は、組織構成員による日々の意思決定と行動によって成り立っている。そして、リスクに対する制御とリスク財務といった日々のリスク処理の巧拙は適切な事業運営に直接影響する。

このようにERMの実効性は、日々の活動を通じて、経験・ノウハウが組織内で蓄積され、組織構成員により継続的に実践される中で周知・徹底され、精緻化されていく形で向上していく。そのスキルは、たとえ同じ業界でも全く共通というものではなく、会社固有であり、希少性を有する。リスクマネジメント・プロセスは企業の個々の内部統制やマネジメントシステムと有機的に結びついて機能するものである。

未知のリスクに関するナレッジについて考えてみたい。当初は認知されていないため、それは、表現できず伝達しづらいものである。事業活動を通じて、その存在に気付くことがきっかけとなるが、この種の知識は「暗黙知」と呼ばれ、組織の「見えざる資産」の一つに位置づけられる。野中郁次郎・竹内弘高は、暗黙知と形式知が相互作用を通じて知識として創造され拡大されていく過程を四つのプロセス（共同化、表出化、連結化、内面化）で知識変換されるプロセスとしてモデル化している[8]。日々の組織活動の中で醸成されるこのプロセスは、各企業の固有性を反映する。このように、リスク・ナレッジは模倣困難で希少な資源の一つといえよう。

Ⅲ-1-3. 戦略的バイアスに陥らないための経営

(1) 戦略のパラドックス

『戦略のパラドックス』(翔泳社 2008) の著者マイケル・E・レイナー (1967～) は、戦略に係るパラドックスについて説明している[9]。この状況を要約すると、次の通りである。「最も有効な戦略とは、将来に最も即した深いコミットメントに基づく戦略である。この場合、将来は不確実であり、どうなるかは誰にも分からないが、そのコミットメントは今日行わなければならない。しかしながら、精緻に立案された戦略コミットメントを推進することが成功の保証にはならない。会社が推進する戦略は、あるシナリオを予見して、そのシナリオに特化した上で、その実現のために有限の資源を投入するというコミットメントを意味する。ただ、たとえ経営がその戦略に深くコミットメントしたとしても、それ自体が、無数の可能性のある将来のシナリオの中から自ら選んだシナリオの実現可能性を高めることにはならない。なぜなら、将来のシナリオは、経営がコントロールし得ない無数の不確実な要素に影響を受け、予期せぬ方向へと導かれる可能性が大きいからである」

保険の戦略論では、保険負債 (引受危険) に関するポートフォリオに存在する不確実性に対してどのように対処するか、顧客のリスクへの行動やその変化に対していかにアプローチして企図したリスクポートフォリオを形成するかといった観点が必要である。そして、目指すポートフォリオの形成と、その際前提としたリスクプロファイルには不確実性が介在しており、レイナーがいう「戦略のパラドックス」に直面するケースが想定される。

(2) 戦略の柔軟性

戦略のパラドックスの教訓は、戦略を成功させようとすると、強いコミットメント (堅牢性) が必要だが、同時に読み通りにいかなかった場合の代替戦略について、常に考えておかなければならないといった点であろう (柔軟性の確保)。堅牢性と柔軟性は、基本的にトレードオフの関係にある。大きなコミットメントのケースにおいて、その前提が変わった場合には、即座に変更・適応することはできないのが普通である。資産運用の世界において、市場が予想外

の動きをした場合に備える方法として、オプションという手段がある。通貨・債券・株式などについて、一定の期間内、または一定の期日に、あらかじめ定めた価格で買う権利あるいは売る権利を売買する取引のことである。同様の考え方で、事業ポートフォリオに適用したリアルオプションというアプローチがある。これは、戦略策定後もリスク構造を常にモニタリングし、不確実性が当初、想定していた戦略前提を大きく変えた場合、柔軟に対処するためのアプローチである。

リアルオプションによって獲得する柔軟性は、スポーツの世界におけるタイムアウト（競技休止時間）のようなものだと説明される。つまり、行き詰まりを感じたときには少しタイムアウトを取り、思索にふける余裕を見つけ出すようなものであり、解決策を見つけるまで決して諦めない粘り腰のアプローチとも言える。

一般事業会社におけるリアルオプションの実例として、ジェイ・B・バーニーが挙げた例が図表Ⅲ-7である。

■図表Ⅲ-7　柔軟性のタイプとそうした柔軟性をつくり出す企業行動の例

柔軟性のタイプ	例
延長オプション （option to postpone）	埋蔵地探索のために、石油会社が土地を購入するのではなく、リースで借り受ける
成長オプション （option to grow）	生産能力を低コストで増強できるように設計して工場を建設する
縮小オプション （option to contract）	フルタイム従業員ではなく、契約社員やアルバイトを雇う
閉鎖・再開オプション （option to shutdown and restart）	自社の製品のみを扱う流通業者ではなく、複数の企業の製品流通を引き受けている流通業者に業務委託する
放棄オプション （option to abandon）	汎用機械のみを設置した工場を建設する
拡張オプション （option to expand）	将来、他の新製品につながっていく可能性のある、製品開発に投資する

保険会社は、戦略的施策（革新的な商品・チャネルの投入やM&Aによる事業ポートフォリオの補強など）によって、そのポートフォリオを大きく変えようとするとき、十分承知していない不確実性の影響を想定しておく必要がある。戦略に伴う不確実性に対する資本バッファーを担保しておく必要もあろう。また、その進め方においては、オプションの検討の必要もあろう。オプション

に要するコストは、リスク処理コストの一つとして認識しておかなければならない。当然、大きな戦略であればあるほど、このコストも大きくなる。それ故、ストレスシナリオを描き、あらかじめコンティンジェンシープランを検討しておく必要がある。

(3) 創発的戦略と計画的戦略

　企図された通りに物事が進行しない場合もある。その兆候は、現場活動の中から気付くことが多い。日々の業務の中での発見を戦略に取り入れる重要性から、戦略論では、初めから意図され計画されたものだけではなく、現場の行動の一つ一つが集積され、その都度、学習する過程で戦略の一貫性やパターンが形成されていくタイプの創発的戦略（Emergent strategy）の重要性も提示されている。大胆な戦略推進には、トップダウン型の計画的戦略（Deliberate strategy）が不可欠となるが、成功への実効性を担保するためには、この二つの戦略が補完し合い、実践の中から生まれる戦略が同時に重視されなければならない（図表Ⅲ-8 参照）。

■図表Ⅲ-8　計画的および創発的戦略

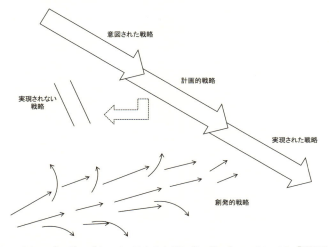

出典：ヘンリー・ミンツバーグ、ブルース・アルストランド、ジョセフ・ランペル『戦略サファリ』齋藤嘉則訳、1999年、東洋経済新報社、13ページ

現場で発見された重要な兆候が経営情報として報告され、柔軟な戦略が機動的にとられることが望ましい。そのため、リスク管理委員会では、さまざまな切り口からリスクのモニタリングを実施し、その結果を経営に報告する仕組みが構築されている。しかしながら、リスク判断にバイアスが介在する可能性にも注意が必要である。バイアスは不適切なリスクテイキングを生み、企業価値の毀損を招く恐れがある。これまでの事例研究では、かつて自分たちを成功に導いた信念や強いコミットメントの下で推進している計画と衝突するものを排除して視野狭窄になる。そのため、組織内で十分な検証がなされなかったり、問題が先送りされ、適切なタイミングで対処されなかったりして事態が深刻になったケースも多く確認されている。

　このように、自社の戦略が適合していないのにもかかわらず、組織がそれを正しく認知できない状態を「戦略的バイアス」と呼んでいる。

　将来の視界が不明瞭な時代になっている。時間の経過に伴い不確実性が惹起され、ビジネス機会に影響を及ぼす。「リスクの3様相」という用語がある。これは、①過去のリスクは将来のリスクであるということ（リスクは繰り返す）、②環境の変化により、将来のリスクは過去のリスクから変化していること（リスクは変化する）、③リスクは新たに創造されていること（リスクは隠れている）──を意味している。企業内外のハザードの変化が収益機会と損益機会を変化させ、自社のポートフォリオや戦略に大きな影響を及ぼすことに留意すべきである。戦略的バイアスに陥らず、計画策定時には想定していなかったリスク（エマージングリスク）の発生は、戦略の成功を危うくする。ハザードの変化を定期的に観察し、その変化の本質や方向性を確認し、その影響を分析しなければならない。

　ただ、将来は突然やってくるものではなく、変化を生む力が過去からの延長線上、現在の延長線上にあるはずである。従って、モニタリング体制の整備と注意深い分析によって、自社のポートフォリオに重要なインパクトを及ぼす予兆を見分けるフォワードルッキングな視点が不可欠となっている。

注

1) M・E・ポーター『競争の戦略』土岐坤、中述萬治、服部照夫訳、1982 年、ダイヤモンド社
2) 銀行においては、FRB（米国連邦準備制度理事会）、EBA（欧州銀行監督機構）、BOE（英国中央銀行）などが、また、保険では、EIOPA（欧州保険年金監督機構）がストレステストの実施、ガイドラインの提示を行っている。
3) ハーバート・A・サイモン『意思決定と合理性』佐々木恒男、吉原正彦訳、2016 年、筑摩書房、30 ～ 31 ページ
4) ある物品やサービスを購入する場合に、そこから得られる効用（満足度合い）を数値に置き換える関数。
5) 被験者が直面する危険事情を、大半が赤い玉で詰められた投票つぼの中から青い玉を引くことによって擬制された投票つぼゲーム（urngame）と呼ばれるシミュレーション実験である。(P. Slovic, B. Fischhoff, S. Lichtenstein, B. Corrigan and B. Combs, 1977, Preference for Insuring Against Probable Small Losses: Insurance Implications, Journal of Risk and Insurance Vol. 44：237 ～ 258 ページ)
6) ジェイ・B・バーニー『企業戦略論［上］基本編 競争優位の構築と持続』岡田正大訳、2003 年、ダイヤモンド社、242 ページ
7) 前掲書 243 ページ
8) 野中郁次郎・竹内弘高『知識創造企業』梅本勝博訳、1996 年、東洋経済新報社
9) マイケル・E・レイナー『戦略のパラドックス』松下芳生、高橋淳一監修、櫻井祐子訳、2008 年、翔泳社

第2節　グローバリゼーションとERM

　日本の保険会社は、国内市場の成熟化と少子高齢化が進展する中、成長戦略として海外展開を活発化させ、M&Aも積極化させています。その場合、各国で事業免許を取得して事業展開することとなります。

　各国の規制やビジネスモデルは異なっていますので、その事業展開においては、グローバル・グループベースの管理と、ローカル拠点ベースの管理を両立させる必要があります。保険事業の特徴であるリスクポートフォリオの管理、各市場に合致したビジネスモデルの構築が必要です。本節では、グローバル化に伴う課題を、ERMとの関連で整理します。

Ⅲ-2-1. マネジメントとオペレーションのグローバル化

(1)　グローバリゼーションの進展

　母国市場のみならず海外市場で事業を展開する企業のことを「多国籍企業（Multinational enterprise）」と最初に呼んだのは、1960年までさかのぼるという。多国籍企業は、国内市場と海外市場それぞれのニーズに適合する必要があり、世界的規模で経営資源を組織し統合する能力が求められることとなった。その後の交通手段や通信技術の発展に伴い、国境を越えた企業の活動は急速に拡大し、企業の多国籍化と事業のグローバル化を大きく促進させた。

　グローバル化と言った場合、マネジメントのグローバル化と、オペレーションのグローバル化の二つの側面がある。グループがグローバル化すればするほど、組織構成員の多様な能力とナレッジをグループ共通の財産として地球目線で戦略的に活用できる。そのため、マネジメントのグローバル化は、グループ本社の機能としてますます重要となっている。特に、経営資源配分機能、シナ

ジー発揮機能、グループ統括機能の三つは必須となる。さらに、多様な価値観や経験の異なる組織構成員間でコンセンサスを形成していくためにも、グループ内の価値尺度や共通言語を整備し、スムーズな意思決定環境を作っていくことが重要である。

また、オペレーションのグローバル化においては、特に保険は、各国で規制やビジネスモデルが異なるため、規制資本の確保、契約者保護といった事業運営上の基本事項における差異や顧客の購買行動の違いに対応しなければならない。

(2) グローバル戦略の類型

グローバルに事業を拡大する産業もあれば、地域や国ごとに事業を営む産業もある。その違いは、商品の特性や市場における消費者の嗜好など、さまざまな要因に負っている。グローバルに事業を展開する企業が、競争優位を求めて地球規模で展開する経営戦略のことを、「グローバル競争戦略」と呼んでいる。

マイケル・E・ポーターは、ライバルが互いに世界的規模で競争する自動車産業などのように、世界を単一市場と見なし、競争も世界規模で捉え得る「グローバル業界」と、小売、消費者金融などのように、競争環境が各国によって異なり独立している「マルチドメスティック業界」に分かれると説明する。保険業は、マルチドメスティックであると整理されている[1]。

ポーターは、まず自社の属する産業が、どの類型（中間の類型も含め）に当たるのかを識別し、グローバル規模において製品・サービスが消費者に届くまでの付加価値を生み出す連続したプロセス（価値連鎖：Value chain）に着目する（図表Ⅲ-9参照）。そして、価値連鎖の配置（Configuration）と調整（Coordination）を検討しなければならないとする。つまり、集中配置か、分散活動か、あるいはその双方の手段をいかに適用すれば競争優位を確保できるかの検討が大切だと説明する。

一般事業会社は、グローバル統合とローカル適応の調整のため、地域別の事業部制組織と世界規模の製品別事業部制組織を組み合わせた組織（グローバル

■図表Ⅲ-9　バリューチェーン（価値連鎖）

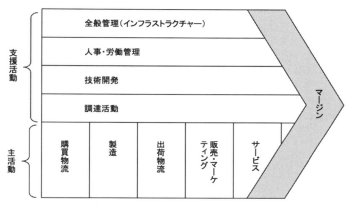

出典：マイケル・E・ポーター『競争優位の戦略』土岐坤、1985年、ダイヤモンド社より作成

マトリクス組織）を作り、対応していることが多い。世界市場に共通する需要が見いだせる場合は、それに対応した商品やサービスを、できるだけ多くの国や地域へ最も効率的に生産、供給する体制を構築することにより、規模の利益、範囲の経済を享受しようとする。一方で、グローバル対応を進めていくと、ローカル市場の個別のニーズにきめ細かく対応できなくなること、生産拠点を集中させ過ぎることによる地政学的リスクの発生や、特定の経済環境に極度に依存するリスクも考慮しなければならない。これらを総合的に評価して、グローバルマトリクス組織が構築されることとなる。

⑶　グループ経営の強化

　保険会社はグループ経営の観点から、グローバルなリスクポートフォリオを鳥瞰・管理しなければならない。グループガバナンス、グループERM、グループ目線に立ったリスク分散と資本の効率といった視点から資本を配分する必要がある。

　リスクに関するガバナンスが効いていなければ、グループERMは推進できない。そのためには、①トップの基調（Tone at the top）を具現化したリスクアペタイト・ステートメント、②モニタリングと内部統制の枠組み（①と②

をまとめて、リスクアペタイト・フレームワークという)、③報酬に関するガバナンス (the Governance of compensation) ——といった有用なツールを連携させて機能発揮させる必要がある。

(4) ローカル経営の強化

　保険ビジネスは、各市場の契約者と保険会社が相対で行う契約であり、かつ各国の免許事業である。そのため、各国の規制、ビジネスモデル、取引慣行に大きく影響を受けることとなる。また、リスク特性も、地形の特性による自然災害リスクの違い、ライフスタイルの違い、社会保障を含む制度の違い、人生観、価値観を反映した安全・安心へのニーズの違いを考慮した事業活動が必要になる。ローカル市場に根差したサービス提供が重要であり、ローカルマネジメントの柔軟性を確保しなければならない。各国市場における事業運営体制は、現地法人形態あるいは支店形態となっていることが多い。グループ経営管理としては、海外現地法人や海外支店の管理を本社が直轄しているケースもあれば、リージョナルごとに地域持ち株会社を作って管理しているところもある。

　保険制度は、契約者から危険を引受け、プールを作らなければ成り立たない。保険引受けにおいては、危険大量の原則、危険分散の原則、危険同質の原則を意識した上で、引受の要否、条件、保険料の設定などをし、適切な危険プールを形成する (この活動をアンダーライティングという)。

　資本主義に多様性があるのと同様、保険市場にも各国固有の特徴がある。どのように保険プールを作り、どのように運営するか、同じ保険とはいえ、各国の制度は同じではない。フランスの経済学者ミシェル・アルベール (1930〜2015) は、欧州の保険市場を観察し、英国に代表されるアングロサクソン型 (海型) とスイス、ドイツに代表されるアルペン型 (山型) の類型があり、それぞれ歴史的起源に影響を受けていると指摘している[4]。アルベールの説明によると、アングロサクソン型は、17世紀のロイズ保険市場に起源があり、その特徴は同市場の起源になった冒険貸借[5]の性格を引き継ぐものである。つまり、市場取引の中でリスクテイクし、時に投機的要素も孕み、競争力のあるリスク管理によって新たなリスクを取り込んでいく。そして、アルペン型との対比で

いえば、短期収益、株主、個人の成功が優先されるという特徴を持っている。一方、アルペン型は、16世紀にアルプスの伝統的組織から派生した保険や共済といった共同機関が、危険をみんなで分かち合うという強い連帯観念の下で発達した点に特徴がある。そのためリスクの特性により細分化するというよりは、共通に抱えるリスクを多くの人々が均一料金で平等に負担し、そのプールが長期的に運営される、いわば社会共同体的な考え方が優先され、競争においてはサービスにより重きが置かれるという特徴を持っている。保険制度は、確率論、統計学を基礎にした経済的効率性を踏まえた制度である一方、保険サービスは、契約者と保険会社間の信義誠実に基づいた、安心を提供するものである。このように、各国の保険運営は歴史的生成過程の特徴を反映している。保険規制もまた、各市場で形成されてきた保険制度を前提に、保険契約者保護の観点から作られ、監督されてきた経緯がある。グループ経営の整合性確保とローカル経営の柔軟性をいかにバランスさせるべきかといった課題は、グローバリゼーションの進展の中で、解決すべき重要なものと認識されている。

Ⅲ-2-2. 保険監督のグローバル・ハーモナイゼーション

(1) 監督のハーモナイゼーション

　各国の保険制度は大数の法則という同じ仕組みの下で運営されているものの、保険ビジネスは各国によって特徴がある。これは各国における保険制度の歴史的生成過程が異なっているためである。そのため、現実の保険監督・規制も各国によって違いがある。

　保険会社の活動が多国籍化するに伴い、グローバルに整合的で効果的な保険監督を促進すること、そして、グローバルな金融（システム）安定に貢献することの重要性の認識が高まってきた。1994年には、保険監督者国際機構（IAIS：International Association of Insurance Supervisors）が国際的な基準策定団体として設立された。現在約150カ国の200を超える管轄区域、保険監督者および規制者からなる組織となっている。各国の監督者が国境を跨ぐ保険会社の活動を意識し、金融システム安定化に関するモニタリングや契約者保護に関する監督を実施する際、IAISとの間で、また関連する各国間で協力した

り、情報を共有するための国際情報交換合意（MMoU：Multilateral Memorandum of Understanding）を交わしている。現在、55の国・地域がIAISに参加し、全世界の保険料ベースで約65％がカバーされている状況にある。[6]

　IAISはハーモナイゼーション推進のため、まず保険基本原則（ICPs：Insurance Core Principles）を定め、保険監督に当たっての基本原則をまとめた。これをベンチマークとして、システム上重要な金融国における遵守状況についてIMF（国際通貨基金）や世界銀行による金融セクター評価プログラム（FSAP：Financial Sector Assessment Program）が定期的に実施され、各国当局の対応の進捗状況が検証されている。また、IAIS内に参加各国当局との間で、自己評価・水平検証を行うタスクフォース（SAPR：Self Assessment and Peer Review Task Force）が設定され、各国の実態の共有と、そこから出てくる課題・改善点が取り上げられ、ICPsの改定に結びつけている。さらに、金融安定理事会（FSB：Financial Stability Board）に所属している国際機関によって策定された新たな基準・ガイドライン等を検証し、ICPsの修正・調整項目が抽出され、関連委員会で論議の上、ICPsの改定につなげていくといった流れになっている。

(2)　システミックリスク

　2008～2009年の金融危機において、ほとんどの保険会社はシステミックリスクに対して、他の金融機関よりも相対的に強い耐性を証明した。その要因として、①伝統的な保険引受けリスクが一般に金融市場リスクと相関しないということ、②資産側は銀行と同様、市場リスク、信用リスクにさらされるが、投資ポートフォリオが、保険負債の特性にマッチして選択されている（ALM管理）こと、③一般に投資の資金源が保険料収入を主としており、過大なレバレッジを使用しないこと—等が挙げられている。一般に巨大な保険事故が発生しない限り、保険金支払いによる極端な資金流出を免れるため、流動性を損なうことにならなかった点は銀行の状況とは大きく違っていた。

　歴史的事実から判断されるように、伝統的保険会社はシステミックリスクを誘発または増幅することがなかった。[7]しかしながら、金融危機において、保険

会社の引受けたクレジット・デフォルト・スワップ（CDS）[8]などの取引がシステミックリスクを増幅させる要因を作ることとなった。特定の市場に金融リスクを集中的に提供していたため、その破綻が金融システムの安定化に影響を及ぼしたのである。

(3) グローバルな規制

IAISは、保険会社の事業の種類に応じて、国内で活動する保険会社・グループ、国際的に活動する保険グループ（IAIGs：Internationally Active Insurance Groups）、グローバルなシステム上重要な保険会社（G-SIIs：Globally Systemically Important Insurers）に区分し、それぞれに必要な規制・監督に関する論議を進めている。現在IAIGsやG-SIIsに対しては、ICPsに加えComeFrame（国際的に活動する保険グループの監督のための共通の枠組み）や保険資本基準（ICS：Insurance Capital Standard）に関する論議が進められている。また、G-SIIsに対しては、金融危機の教訓を踏まえ、監督当局によるマクロプルーデンスモニタリングの強化と資本の強化（HLA：Higher Loss Absorbency Requirement：より高い損失吸収力を確保するための上乗せ資本）の論議が進められている（図表Ⅲ-10参照）。

■図表Ⅲ-10　IAISの国際的な監督要求の構造

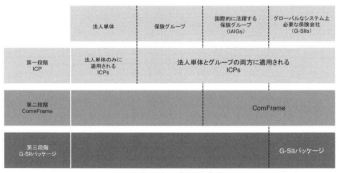

出典：IAIS、Newsletter April 2015、P.2を基に有限責任監査法人トーマツが作成

⑷ システム上重要な保険会社への対策

　金融のグローバル化の進展と金融危機を教訓として、金融システムに重要な影響を及ぼす金融機関・保険会社への規制強化が進められている。金融システム全体のリスクの状況を分析・評価し、それに基づいて制度設計・政策対応を図ることを通じて金融システム全体の安定を確保することをマクロプルーデンスと呼ぶ。個々の金融機関の健全性を確保するミクロプルーデンスと対置される機能である。保険負債は銀行とは異なる特性を持つため、金融システムとの関わりは同じでない。しかし、例えば複数の保険会社の健全性が悪化し、保険市場自体の信頼性に不安が持たれるような事態に至ると、保険が果たす経済や金融への役割から、それらへの悪影響が懸念される。

　2011年11月に開催されたG20カンヌ・サミットにおいて、システム上重要な金融機関（SIFI）に対する一連の措置が承認された。これらの措置には、①各国の破綻処理制度を改革するための評価基準の策定、②グローバルなSIFI（G-SIFI）に関する破綻処理可能性の評価、③G-SIFIに対する（バーゼルⅢを上回る）上乗せ資本規制の賦課、④より強力で実効的な監督—が含まれている。

　G-SIFIsに対する再建・破綻処理制度については、FSBが、種々のガイダンスを出してきた。2011年10月に、破綻処理制度の新たな国際的枠組みとして、「金融機関の実効的な破綻処理の枠組みの主要な特性[9]」を公表した。

　実効的な破綻処理制度の目的は、「清算手続における債権の優先順位を踏まえながら株主・無担保債権者が損失を吸収することを可能にするメカニズムを通じて、深刻なシステム上の混乱がなく、納税者を損失にさらすことなく、必要不可欠な経済機能を保護しながら、金融機関の破綻処理を可能とすること」である。

　また、2013年7月には「再建・破綻処理計画の策定に関するガイダンスペーパー[10]」が公表されている。

　G-SIIs（システム上重要な保険会社）については、IAIS（保険監督国際機構）が、2013年7月18日に、G-SIIs認定の枠組みと資本規制の検討を公表している[11]。G-SFIsに関する一連の措置はG-SIIsにも適用される。しかしながら、例えば銀行のビジネスモデルとポートフォリオの特性は、保険のそれとは異なる

ため、主として銀行への対応を念頭に置いて公表されたFSBの一連のガイダンスについて、保険への適用をどのようにするか、検討が並行的に進められてきた。FSBはIAISと協働し、2014年10月15日に、いかに保険に適用するかを整理し、主要な特性に新しい付帯文書を追加している[12]。その後、保険に関するコンサルテーション・プロセスの中で得られた意見も踏まえ、2016年6月6日にG-SIIsに関するガイダンスペーパーが出されている[13]。

銀行の規制資本（最低比率）に関しバーゼルⅢ[14]で、資本の質の向上と量の強化が図られた。質の点では、自己資本を、通常の予測を超える損失を補償するための資金として、無駄なく効果的に利用できる損失吸収性、いつでも利用できる永続性、および負債性資金の場合には債務弁済に利用されにくい劣後性によって、その質が評価され、中核的自己資本（「ティア1」）および補完的自己資本（「ティア2」）に分類している。バーゼルⅢでは、ティア1をさらに、普通株式や内部留保で構成される「普通株式などティア1」と、優先株、劣後債からなる「その他ティア1」に区分している。その上で、それぞれ自己資本に算入できる割合の上限、下限を設定している。ティア1およびティア2で構成される総最低所要自己資本水準は8％と変わらないが、ティア1の割合は2013年から段階的に引き上げられている。

量の点では、不測の事態で契約が悪化した際に取り崩すことが可能な緩衝材（バッファー）として、普通株などティア1と同水準の質を有する追加的な資本保全バッファー（Capital conservation buffer）が2016年より段階的に導入される。これらが完全に実施される2019年には、合計した所要自己資本の水準は10.5％になる。さらに、2016年からカウンターシクリカル資本バッファーが景気動向に応じて追加的に賦課される。

また、グローバルなシステム上重要な銀行（G-SIBs：Global Systemically Important Banks）に対して、破綻時に備えた損失吸収力を確保させる枠組み（TLAC：Total Loss Absorbing Capacity）として、バーゼルⅢの規制資本に上乗せ（G-SIBサーチャージ）した資本の確保が求められる。2016年から段階的に実施され、2019年から完全実施される予定である。破綻時に備えた損失吸収力を確保させる枠組みと規制資本との関係は図表Ⅲ-11の通り整理される。

■図表Ⅲ-11　TLAC の構成と適用のイメージ（リスクアセットベース）

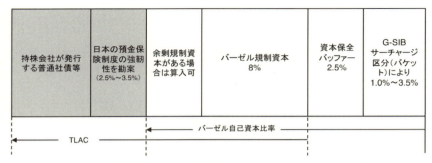

出典：金融庁総務企画局総務課国際室、「国際金融規制改革の最近の動向について（2016.2.8）」p21 に基づき一部補足

　破綻の損失吸収力を用いた処理は図表Ⅲ-12 の通りイメージされている。

■図表Ⅲ-12　破綻時の損失吸収力を用いた破綻処理のイメージ

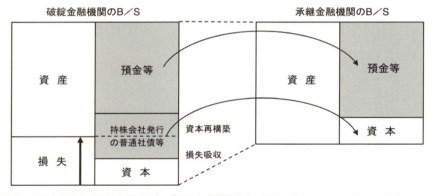

出典：金融庁総務企画局総務課国際室、「国際金融規制改革の最近の動向について（2016.2.8）」

　保険会社においても、保有資本に関し、使用目的の制約がなく他の事業体への移転が可能か（Transferability）、制限なく損失吸収に使用可能か（Fungibility）という論点がある。英国健全性監督機構（PRA：Prudential Regulation Authority）が公表した保険監督に関する文書には、「ソルベンシーⅡで要請さ

れている資本は、保険グループ内で自由に移転できるものではない。法域内の保険会社自体がそのリスクに見合った資本を確保しておかなければならない」と規定すると共に、保険会社の破綻に関しては、その兆候を早めに捕捉し、段階に合わせた早期介入措置（Proactive intervention framework）を可能とするモニタリング体系が提示されている。

Ⅲ-2-3. ポートフォリオのグローバル化とガバナンス

(1) ポートフォリオのグローバル化

ビジネスがグローバル化すれば、当然ながらポートフォリオ（事業、リスク）もグローバル化する。それ故、ポートフォリオへ影響を及ぼすハザード（危険事情）のモニタリングにもグローバルな視点が必要になる。

今日のERMでは、過去のトレンドからリスク量という形で将来の影響を読み解くモニタリング（定量的アプローチ）と、将来のリスクの変化や新たなリスクの発生をエマージングリスクとしてモニタリングし、自社のポートフォリオへの影響を一定のシナリオの下で評価するストレステストを実施している（これらは、定性的アプローチと呼ばれている）。環境変化の激しい今日においては、フォワードルッキングな経営の観点から、定性的アプローチの強化が求められている。そのため普段から、グローバル／ローカルの視点で、経済・社会・規制・事故・地政学などの観点からハザードを鳥瞰し、自社のポートフォリオへのインパクトをモニタリングする態勢を構築しておかなければならない（図表Ⅲ-13参照）。

海外事業の展開においては、国内事業とは異なる進出先地域特有のリスクの存在に注意を払う必要がある。例えば、テロ・暴動などの社会的不安定や、法的整備の不十分、あるいは国固有の法文化から生じる固有な対応などにも考慮が必要である。特に、ある特定地域が抱える政治的・軍事的・社会的緊張の高まりが、経済問題と密接に関係し、その特定地域の経済あるいは世界経済全体の先行きを不透明にするといった視点、つまり地球上の地理的な位置関係が経済問題と密接に関連するリスク（地政学上のリスク）は、海外事業をポートフォリオに抱えた保険会社にとっては、ますます重要となっている。

■図表Ⅲ-13　エマージングリスクのモニタリングとストレステスト

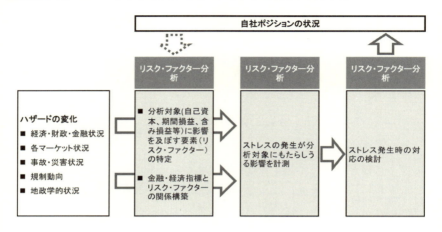

(2) グループガバナンス

日本の保険会社は、国内市場の成熟化と少子高齢化の進展の下、成長戦略の観点からも海外展開を活発化させると共にM&Aも積極的に行っている。被買収会社のリスクポートフォリオによるシナジー効果はグループ企業価値向上の観点から極めて重要である。同時に、ERMの枠組みやリスクカルチャーの調整もM&A以後の企業活動を左右する重要な要素となる。

組織構成員の行動に大きく影響を及ぼすこととなる報酬制度とリスクとの関係についても注目されている。これは、金融危機において、サブプライムローンの拡大と経営者の報酬が関係していたという教訓があるためである。IAIS-FSBのワークショップでは、FSBが銀行の原則として提示した内容が保険にも適用可能か、といった論議もなされている。そこでは、考慮すべき概念は変わりはないとしつつも、負債特性（例えばキャッシュフローの長短）における両者の違いによって、報酬の枠組みやキャリアアップに関する時間軸（銀行以上に中長期的）に違いが出てくると指摘されている。

さらに、保険の場合は、各国市場の制度・慣行は独自の発展を遂げてきた経緯を反映し、原則が同じであったとしてもそのプラクティスには差異がある。このようにグループガバナンスにおいては、何をグループとして標準化し何を

個別化するかを判断しなければならない。以前にも増して、他のセクターの知見も取り入れ、態勢の高度化が進められているが、保険と銀行との差異やグローバルとローカルの相違点を認識した上でいかにその知見を有効活用していくかが重要となる。

一般にグループと事業体の関係は図表Ⅲ-14の通り整理される。グループ経営の整合性と同時に柔軟性を確保するための工夫が必要である。リスクアペタイト・フレームワークの実効性を踏まえるとグループ全体の目指すリスクポートフォリオを中期的に達成するための最低条件として、全体最適の観点から、すべての事業体が遵守すべき事項が抽出されよう。同時に、資本配賦の前提とされた目標達成のためにはローカルの諸条件への柔軟な対応が必要である。保険の場合は、マルチドメスティックなビジネス戦略をとるだけに、グローバルとローカルの調整は重要な戦略要素といえよう。

IAISの論議の中で[17]、グループコーポレートガバナンスにおける集中型と分散型の考え方が整理されている。その中で、両者は、一方の類型の利点が他の類型の留意点になるといった関係にあると指摘されている。そして、集中型の

■図表Ⅲ-14　グループコーポレートガバナンスの枠組み

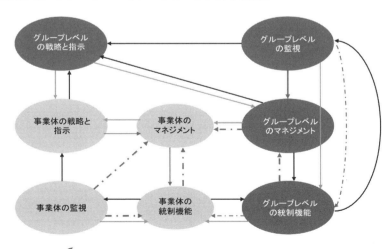

利点は、グループの共通化・整合性強化への寄与である。また、分散型の利点は、明確な責任および説明責任と市場の変化への迅速な対応への寄与である。これらの利点を自社のグループ経営として最適な形で混合し固有の体制を創り出していくことが重要となる。

(3) グループ資本の管理

　持ち株会社は、グループ全体のポートフォリオの健全性と資本の効率性を同時追求する観点から、傘下のグループ会社の健全性を確保した上でグループ全体の資本効率を最大化できるよう資本配分したいと考えている。しかしながら、各グループ会社の立場からすると、自社のポートフォリオを最大化する観点から資本配賦を受けたいと望んでいる。ここに部分最適と全体最適の問題が存在する。このギャップを実務的に調整する手段として、現地法人／支店形態の選択やグループ内再保険を活用した部分／全体のポートフォリオのバランス調整なども検討される。

　さらに、保険会社が抱える不確実性を踏まえると、十分考慮されていないリスクの存在と事業の継続性維持の必要から一定の資本バッファーの確保も考慮しなければならない。持ち株会社は、できるだけグループとしての柔軟性を確保したい観点から、資本を持ち株会社で保有したいと考えるであろう。一方、グループ会社の立場からは、自社内に確保しておきたいと考えるであろう。所管内の保険会社の健全性と契約者保護を監督する当局の立場からは、管轄する保険会社の健全性をより確実な形で確保しておきたいと考えるであろう。このようにグループと個の調整についても、今後さらに論議が進められるものと考える。また、各国の規制資本について考えてみる。例えば、市場全体の特性を反映した標準式による計算と、各社が自社ポートフォリオ評価に適切と判断する内部モデルを使って計算した必要資本とは必ずしも一致しない。ここに、リスク特性と評価手法上の問題が生じる。どちらがより適切な評価になり得るかが確認され、標準式の採用か、内部モデルの採用かを判断することは一つの選択肢と言えるが、その確認・判断は現実問題簡単ではない。現在、IAIS はマクロの健全性検証のため、IAIGs、G-SIIs に適用される保険資本基準（ICS：

Insurance Capital Standard）の議論を進めており、今後のフィールドテストを踏まえた論議の進捗(しんちょく)を見守りたい。

⑷　ERMツールのガバナンス

　グループの整合性は、それがハイレベルの方針・原則といったレベルでは対処しやすい場合でも、実務レベル、現場レベルに移っていくにつれ、多くの考慮が必要になってくる。例えば内部モデルのグループにおける整合性を考えてみたい。モデルが資本配賦制度やリターン・リスク・資本の管理のための基礎情報を提供することを考えればその重要性は論を俟たない。しかしながら、経営判断材料を提供するものであると同時に現場業務での判断情報としても活用されるためには、より粒度の小さいレベルでの調整や多様性への対応が求められ、一つのモデルですべての目的を果たす情報を算出すること（One-size-fits-all solution）は不可能である。そこで、モデルガバナンスではグループとしての整合性を確保するための方針とそれを確保するための体制構築が不可欠となる。

　多国籍に事業展開する保険会社の場合、各国の規制、ビジネスモデル、商品・サービスなどの違いを踏まえた上で、グループとして、堅牢な枠組みと自由度を確保したモデルガバナンスが必要である。保険ERMにおける定量的アプローチにおいては、内部モデルの活用が一般的となっている。仮にグループ内で同一の計測手法を採用していたとしても、計測前提の選択やシミュレーション方法によって、その結果に違いが出る。経営情報の質を確保するため、リスク情報の計測モデルに関し、そのロジック・構造・分析方法などの標準化、日常の詳細かつ大量の作業を自動統制するためのIT統制、文書化、モデル検証（Validation）、データ品質の確保といったモデルガバナンス上の要件を整備していかなければならない。

　なお、データ品質確保には、その前提となるデータガバナンスの整備が必要となる。保険事業ではあらゆる業務プロセスにおいて大量で多様なデータ（音声、画像データを含む）を使用している。従って、この整備には多くの資源投入を要するが、業務品質の確保、意思決定の基礎になる経営・業務情報や公表

情報の適時適切な提供を担保するためには、そのよりどころとなるデータ品質の確保は強化すべき領域である。

注

1) マイケル・E・ポーター編著『グローバル企業の競争戦略』土岐坤、中辻萬治、小野寺武夫訳、1989 年、ダイヤモンド社
2) スケールメリットを生かした企業活動によって、原材料や労働力に必要なコストを低減させ、収益性を向上すること。
3) 事業の多様化を進めることで、既存の経営資源を複数事業に協働することによって、収益性を向上すること。
4) ミシェル・アルベール『資本主義対資本主義』久水宏之監修、小池はるひ訳、1996 年、竹内書店新社、113 ～ 130 ページ。
5) 第 I 章で登場したが、「商人が借金をして船を手配し航海に出て、外国で積荷を調達し、無事に帰港した場合は高利を払い、航海中に逸失すると借金を返済しなくてよい」といった、融資と保険の未分化な仕組み。
6) IAIS Newsletter December 2015 issue 47
7) 金融危機を契機にして、保険のビジネスモデルとシステミックリスクについて、IAIS で整理され、レポート "Insurance and Financial Stability" November 2011 にまとめられている。
8) 信用リスクの移転を目的とするデリバティブ取引
9) FSB, Key Attributes of Effective Resolution Regimes for Financial Institutions, October 2011（改訂版を 2014 年 10 月 15 日に公表）
10) FSB, Recovery and Resolution Planning for Systemically Important Financial Institutions, 16 July 2013
11) 当時公表された内容は次の通り。「G-SIIs に適用するベーシック資本要件（BCR）について説明された。BCR は 2015 年より G-SIIs からグループワイド監督者に非公開ベースで報告される。BCR の開発は、IAIS によるグローバルなグループワイド資本基準を開発するプロジェクトの第 1 段階である。第 2 段階は、2015 年末が完成期限となっている、G-SIIs に適用する HLA の開発である。HLA は BCR を土台として策定され、G-SIIs の国際的な金融システムにおけるシステム上の重要性を反映する追加的な資本要件を定めることになる。第 3 段階は、2016 年末が完成期限で、2017 ～ 2018 年に洗練化し最終較正が終了した後、2019 年以降に IAIGs に適用するリスクベースのグローバルなグループワイドの ICS の開発である。ICS の開発に当たっては BCR 開発作業から情報を得ることになる。」
12) Annex2 for implementation guidance on resolution regimes for insurers
13) FSB Developing Effective Resolution Strategies and Plans for Systemically Important Insurers, 6 June 2016
14) 主要国の金融監督当局で構成するバーゼル銀行監督委員会が 2010 年 9 月に公表した、国際的に業務を展開している銀行の健全性を維持するための新たな自己資本規制のこと。

15) The Prudential Regulation Authority's approach to insurance supervision March 2016
16) IAIS Newsletter August 2015 Issue 43
17) IAIS Issues Paper Approaches to Group Corporate Governance; Impact on Control Functions October 2014

コラム6

マクロプルーデンスと保険 ERM

　保険の監督は、2008年の金融危機までは、契約者保護を主眼とした保険会社の健全性をモニタリングするミクロプルーデンスに主眼が置かれていた。しかしながら、金融危機以降は、保険会社の引受けた金融リスクが危機の原因になったこともあり、保険監督の世界にマクロプルーデンスが導入された。

　これまでのプルーデンシャル規制は、主に個別金融機関のバランス・シート上の数値に依存するものが中心的であった。しかし、最近のプルーデンシャル規制・政策の傾向としては、金融機関の内部管理を強化する、もしくは利害関係者からの監視による規律を利用する手法についても重きを置きつつある。また、市場関係者の自主性に監視を委任する代わりに、市場の失敗、消費者への不当な損害を引き起こすような事態には厳しい制裁を課す。その他に、金融機関の内部統制制度の確立、またそれによる企業統治の向上を図ることを目指しており、総じて、より市場原理を取り入れることで、市場の現状に即したものとする傾向にある。

　本コラムでは、保険のマクロプルーデンスについて整理する。

<u>金融システム上重要な金融機関への対策</u>
　2011年11月3日・4日に開催されたG20カンヌ・サミットにおいて、システム上重要な金融機関（SIFI）に対する一連の措置が承認された。これらの措置は、①各国の破綻処理制度を改革するための評価基準の策定、②グローバルなSIFI（G-SIFI）に関する破綻処理可能性の評価等、③G-SIFIに対する（バーゼルⅢを上回る）上乗せ資本規制の賦課、④より強力で実効的な監督から構成されている。

G-SIFIs に対する再建・破綻処理制度については、FSB（金融安定理事会）が、種々のガイダンスを出してきた。2011 年 10 月に、破綻処理制度の新たな国際的枠組みとして、「金融機関の実効的な破綻処理の枠組みの主要な特性（FSB, Key Attributes of Effective Resolution Regimes for Financial Institutions, October 2011〈改訂版を 2014 年 10 月 15 日に公表〉）」（以下「主要な特性」という）を公表した。主要な特性では、実効的な破綻処理制度の目的を、「清算手続における債権の優先順位を踏まえながら株主・無担保債権者が損失を吸収することを可能にするメカニズムを通じて、深刻なシステム上の混乱がなく、納税者を損失にさらすことなく、必要不可欠の経済機能を保護しながら、金融機関の破綻処理を可能とすること」とし、そのために破綻処理制度が備えるべき特性を整理している。これを受け、主要国では秩序ある破綻処理が可能となるよう、破綻処理制度の整備を進めている。[1]

　2013 年 7 月には「再建・破綻処理計画の策定に関するガイダンスペーパー（FSB, Recovery and Resolution Planning for Systemically Important Financial Institutions：Guidance on Developing Effective Resolution Strategies, 16 July 2013）」（以下「ガイダンスペーパー」という）を公表した。同ガイダンスペーパーは、G-SIFIs に対し、破綻処理当局が、再建・破綻処理計画を策定するに際して参考となるよう、破綻処理戦略の分類や、各戦略を採用するときの前提条件を示している。また、主要な特性では、G-SIFI ごとに危機管理グループ（CMG：Crisis Management Group）を組成することを求めている。CMG は、G-SIFIs の母国及び主要ホスト国の監督当局・中央銀行・破綻処理当局などにより構成され、関係当局による破綻処理計画策定などにあたり各国間の連携を高めること等を目的としている。このガイダンスは G-SIFIs を直接の対象としているが、D-SIFIs やノンバンクに対しても適用することが言及されている。

G-SIIsについては、IAIS（保険監督者国際機構）が、2013年7月18日に、G-SIIs認定の枠組みと資本規制の検討を公表している。G-SFIsに関する一連の措置は、G-SIIsにも適用されることとなる。しかしながら、例えば銀行のビジネスモデルとポートフォリオの特性は、保険のそれとは異なるため、主として銀行への対応を念頭に置いて公表されたFSBの一連のガイダンスについて、保険への適用をどのようにするかの検討が並行的に進められてきた。FSBはIAISと協働し、2014年10月15日に主要な特性をいかに保険に適用するかを整理し、主要な特性に関して新しい付帯文書（Annex2 for implementation guidance on resolution regimes for insurers）を追加している。その後、保険に関するコンサルテーション・プロセスの中で得られた意見も踏まえ、2016年6月6日にガイダンスペーパー（FSB Developing Effective Resolution Strategies and Plans for Systemically Important Insurers）が出された。

<u>保険の破綻処理について</u>
　2016年のガイダンスは次の4つのセクションから構成されている。
　・破綻戦略の目的（Section Ⅰ）
　・戦略決定時の留意点（Section Ⅱ）
　・破綻戦略の分析（Section Ⅲ）
　・実行上の課題（Section Ⅳ）

　本ガイダンスには、実際に保険会社グループの破綻処理を検討する際の実務的留意点が整理されている。主要点を整理すると次の通りである。

・保険会社の活動の特徴に照らし目標を設定し、破綻処理計画を検討する必要がある。そして、その信頼性、実効性についてCMGの中で定期的にレビューする必要がある。

・CMGは、グループの持ち株会社レベル、中間持ち株会社レベル、個々の会社レベル、それぞれの法律上のエンティティに対し、当局が各法域で使用可能な手段を使って対処可能な適切な戦略を決定しなければならない。どのレベルに対して対処するかは、破綻の態様や個々の保険会社の機能（例えば、新契約の提供、既存契約のカバーの継続、保険金支払い機能）、その時点の金融・保険市場の状況によって異なる。これらの影響分析に基づき最適な方法をとる必要がある。

・当該保険グループの構造、例えば資本とリスクをどのようにプールしているか、どのようなビジネスモデルを持っているかによって適切な処理方法は異なる。同ガイダンスは次の検討項目を提示している。すなわち、対処する対象（Point of entry）が事業会社（Opco：Operating entity）の場合は、資本や流動性の代替性（Fungibility）の制限状況、ローカルの税、年金制度との関係で顧客への影響、グループ内取引の状況（含む再保険）、デフォルト時の担保状況、グループ内シェアードサービスの状況、法律上およびオペレーション上の分離可能性などを確認する必要がある。

・グループを維持し分散効果を確保した形で持ち株会社に対し破綻処理をする場合には、傘下の事業会社と持ち株会社との資本と流動性の代替状況、グループ支援状況、持ち株によるグループ会社への保証状況、関連会社によって提供されているシェアードサービスからの独立状況などを確認しなければならない。

・契約者保護を踏まえた上で破綻処理に利用可能な手段として、次の手段を例示している。

①保険事業の持分やポートフォリオの移転・売却
②債務の株式への転換
③上記手段を実施した後においても、まだ資本が不足する場合、一部の事業をランオフとする

・生命保険の場合、契約の内容は概ね標準化されているため顧客にとって市場における代替商品の入手困難の問題は少ないが、契約期間が長いこともあり、期中において同一条件で代替商品を調達することは容易でない。当局は契約者保護も踏まえランオフの選択肢をとったり、他の保険会社へ移転する対策、ブリッジ会社を利用できる法域もあり、このような手段も利用し既存の保険カバーを継続する手段を持とうとする傾向がある。会社全体を清算するより、契約者への責任を一部制限して負債を部分的に軽減することが契約者にとって有利になる場合は、そのような手段も選択され得る。

・損害保険の場合は、代替商品が存在し、保険期間が短いため、破綻会社が新商品を提供し続ける必然性はない。それ故、新契約の提供を停止し、ランオフ管理とする手段が選択されることが多い。

・再保険の場合は、分散を利用したビジネスモデルであるため、破綻戦略も分散の維持について考慮が必要となる。

・保険会社が金融取引に関与している場合、保険会社の破綻は金融システムへ影響する可能性がある。保険会社が金利スワップ、為替スワップのような金融取引におけるカウンターパーティとなっており、破綻によりカウンターパーティの停止による影響を回避するため、当局としてデリバティブポートフォリオをブリッジ会社へ移転する等の対処も必要と

なる。

・保険会社がポートフォリオ改善のため、特定の金融取引を終了させたり、ファイヤー・セールをしたり、デリバティブポジションを解消しようとした結果、金融システムを不安定にさせる点にも考慮し、当局としてその行為を中断させる権限も必要となる。

・破綻保険会社のサービスを残す場合、そのオペレーションを支えているシェアードサービス（例えば、資産運用、アクチュアリーサービス、経理事務、再保険管理、IT、データ管理、法律・行政手続きなど）を継続する必要がある。例えば、契約上で破綻時においても継続する権利の留保が必要となる。

・法域によっては、破綻時に発動する特定の契約者保護スキームを有している。このようなスキームをCMGは共有し活用する必要がある。

・当局は損失吸収の資源がグループのどこに存在するかを確認し、グループ内移転の可能性やグループ内のエンティティに対する債権者権利の構造も踏まえた、その効果を評価する必要がある。

・新契約が停止されると資金や流動性に歪みが生じる。それがグループ内にどのような影響を及ぼすか分析する必要がある。

・破綻処理戦略の実効性を担保するため、破綻処理計画を阻害する要因の洗い出しと、その場合のシナリオ分析が必要である。そしてその対処について選択肢の洗い出しが必要である。

・CMG は、破綻処理が必要となるトリガーの理解と、その際の当局間連携のイメージ、対処策の効果について検証が必要である。

<u>PRA における破綻モニタリング</u>

2016 年 3 月に健全性監督機構（PRA：Prudential Regulation Authority）が公表した保険監督に関する文書（The Prudential Regulation Authority's approach to insurance supervision March 2016）は、保険監督（ミクロプルーデンス）に関する英国当局の基本姿勢が述べられている。その中で破綻に対するモニタリングに言及されている。

- 破綻時の保険契約者保護については、保険の場合、銀行のように取りつけ騒ぎが起こる事態は想定されない。しかし、保険金支払いの履行、将来の保険カバーの継続といった事態を想定する必要がある。
- 現在英国には、保険固有の破綻処理法制がないので、会社更生や清算手続きを使うこととなる。これまで、大型の保険倒産はなかったことから、将来、保険契約者に混乱を生じさせず、経済や金融システムにも影響を及ぼさない形でスムーズな破綻処理がなされる保証はない。それ故、破綻処理制度の整備を進めていく必要がある。
- また、G-SIIs の破綻に対しては、銀行と同様の枠組みが保険にも必要であり、国際的連携を踏まえた IAIS の論議への参画、EC のノンバンクの破綻処理における協働が必要である。
- 保険会社の破綻の可能性を早めに捉え、そのステージに合わせた早期介入措置（Proactive intervention framework）が取れるよう、下表の枠組みを提示している。

図表 C6-1　PRA モニタリング体系

ステージ	当局のアクション
1. 保険会社の存続が危うくなるリスクは少ない状況	・保険会社の平時のリスク評価プロセスやストレス時の再建計画の策定状況を監視する ・PRA が保険会社の再建能力を評価する。
2. 危うくなる状況が中程度である状況	<u>再建関連の措置</u> ・監視の度合を強め、保険会社に再建計画の再点検を要請する。 ・PRA は、保険会社に情報収集の強化を要請し、追加の報告を要請する。 ・PRA は必要な対策が完了するまで、保険会社の活動を制限すると共に、保険会社のリスクプロファイルと資本要件を検証する。 <u>破綻関連の措置</u> ・PRA は、FSCS（Financial Services Compensation Scheme：the Financial Services and Markets Act 2000 で設定された、保険金支払いが不能となった場合の補償制度）と連携し、追加情報の収集、当面のコンティンジェンシープランを確定し開始する。
3. 保険会社の健全性に重要な脅威が確認される状況	<u>再建関連の措置</u> ・保険会社に対し、契約者保護のために実施すべき再建計画（例えば、資本増強、事業移転、保険会社の売却）の提出を要請する。 ・PRA が取る他の措置として、経営及び取締役会の刷新、資産処分や資本配分の禁止、既存戦略・計画の中止、再保険等のリスク移転政策の見直し、新たなビジネス実施権限の剥奪等がある。 <u>破綻関連の措置</u> ・PRA は、破綻に関するコンティンジェンシープランをより強化する。 ・PRA は FSCS と協働し、保険カバーの継続か補償かの調査を行う。

4. 保険会社の存続に切迫したリスクがある状況 PRAのリスク評価において閾値(しきいち)を満たさないリスクにさらされているほど財務状況が劣化しているが、一部の是正手段が残っている状況	再建関連の措置 ・PRAは、保険会社の新たなビジネス実施権限の剥奪 ・保険会社は、再建計画を加速し完結することによって、PRAに切迫したリスクの軽減を示す。 破綻関連の措置 ・秩序だった清算を進めるため、PRAは、FSCSと協働し、また、清算の執行を支援し破綻に関する措置を完結する。
5. 保険会社が清算しようとしているか、あるいは清算状態にある	破綻関連の措置 ・PRAはFSCSと協働し、清算プロセス（保険カバーの継続、保険金の補償）のスムーズな進捗のために必要な手続きを実施する。 ・PRAは、FSCSの枠組みの中にいる保険会社のモニタリングを行う。

（出典：同レポート P.63 Table A を要約の上、試訳）

低金利下におけるマクロプルーデンス

2016年3月に欧州保険年金監督機構（EIOPA：the European Insurance and Occupational Pensions Authority）が公表したレポート（A potential macroprudential approach to the low interest rate environment in the Solvency II context 23 March 2016）は、長期低金利状況がマクロプルーデンスに与える影響と対応について整理したものである。

2016年1月から導入されている欧州ソルベンシーIIはミクロプルーデンスを主眼にした枠組みではあるが、マクロプルーデンス対応にも関連するツールを含んでいる。マクロプルーデンスの対応においては、ソルベンシーIIと共に、域内各国当局の対応も踏まえた上での対応が必要となる。

現在IAISを中心に、金融システム安定化への対応や各国当局の保険監督のハーモナイゼーションの検討が進めれられているが決着までにはまだ時間がかかること、ソルベンシーIIの効果については今後の動向

を見る必要があること等、不確定な要素はあるものの、現時点における情報から、マクロプルーデンスに関する目標や、対応の枠組み、利用可能なツールとその効果が下表の通りまとめられている。

長期低金利環境に対する当局および保険会社の対応

監督当局の対応		保険会社の対応
EIOPA	各国の監督当局 (National Supervisory Authrites：NSAs)	
■2013年に長期低金利への対応に関する見解公表 ■2014年実施のストレステストに低金利シナリオを導入 ■EIOPA Financial Stability Reportの公表(長期金利の影響についても言及)	■モニタリングの強化／金利動向に関する報告頻度の向上 ■低金利環境を踏まえたストレステスト、感応度分析の実施 ■提言や見解の発表 ■金利リスクに関する特別引当金の要請 ■割引率の調整による技術的準備金評価の修正 ■新規商品に対する最大予定保証利率の引き下げ ■資産運用方針の変更の要請 ■ボーナス／プロフィットシェアリングの制限 ■ソルベンシーマージンの要求レベルの変更 ■特定商品の販売中止 ■既存商品に関する将来の保険料に対する予定利率の提言 ■その他	**新規ビジネスにおける商品戦略** ■新契約の予定利率低下 ■新ビジネスにおいて保証のないあるいは運用利益依存度の小さい商品へのシフト(例えば、ユニットリンク、保障型) ■特定保証商品の販売中止 ■予定利率変更約款の導入 ■解約時の市場価値調整約款の導入 ■デュレーションの小さい商品の投入 ■信用保証タイプの保険等、新たな代替商品の開発　等 **既存ビジネスにおける商品戦略** ■プロフィットシェアの削減 ■防御的な責任準備金の設定や追加の技術的準備金 ■保険契約者に対する新契約条件への変更や異なるタイプの商品のキャンペーン ■既存契約において実行可能性のある、契約条件変更の交渉 **ALM戦略、他** ■効率性の導入、経費削減努力 ■デュレーションマッチングやヘッジ等、ALM戦略の変更

		■運用ポートフォリオにおける高利回りソブリン債のウエイト増やハイイールド資産の増加

長期低金利環境における実行目標毎の課題と影響

同レポートでは当局および保険会社の対応について、次の通り整理されている。

マクロプルーデンス目標	取組	低金利環境－バランスシートへの潜在的影響	
		資産側	負債側
耐性強化の必要 ■ソルベンシーIIでは、SCR/MCRに抵触する場合、配当制限可能（Pillar 1)、ORSAで中期的なSCRへのインパクト分析を要請（Pillar 2) ■IAISがG-SIIsに対してHLA（上乗せ資本）の設定を協議中 ■新契約における保証水準の見直し ■再建・破綻計画の強化	■保険契約者への十分な支払い余力を確保 ■ソルベンシーの確保	■フィックスインカム資産の割合と信用スプレッドの拡大状況によるが、資産ポートフォリオの価値の変動 ■運用収益の悪化 ■再投資に伴うリスクの悪化	■技術的準備金の増加 （通常デュレーションミスマッチから資金価値の上昇以上に負債が増加）
過度な利ザヤ追求行為の抑制（ソルベンシーIIに組み込まれた市場整合的枠組みによるSCR拡大効果、プルーデントパースン原則の要請効果）	■金融システムの安定性確保	■ローリスク性資産からハイリスク資産へのシフト	■技術的準備金の増加

プロシクリカリティの回避 ■長期保証措置（Long term guarantee measures：短期的変動性の緩和措置） ■SCR 乖離からの回復期間緩和措置	■金融システムの安定性確保	■ダブル・ヒット（低金利下のリスク性資産価値の下落）シナリオ下における群集心理に基づく、リスクオフ行動	■技術的準備金の増加

留意点

次の留意点が同レポートにまとめられている。

- ソルベンシーⅡに組み込まれたツールがどこまで機能するかについては、今後の検証にかかっている
- マクロプルーデンス対応には、ミクロプルーデンス対応（ソルベンシーⅡ上の要件の効果、各国当局の対応、各保険会社の対応等）との連携を踏まえた全体的対応（Holistic framework）が必要である
- 保険会社のポートフォリオやシステミックリスクへの波及ルートは銀行とは異なるため、さらなる分析が必要である。
- IAISで検討しているG-SIIsやHLAの動向に留意する必要がある。

注

1) 主要国の主な立法例は、以下の通り。米国：ドッド＝フランク法（Dodd-Frank Wall Street Reform and Consumer Protection Act）英国：2009年銀行法、2013年金融サービス（銀行改革）法（Financial Services〈Banking Reform〉Act 2013）EU：銀行再建・破綻処理指令（Bank Recovery and Resolution Directive）。日本でも、2013年6月に預金保険法一部改正が成立している。

第3節　ERMの実効性

　企業は不確実性と向き合いながら新たな価値を創造し続けなければなりません。その成果は、組織構成員一人ひとりの日々の活動によってもたらされます。不確実性に対処するための経営ツールとして、ERMがあります。ERMを実践していくためには、各組織構成員が組織のリスク方針に整合的に意思決定し、行動する必要があり、それが統合され、一つの目標に収斂される必要があります。

　本節では、ERMの実効性に焦点を当てます。ERMの実効性向上のためには、リスクカルチャーが浸透していなければなりません。環境が大きく変化し、ビジネスモデルもそれに即応して変化しなければならない時代、変化のために最も時間を要するのは、われわれ人間の意識や思考（マインド・セット）かも知れません。そして、時代にふさわしい態勢とするために、どのような視点を取り入れていく必要があるかについて考えてみたいと思います。

Ⅲ-3-1. ERM構築のステージの変化

(1) 適切なオペレーション

　ERMは、組織構成員の日々の活動によって実践される。企業の目的は、社会的使命と活動領域（ドメイン）を明らかにし、顧客、株主、従業員といったステークホルダーのために新たな価値を創造し続けることである。企業は外部環境における脅威と機会の評価、自社の強み・弱みの分析を実施し、戦略を策定した上でそれを実行する。

　しかし将来は不確実であり、企業が期待するシナリオ通りにはならない。企業の戦略が常に不適切となるリスクや、自らコントロールし得ない自然災害や

人災による事故に巻き込まれるリスク、金融資本市場の変化に伴うリスクなどにさらされている。

　このような外的要因が関連するリスクだけでなく、企業は、自らの企業活動に起因する内なるリスクにもさらされている。そのため、経営にとって、内部統制は不可欠な事項となる。オペレーションに伴う事故が発生すると、経済的損失のみを引き起こす。このため、法令や会社の規則・ルールなどを遵守するための統制を敷く（コンプライアンス）といった最低限の対応にとどまらず、保険サービスにおける契約者保護や競争力向上の観点から対策が検討される。この対策の目的は、対象とするプロセスやリスクの発生をいかなるレベルまで容認するかによって、その対策内容を検討しなければならない。基本的に起こってはならないとするレベル（ゼロトレランス）や、ヒューマンエラーや過失などにより統計的に一定程度発生してしまうことは容認せざるを得ないと考えるレベル（ミニマムトレランス）がある。保険サービスに係る基本的なプロセスにおいては、契約者保護との関連で、内部統制、マネジメント、ガバナンス上の対策を打つ必要がある。これは会社のブランドや信頼と直結することとなる。

⑵　オペレーショナルリスクとヒューマンエラー

　これまでオペレーショナルリスク管理との関係で、ヒューマンエラーの研究が進められてきた。製造業では、「人間は、エラーを犯す動物である」という視点に立ち、人がうっかりミスを起こしても事故に至らないようにする安全設計（フールプルーフ）等、設備の方を利用者に合わせるような改良も実施されてきた。また、作業を行う前に、機械や装置を指で差しながら声を出して状況を確認したり、作業後に適切に遂行できたかどうか確認したりする「指差呼称」などの安全活動も展開されてきた。

　ヒューマンエラーへの対策として、人の行動と意思決定の関係に着目した研究も進められてきた。例えば、ラスムッセン（Rasmussen, J.）は、人間行動のカテゴリーを慣れや熟練の観点から、知識ベース（Knowledge Based：KB）の行動、規則ベース（Rule Based：RB）の行動、技能ベース（Skill Based：

■図表Ⅲ-15　ラスムッセンの行動の3類型

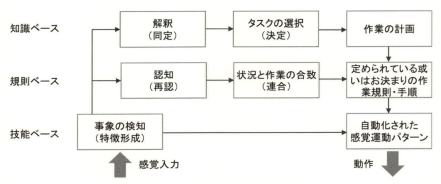

出典：Rasmussen, J., 1986, Information processing and human-machine interaction- An approach to cognitive engineering, Elsevier Science Inc.,

SB）の行動に分類する（図表Ⅲ-15）。

　人間は、めったにしない行為、不慣れな行為、初めての行為、あるいは事態が曖昧だったり、複雑だったりする場合は、その都度考えながら行動する。これをKBの行動という。もう少し頻繁に行われる行為や、慣れてきた行為を行う場合は、当該行為の手順（規則、あるいは熟練によって身につけた規則もある）に従って行動するようになる。これをRBの行動という。つまり、定められた手順に従って、ある作業を遂行する場合、作業を達成するために必要な規則をつなげ合わせていく。誤った規則を適用したり、規則を不適切につなぎ合わせたりするとエラーが発生する。またRBの行動は、反復を重ねることにより、さらに慣れてくると、一度行為を開始すれば、意識的に行為をコントロールすることなく自動的に行為を遂行するようになる。このような自動化された行為、熟練した行為の多くはSBの行為となる。この場合、RBの行動などと異なり、行為の途中で意識が介入することがないので、「うっかり」「ぼんやり」「不注意」等がエラーの原因となる。

　ジェームズ・リーソン（Reason, J.）は、重大事故の原因が、その始まりは個人単位の違反であったが、その影響が組織全体あるいは社会全体に拡大していく過程に着目し、組織体制に潜む欠陥が引き起こす事故という意味で「組織

事故(Organizational accidents)」を定義する。企業は、大事故を防止するため、複数の連続した防御壁を設置する。しかしながら、すべてに完璧な対策はないため、それぞれの対策の落とし穴(過誤)に小さな不安全行動がつながって、防御壁を通過して大事故に至るケースがある。このような現象を一般にスイスチーズ・モデル(図表Ⅲ-16)と呼んでいる。この名称は、スライスしたチーズの穴の部分が何らかの拍子で重なり、穴が貫通し予想外の事故が起きる比喩から来ている。

■図表Ⅲ-16 スイスチーズ・モデル

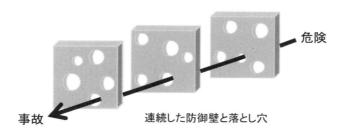

連続した防御壁と落とし穴

リーソンは、「ヒューマンエラーは結果であって原因ではない」と指摘する。なぜエラーが起きたのか、その筋書きを理解することによって初めてエラーの再発を防止できるという考え方に立っている[1]。

(3) 新たなリスク:コンダクトリスク

IAIS(保険監督者国際機構)において、コンダクトリスクの整理や対策の論議が進められている。コンダクトリスクは、「保険者、保険仲介者が業務を遂行する際、顧客を公正に取り扱うことができなかったことによって生ずる顧客・保険者・保険セクター・保険市場へのリスク[2]」と表現されている。FSB(金融安定理事会)は、リスクアペタイト・ステートメントにおいて、風評リスクやコンダクトリスクなどのように定量化が相対的に難しいリスクも取り上げるべきである[3]、と指摘している。コンダクトリスクは、各国で定義の統一やその取り組みについて標準化がなされている状況にはないが、契約者保護や安

心を確保する機能を担う保険サービスの本質に鑑み注目すべきリスクと言える。特に、保険会社の基本サービスの履行に直結する業務については、従来のオペレーショナルリスク管理のように再発防止という視点ではなく、ゼロトレランスという観点から業務品質を問うべき検証が求められよう。

　コンダクトリスクは、リスクが発現した場合の形態としては、オペレーショナルリスク[4]と見なされるため、従来はオペレーショナルリスクの一部と考えられることもあったが、むしろコンダクトリスクを別のリスクとして取り扱い、対策を打つ必要があるだろう。

　監督当局がコンダクトリスクに関心を払っているのは、このリスクが会社のビジネスモデルと戦略に関連が強いこと、経営のリスクカルチャー醸成への姿勢が反映されるからである。それ故、保険会社として、本リスクへ対応するためには、コンダクトリスクの視点からビジネスモデルとプロセスを再度検証する必要がある。これは明らかに、従来のオペレーショナルリスク対応とは異なる目線を含んでいる。過去に発生した事故やその類似の事例の再発防止に主眼を置いたバックワードルッキング的対策にとどまらない。今後のビジネスモデルの変革も意識して、業務品質の向上、レピュテーションの維持・向上、サプライチェーンに介在するヒヤリ・ハット等に留意して、潜在要因を排除するという対策が期待されている。提供サービスの業務品質向上の観点からは、一定ストレスがかかった状況の下でも実施可能かといった観点（リスクの観点）も踏まえる必要があろう。このように、コンダクトリスク対応には、ライフサイクル、サプライチェーン、フォワードルッキング、戦略的思考などの視点が求められる[5]。

　コンダクトリスクへの対応は、ハイリスク商品の販売中止や誤解を招くような金融商品の販売促進の中止、コンダクトリスク発現の要因となるビジネスプロセスの是正といったように、顧客の利益という目線からの措置が求められる。このようなコンダクトリスクを軽減しようとすると、組織構成員の日常の活動に幅広く関係するだけに、経営としては、リスクカルチャーの醸成を推進していく必要がある。そして、シンプルで透明性の高い組織作りや、ビジネスプロセスにおける各機能の連鎖の明確化、義務や責任関係の透明化、オペレーショ

ンの効率化など、コンダクトリスクの原因を軽減するための戦略的思考が不可欠となる。また、監督当局のモニタリングにおいても、倫理基準、報酬実務、倫理的行動の促進における取締役会と経営陣の役割など、金融機関のリスクカルチャーを構成する幅広い事項に対する監視が強まっている。

ERM 構築のステージはトップダウンで枠組みを導入するステージから、実効性強化の視点へ、日々の組織活動を担う個人の行動へと、その目線が変化している。このように、リスクをいかに捉え、いかに対処するかといった保険会社にとっての基本的な命題を、組織構成員個々人のレベルへいかに浸透させるかが重要な課題となってきた。

Ⅲ-3-2. リスクカルチャー醸成の重要性と進め方

(1) コンダクトリスクに関する国際論議

コンダクト（事業行為）は、さまざまな要素に影響を受けている。企業活動は、個々の組織構成員の行為の総体（以後「行動」と表記する）である。意図する行為に反する結果が起こり、その原因が究明されるたびに、われわれの意思決定や行動は検証されてきた。各組織構成員の意思決定・行動を組織として統合し一つの目標に収斂させることは容易ではない。保険のコンダクトリスクに関する国際的な論議は、IAIS（保険監督者国際機構）に設置された専門グループ（Market Conduct Working Group）の中で進められている。これまで、二つのイシュー・ペーパー[6]が発表されている。健全な保険セクターの形成を促進し、保険契約者を保護するために必要な保険監督にあたっての基本原則を定めた監督文書として、ICPs（Insurance Core Principles：保険基本原則）がある。この中の、19（事業行為）、18（仲介者）、9（監督レビュー及び報告）の各規定とも関連している。同ペーパーの中で、コンダクトリスクは、当該保険会社のレピュテーションのみならず、個別の保険市場、さらに保険市場全体に対する消費者からの信頼失墜を招くものとして、その影響の大きさが指摘されている。

日本においては、2007年3月「保険金の支払いに関する金融庁の行政処分事案（不適切な不払い事案と支払い漏れ事案、請求勧奨漏れ事案)」が発生し

た。この問題に対し、各社はゼロトレランスという目線で保険金支払いプロセスに関する業務品質向上に向けた徹底した対策を実施した。当時はコンダクトリスクといった概念は存在しなかったが、現在論議されているコンダクトリスク対策と同じ目線であった。

　コンダクトリスクへの関心が低いと、日々の業務品質の低下を招いたり、不適正販売事件やベンチマークの不正操作といった行為の温床となる恐れがある。さらに極端な場合には金融危機につながる要因ともなる。IAISのペーパーは、金融危機を引き起こしたサブプライム住宅ローン問題についても言及し、当時の見境ないサブプライムローンの販売といった不適切なマーケティング(低質な事業行為)の結果、グローバル金融危機に発展する要因を作り出したとしている。

　IAISでの論議と並行して各国でも種々の対応が進められている。英国当局は、コンダクトリスクを消費者に対する不公正な取扱いの結果に対するリスク(the Risk of unfair consumer outcomes)と定義し、顧客保護、市場の健全性、有効な競争への悪影響といった観点からこのリスクを捉える。このスタンスは、従来オペレーショナルリスクで取り扱っていたオペレーションの失敗やコンプライアンス違反に伴う損失を防止する考えよりは明らかに広く、かつフォワードルッキング性を強く感じるものである。

(2)　対応の戦略的意義

　コンダクトリスクへの対応を怠ると、罰金、是正措置、訴訟費用、風評被害などの悪影響を生むという意味で、純粋リスクへの対策といった側面がある。しかし、昨今議論されているコンダクトリスク対応は、保険会社の戦略に密接な関係がある。つまり、効果的なコンダクトリスク情報によって、上級経営陣は顧客のウォンツやニーズをより明確に理解した上で、問題によりよく対応できることから、今後のビジネスモデル変革を含め契約者の信頼を積み上げることを可能とする対策である。それ故、コンダクトリスクモニタリングを経営情報の一つに加え、リスクカルチャー醸成の取組みを進めていく必要がある。同時に、ERMの実効性向上とリスクカルチャーの醸成を結びつけた戦略的思考

が重要となる。潜在的要因を洗い出すというフォワードルッキングなアプローチが、ガバナンス、リスクアペタイト・フレームワーク（RAF）、リスクカルチャーと関連づけられ、全体として ERM の強化につなげていくことが期待されている（図表Ⅲ-17 参照）。

■図表Ⅲ-17　ERM 枠組みにおけるリスクカルチャー

トップの姿勢	取締役会によるリスク文化の牽引
リスクアペタイトステートメント（RAS）の明確化	ステークホルダー間のリターン、リスク、資本の調整の考え方の明示
リスクアペタイトフレームワーク（RAF）の構築	RASの内容を実現するための主要な指標の抽出とその統制、モニタリング体制の構築
個人の利益と組織の利益の調整	リターンの源泉としてのリスクテイクに関する責任の明確さと透明性の確保、組織構成員のインセンティブと報酬との関係、組織の価値創出への貢献との関係を整理
トップから現場までの各階層の行為の整合性	プロセスとしてのRAFが、行動面で担保できているかを確認
モニタリングと経験から学ぶ文化の強化	PDCAの効果的活用とリスクカルチャー向上の実態を確認

(3)　ビヘイビアへの注目

　従来のオペレーショナルリスク対応は重大な事故をトリガーとし、その類似の事故の再発防止に主眼が置かれる傾向があった。これに対し、コンダクトリスクへの対応は、ビジネスプロセスにおけるヒヤリ・ハットに着目し、顧客への不公正な結果に至る要因への事前対応に主眼が置かれているものと考えられる。オペレーションを統制するプロセスにコンダクトリスク管理の視点を付加する場合、そのプロセスに介在する人の判断、その結果取られるビヘイビアに着目しなければならない。一般にビヘイビアは無意識の内に取られる、あるいは自然と思われる意識下で取られることが多い。それ故、ビヘイビアについては、文書化、ルール化が困難なケースが多い。具体的な状況によってその判断は常に異なるし、判断・行動のスピードにも違いが生じる。

　ビヘイビアへの違いが表れやすい領域として、トレード・オフの状況の下での判断が考えられる。組織としてのハイレベルのトレード・オフへの対処方針については、RAF の中で調整・提示されているが、それが現場活動レベルに落とされる場合には、組織構成員それぞれの物の考え方、行動の仕方などといった、カルチャーの中で消化されている。そのため、リスクカルチャー醸成

には、まずその意義を社内研修の中で認識する必要があろう。しかしリスクカルチャーは日常業務の中での判断に関わるため、自らの業務との関係で、自らが考え行動できて初めて効果がある。研修は、このような動機づけを行う手段といえる。しかし、日常業務に関する知識を知恵（直接に処理する能力）へと昇華させるためには、組織内の役割・機能を意識した階層別研修とその後の実践（OJT）が不可欠である。研修による動機付けは所属組織の目標とつなげることによって、その成果を人事評価に反映させる必要がある。

■図表Ⅲ-18　リスクカルチャー醸成の枠組み

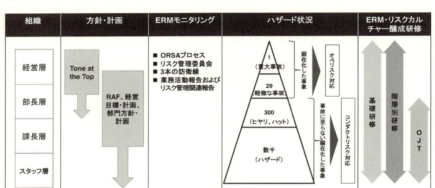

(4)　コンダクトリスクのモニタリング

　コンダクトリスクの有無を洗い出す際には、契約者がどのような状況にあるかを十分理解する必要がある。例えば、金融知識をあまり持っていない顧客の場合には、情報の非対称性を意識した上での対応が必要になる。さらに提供する商品が複雑な場合には、ディスクロージャーやアドバイスの質、さらにはクーリングオフ期間への配慮などが必要になろう。販売手数料の設定に偏りがあった場合、顧客のニーズとは異なる販売誘因が課せられることもある。例えば、販売量にのみリンクした手数料ベースの保険販売の仕組みが消費者ニーズと離れ、売りやすい商品をプッシュ型で販売する傾向を強める結果となるからである。大量の契約失効・解約は、顧客の期待を満たしていない商品設計や潜

在的な不正販売を疑うデータとなったり、異常な保険金請求の事実は、不適切な販売や不十分なディスクロージャーを疑うデータとなる。

　膨大なデータ量の陰に隠れる可能性があるリスクを浮き彫りにするため、データアナリティクス技術を活用する必要もある。データの収集分析作業を自動化することで、迅速（リアルタイムに近づく）な監視も可能になる。例えば、特定の保険契約の解約が増加した場合、その事実を素早く把握し、複数のデータから要因分析をして、具体的対策に結びつけるなどの対応が必要となる。また、社内の専門家による分析は重要であるが自社のカルチャーを通じた分析に陥る危険についても留意が必要である。この弊害を回避する形でデータアナリティクスを活用する工夫も必要である。

　コンダクトリスクを誘発する要因として、市場構造や競争状況、経済環境等の影響がある。それ故、コンダクトリスクのモニタリングは、各国の市場環境・実務との関連づけが必要となる。そして、コンダクトリスク対応には、自社のサプライチェーンの特徴と顧客ニーズの関係について、多面的で冷静な検証が必要である。組織構成員一人一人が、自らの業務に関しリスクの観点から課題を感じる感性（リスクセンス）と、適切な対処や適正なプロセスに改善していこうとする意識（リスクリテラシー）、さらに適時的確にそれを実際の行動に結びつけられるカウンターリスクビヘイビアが、コンダクトリスク対応にとって重要である。

　次にリスクカルチャーの醸成をどのように進めるかについて考えてみたい。新たな枠組みを組織の中に導入する際には、エネルギーを要する。例えば、コンプライアンス・カルチャーはどのような取り組みにより浸透したかを振り返ってみたい。経営トップからの方針（Tone at the Top）、リーダーシップの発揮、組織内における教育・研修の繰り返し、コンプライアンス違反に対する人事面での対処、各部へのコンプライアンス推進責任者の設置（第１の防衛線）、コンプライアンス推進部門の設置による推進とモニタリング（第２の防衛線）、内部監査部門によるモニタリング（第３の防衛線）、このようなガバナンスの下における継続的な取り組みが思い出されるであろう。

　リスクカルチャーについても同様のステップが必要である。しかし、コンプ

ライアンス・カルチャーとの違いを述べるなら、コンプライアンス・リテラシーについては、法令などの明確な基準を示せるのに対し、リスクリテラシーは、簡単に基準を示すことが困難な点にある。実務経験から醸成される妥当なリスクセンスを磨く必要がある。自らの業務に伴うリスクに対する合理的な判断基準を身につけなければカウンターリスクビヘイビアを担保できない。これは、日常生活の出来事に喩えると分かりやすい。訴訟リスクの高い米国で、雪が降った後、自宅の前の道路の雪かきをするという行為を考えてみよう。雪により自宅の前で通行人が足を滑らせ転倒し、けがをすることがイメージできる（リスクセンス）。そのような事態が発生すると被害者から訴えられることがあることを意識している（リスクリテラシー）。それ故、このリスクを未然に防止するために、自発的に雪かきをするという行動に出る（カウンターリスクビヘイビア）。このように自発的な行動までに結びつけられて初めて、リスクカルチャーが醸成されたといえる。

Ⅲ-2-3. ERMの実効性向上と企業価値の拡大

(1) 実効性担保とERM

　企業の将来は、いわば不確実性の宇宙の中にある。いかに適切に不確実性に対処するかがERMの目的である。ERMの実効性向上を戦略的に捉えようとするなら、まずポジショニング理論[7]の枠組みを活用することが有用である。つまり、自社がどのようなハザード・リスク環境の下で、いかなるポジションに身を置いているかを認識すること、その上でリスク戦略を立て、的確なリスクアペタイト・フレームワーク（RAF）を設定する必要がある。

　次に、設定したRAFの実効性を担保するためには、資源依存理論[8]が示す通り、組織構成員が日々の活動においてRAFを踏まえた実践を行い得るリスクカルチャーがどの程度浸透しているか、すなわち、それを可能とする固有の人的資本や組織資本の整備状況を確認しなければならない。

(2) グローバリゼーションと実効性

　国際展開する保険グループにおいては、ポートフォリオがグローバル環境下

において、どのようなポジションにあるかを意識した戦略、リスク管理が不可欠である。リスクカルチャーの浸透、ERMの実効性の検証においても現在のグローバル環境を前提にする必要がある。

　金融危機以降の世界経済の特徴は、①経済の低成長、②財政赤字の拡大、③低金利の継続、④コモディティ価格の低下とインフレの抑制等と言える。一方、保険市場のここ数年の特徴は、①資本の流入による保険キャパシティの拡大、②資産運用収益は低下しているものの巨大保険事故が相対的に少なかったため、過去の責任準備金のリリースの影響もあり収益性の水準が維持されている、③巨大な自然災害が比較的少ないことや資本市場からキャット・ボンドなどの代替的リスク移転のキャパシティが拡大したこともあり、再保険市場はソフト化していること等である。

　特に、低金利の継続、さらにマイナス金利の出現の影響はキャッシュフローの長い契約を抱える保険会社において大きなインパクトになる。経済価値ベースで見た収益性の検証から、商品、価格の見直しが必要である。また、今後50年から80年といった超長期のキャッシュフローを有する生命保険の場合、将来のトレンドとそのインパクトをいかに捉えるか、どのような経済シナリオを前提にするのが合理的なのか、といったこれまでになかった課題に取り組んでいく必要がある。

　EIOPA（欧州保険年金監督機構）が、長期低金利状況下、マクロプルーデンスに与える影響と対応について整理したレポート[9]を公表した。2016年1月から導入されている欧州ソルベンシーⅡはミクロプルーデンスを主眼にした枠組みではあるが、マクロプルーデンスとの相互関連も深い。EIOPAは、マクロプルーデンス、ミクロプルーデンス（ソルベンシーⅡ、域内各国当局の対応）と各保険会社の対応を連携させた対応の枠組み（図表Ⅲ-19参照）を提示している。経済・金融のグローバリゼーションの進展により保険会社のポートフォリオは、複合的な影響を受ける。自社のポートフォリオの価値をどのような時間軸で予測し、戦略的意思決定につなげていくか、といった問題に加え、マクロプルーデンス、ミクロプルーデンスという枠組みを意識したポートフォリオ管理という視点も必要になってくる。その意味でEIOPAの枠組みは一つ

■図表Ⅲ-19　長期低金利に対処するためのツールと目標

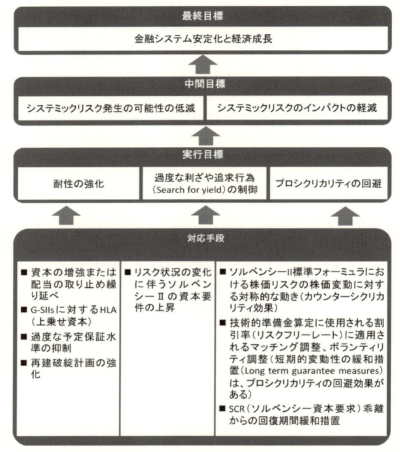

出典：「長期低金利下における域内マクロプルーデンス対応」のレポート4頁「図1：長期低金利に対処するためのツールと目標」を試訳

のアプローチとして参考になろう。

(3) 個人責任とリスクカルチャーの醸成

　保険会社においてERMは経営のコアとなる枠組みである。従ってその基本方針たるRAFはトップ・ダウンで提示する必要がある。ただ企業活動の成果

は組織構成員すべての活動の結果といえる。ERM の実効性は、このトップ・ダウンと、ミドル・アップアンドダウン、ボトム・アップそれぞれの動きが連動しなければ総合的な機能発揮はできない。その意味でも、各業務を担っている個々人の活動に注目が高まっている。

英国では、ここ数年、金融危機の原因を検討する中で、これまで従業員の責任が必ずしも明確でなかったことや、従業員の行動に対して当局が十分な執行権限を保持していなかったことへの課題が論議されてきた。ソルベンシー II の導入時期に合わせて、保険会社の重要な意志決定機能を担う役職員の当局承認を指定された機能に対する個人責任の強化に係る規則（SIMR：Senior Insurance Managers Regime）が導入された[10]。同規則では、シニアマネジャー（上級管理職）に加え、その他の重要な業務（投資運用機能、保険金支払い管理機能、IT 機能、再保険機能等）を担当する役職員を特定し、事前に定められた責任を指定し、対象者に求められるハイレベルのコンダクト・ルール、スタンダードが定められ違反行為を行った場合には、その都度保険会社から当局へ報告することを義務づけている。また、会社はこれらの責任を担うのに適切な人物であるか適格性（Fit & Proper）を評価する必要がある。さらにシニアマネジャーについては当局の事前承認を受ける仕組みになっている。この制度は、当局のフォワードルッキングなモニタリングにおいて重要な手段として位置づけられている[11]。

ERM のステージが枠組み導入段階から実効性担保の段階へと移行している中、保険会社における ERM の実効性の観点、あるいは当局によるモニタリング強化の観点から、個人の意思決定や行動に改めて関心が集まっている。

次に、組織構成員のリスクカルチャーについて考えてみたい。個々人の意思決定や行動上の判断は、自らの業務との関連の中で、組織全体の方針との整合性が必要である。外的環境の変化が激しい現在、組織内の全員がリスクに的確に対応できるようにすることは簡単ではない。なぜなら、適宜の判断が求められるからである。単純に研修を受けて知識を得るように身につくものではない。ERM の実効性は、設定した RAF の中身が個別業務に関する個々人の日々の活動の中で発揮されて初めて効果を生むが、この種の判断はマニュアルに落と

し切れるものではないからである。

(4) リスクガバナンスの新たな視点

　前述のEIOPAの枠組みからも明らかな通り、今後の保険会社のリスクに対するポジショニングは重層的である。このような環境を踏まえたERMの実効性を検討するためには、従来の枠組みにはない新たな視点を組み込むことが大切である。視点を変えたときこれまで見えなかったものが見えてくるように、時代にふさわしいフレームワークがなければ捕捉が難しい。

　リスクガバナンスの典型的な枠組みとして「三つの防衛線（3 Lines of Defence）」という考え方が定着している。ただ、金融安定研究所（FSI：Financial Stability Institute）が公表したレポート[12]は、金融危機の教訓を踏まえると、「三つの防衛線」が不十分であると指摘している。例えば、①第１線の評価に対するインセンティブと内部統制システムとの間に矛盾が存在すると十分機能しないこと、②第２線の独立的機能が次第にリスクテイク部署の意見に染まってしまうとうまく機能しないこと、③複雑な商品とモデルに関する知識が要求されることから第２線のスキルと経験が不足すると第１線を制御できないこと、④第１線に、より上位ランクの人材が配置されると第２線の反論が困難になりやすいこと、等が例示されている。

　同レポートでは、今後の金融機関のガバナンス強化に向け、外部監査人と当局を加えた四つの防衛線が提案されている。複雑化する金融業務において内部監査人の能力が追いつかない分野が発生する懸念への対策として、三つの防衛線が、四つ目の防御線を意識することの重要性を強調しているものと考えられる。例えば、外部の目線、マクロプルーデンスの目線を組み入れることによって統制の強化につなげる必要があるだろう。

　ピーターズとウォータマンが提示した[13]「エクセレント・カンパニー」では、組織の構造やシステムではなく、組織のプロセス、つまり、行動の仕方（ものの見方や仕事のやり方といった組織内に共有された思考・行動様式）が重要だと指摘した。そして、自律的な試行錯誤を通じて実践的なカルチャーを作り上げる力が経営業績やパフォーマンスに影響を及ぼす点が強調されている。

第 3 節　ERM の実効性　197

■図表Ⅲ-20　金融機関における四つの防衛線

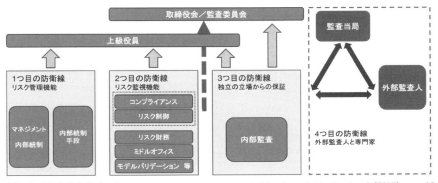

出典：金融安定研究所（FSI）"the 'four lines of defence model' for financial institutions"（2015）page.10

　ERM の実効性を考えるとリスクを的確に理解するためには、関連事象を多面的かつ体系的に評価できること、そしてトレード・オフの影響をいかに調整し目標に整合化させ得ること等、組織のリスク・インテリジェンスを高めなければならない。例えば、四つ目の防衛線といった新たに加えられた目線を活用することによって実際にいかなる付加的な成果（ERM 上の成果）を生み出すことができるかという取組みは、組織固有のガバナンスに負っている。

注

1) J. リーソン『ヒューマンエラー』林喜男監訳、2005 年、海文堂、32 〜 34 ページ
2) IAIS Issues Paper on Conduct of Business Risk and its Management, November 2015
3)「効果的なリスクアペタイトフレームワークの原則」FSB（2013 年 1 月）
4) 現在のオペレーショナルリスクは、一般に、事務リスク、システムリスク、法務リスクを含むが、戦略リスクや風評リスクは含んでいない。
5) IAIS Issues Paper on Conduct of Business in Inclusive Insurance 21 October 2015 の内容を踏まえ、執筆者の考えを整理したものである。
6) Issues Paper on Conduct of Business in Inclusive Insurance, November 2015, Issue Paper on Conduct of Business Risk and its Management November 2015
7) マイケル・E・ポーターが提示した競争戦略論。本書「戦略論と ERM」参照。
8) ジェイ・B・バーニーが提示した競争戦略論。本書「戦略論と ERM」参照。
9) A potential macroprudential approach to the low interest rate environment in the Solvency II context 23 March 2016

10）これまでの制度には、Approved Persons Regeme（APR）が存在しており、それを担う者について当局の承認を必要としていた。APR は、会社の活動状況について監督当局に報告義務があった。新しく導入された規制（SIMR）では、当局の承認が必要な機能を従来の APR より詳細に分類（シニア・インシュランス・マネジメント・ファンクションという形）し導入された。CEO、CFO、CRO、内部監査部門ヘッド等の執行機能や、会長、リスク委員会議長、監査委員会議長、報酬委員会議長、独立社外取締役等の監視機能に加え、チーフアクチュアリー、チーフアンダーライティング・オフィサー、保険引受けリスク監督等の機能が指定されている。

11）The Prudential Regulation Authority's approach to insurance supervision, March 2016

12）The 'four lines of defence model' for financial institutions, Occasional Paper No11, Financial Stability Institute（FSI）

13）T. J. ピーターズ、R. H. ウォータマン『エクセレント・カンパニー——超優良企業の条件—』大前研一訳、1983 年、講談社

コーヒーブレイク2
サブプライムローンによる金融危機

　金融危機については既に多くの書物や論文が発表されている。リスク管理に関し様々な教訓が提示されている。ここでは、リスクに関する意思決定の観点から振り返ってみたい。

(1)　サブプライムローンに起因する金融危機の概要と背景

　2007年8月9日仏大手銀行BNPパリバがサブプライムローン（米国の低所得者向け高金利型関連住宅ローン）の証券化商品を組み込んだファンドの解約停止を発表した。かつて住宅ローンを元にした高利回りの証券化商品を、欧米の投資家はこぞって購入していた。証券化商品は高い格付けを得ていたため、投資家は安心していたにもかかわらず、このような事態に至り、金融界は疑心暗鬼となり、金融危機に発展するきっかけとなった。危機は三段階で発現した。第一は、2007年8月に表面化したサブプライムの焦げつきによるEU域内の銀行危機。第二は、2008年9月に起きた米大手投資銀行リーマン・ブラザーズ破綻に端を発した金融システムへの影響（いわゆるリーマン・ショック）。第三は、2009年10月以降、ギリシャ危機を発端とするユーロ危機（ソブリン危機）である。

　金融危機によって金融機関は、短期流動性危機（黒字倒産問題）→短期収益性危機（期間損益赤字問題）→事業継続性危機（資本不足問題）といった事態に直面することとなった。

　サブプライムローンの起源は、クリントン政権時代に低所得者層の住宅取得を促進するための各種政策に遡る。このような中で、低所得者層向けの商品の一つとして登場した。ローン実施後の最初の期間は金利返済を猶予されたり、当初数年間は低金利の変動金利となるような商品が開発された。住宅価格が上昇し始めた1990年代半ばから当該ローンは拡大を始め、2003年以降急増した。

　住宅価格が上昇していれば、借り手は低金利の期限が来たときに別のサブプ

ライムローンに借り替えを行うことで、また再び低金利からスタートできるようになる。一方、貸し手のほうも、住宅価格の上昇があれば、最悪でも担保物権の売却という手段があるため、誰に貸しても必ず回収できる。つまり、住宅価格の上昇がサブプライムローンビジネスの発展を支えていた。そしてこのメカニズムを促進したのが証券化であった。これは、保有する資産を担保に証券を発行することだが、資産保有（運用）機能から、組成（オリジネイト；審査を行った上で与信を実行して新たに債権を作り出すこと）機能を分解（アンバンドリング）することを可能にした金融技術である。住宅ローン担保証券（RMBS：Residential Mortgage Backed Security）や複数の証券化商品を合成した債務担保証券（CDO：Collateralized Debt Obligation）等が金融市場全体に波及していった。銀行が企業に融資したり、投資家が企業の社債を購入した場合、企業の債務不履行に備えて、元本支払いを保証する信用派生商品CDS（Credit default swap）を保険会社や投資銀行が発行していた。CDS当初は損失回避の目的からスタートしたが、その後投機的な商品としても取引されるようになり、CDS取引は急拡大し、想定元本は2008年6月末には2007年度の世界全体の国内総生産（GDP）に匹敵する規模になっていた。

　2006年6月をピークに米国の住宅価格が下がり始め、同年夏頃から、住宅販売の不振が目立つようになった。売れ残った住宅在庫の増加、住宅価格の下落といった住宅市場の一段の低迷や住宅ローンの返済延滞の増加で、金融機関は貸出基準を厳格化することとなり、相対的に返済能力の乏しい層から破綻につながった。これらの変化は、サブプライム関連資産の値下がり、運用成績の悪化、資金繰りの行き詰まりへとつながり、資金の現金化を急ぐ投資家が投信やファンドの解約に動き、ヘッジファンドが顧客からの解約に備え換金売り、さらには利益確保のための空売りが増加した。サブプライムローン関連の証券化商品を組み込んだファンドの解約停止の発表を契機に、個人投資家が銀行窓口に殺到し、米欧金融機関の対外資産の圧縮、世界同時株安と各国の通貨危機へと発展することとなる。サブプライムに関連するメカニズムの破綻は、「信用の危機」として瞬く間に世界を覆うこととなった。

(2) 合理的意思決定を阻害した要因

　サブプライムローンという新たなリスク取引に参画した関係者が、金融危機に際してどのような意思決定を下したのかについて考察していきたい。

　金融工学に基づくモデルは、「市場価格の上がり下がりは予測不能であり、確率的にしか評価できない」という前提の下で理論構築されている。ファンダメンタルズに関する情報は瞬時に市場価格に反映されるため、それを上回って価格を動かすのは、市場を構成する人たちのバラバラな予測に基づいた売買だけ、と仮定している。このバラバラな行動は、コインを投げたときの裏表の出方のようなもの（表が出たら相場が上がり、裏が出たら相場が下がる）だと考えるなら、市場の動きを確率的にモデル化でき、標準的には正規分布が当てはまるといえる。この分布を前提にすると、サブプライムローン危機やブラックマンデーのような大暴落は、数百年に1度も起こり得ない極めて確率の低い現象と考えられている。

　これまでのバブルでもリスクマネーが膨張している間は大きな問題は起きないが、合理的であれ、非合理的であれ、一定規模の投資家がレバレッジが高すぎるというように認識を変えた瞬間、崩壊する危険がある。彼らがリスク回避に走れば、リスクテイクによる富の創造メカニズムが逆回転し、損失の機会が拡大する。サブプライムローン問題でも、人々の心理が変わって、悲観的なコンセンサスが広がり、さらなる下落へのスパイラルに陥っていった。このように一定比率以上の人が走り始めると、その中で何もせずに立ったままでいるのは大きな勇気がいるのと同様、変化そのものがより多くの同方向の変化を加速してしまう。その後、ある事態（パリバやベアスターンの変調）をきっかけに、その負の側面が市場関係者に広く知れ渡ることになり、広く市場に連鎖的影響を及ぼし、システミックリスクの発現に至る。サブプライムローンに関連する取引に参加した者が、システミックリスクへと突き進むまでに介在したバイアスを推測してみたい。

「慣性のバイアス」

　不動産価格がしばらくは上昇するという錯覚を覚える。サブプライムローンのサイクルは、資金を借り、不動産を購入する。不動産価格が上昇すると、買替えまたは売却により、返済が容易になる。このような好循環が保たれている間は、サブプライム（信用力の低い）層でも返済上のリスクは小さい、と錯覚してしまう。

「パターン化探究のバイアス（モデルの過信）」

　プライム（信用力の高い）層の住宅モーゲッジは、資産の性質が均質的で、さらにプール化すればリスクが安定する（大数の法則）。さらに資金使途が住宅に限定されるので個人差が少ない上、借り手が資産保有者なのでその住宅の保全に努める誘因を持つため担保価値は劣化しにくい。しかし、同様のモデルがサブプライムローンを組み込んだリスクについても適用できるかと言うと、その保証はない。

「単純化のバイアス（格付け会社への過信と情報カスケード）」

　今日の金融仲介機能は、貸付先のスクリーニング、預金獲得、リスク分配といった機能に分解され、それぞれ専門化され、経済社会全体で分業するシステムへと変わっている。売却を前提にローンを組成（オリジネート）するというOTD（Originate to Distribute）[1]と呼ばれるモデルが登場した。これが、サブプライムローンを組み込んだリスクプールに対して、リスクの等級に応じて分けて、投資家の注文に応じて証券化商品を組成、相対取引する仕組みとして市場に広まった。しかし、結果として、投資家が、合理的リスク計算に注力するか、無思慮に格付けを信じるかの二者択一しかない状況に至らしめたという指摘がある。

　最初はリスクの不透明さに不安をいだき、格付け会社の評価に十分な信頼を置いていなかった投資家も、市場が拡大するに伴い、慣れのバイアスで不安が低下してくる。その後自分もこのビジネスに参入することにもなったであろう。

このようなメカニズムでビジネスが回転しだすと、格付け会社の評価を信頼して、誰も疑義を差し挟まなくなる。

「確率事象の課題評価バイアス（リターンの過大評価）」

　裁定取引は、最終的には、価格の歪みを調整するので、次第に裁定機会が縮小する。このため、他人より早く始めさっと手仕舞いする必要がある。ところが、裁定取引に巨額の投資資金が流れ込むと、それ自体が信用創造を行って、過剰流動性を作り出してしまう。サブプライムローン問題は、最初は、借り手の信用リスク裁定であったものが、過剰流動性が住宅バブルをもたらした。

「コントロールに関する幻想のバイアス（業務の分散によるオペレーショナルリスク低下の幻想：業務の細分化、専門化によるリスク判断の多様化）」

　証券化で機能分化が進み、モラルハザードや判断上のリスクが高まる。商品化に際し、かつては一体であった業務は、あっせん、貸付、保証・信用補完、回収・取立て、原債権の収集・プール化（積み上げ）、証券化などに分化され、専業の業者が担うようになった。これによって、単一金融機関に機能が集中することになる。事務ミス等のオペレーショナルリスクが集中するのは回避できた半面、リスクの移転が前提となるため、強引なあっせんや貸付、無責任な査定・監視が生まれる可能性を誘発したとも言える。

(3)　今後への参考

　何がバブルで何がバブルでないかの線引きは難しい。早期警戒において重要な点は、どういう基準でリスクを過剰と判断するのかである。市場に参加するプレーヤーの欲望と時々に変化する心理が複雑に絡まる中で、市場がどのような状況にあるかを見極めることは至難の業である。企業としては、市場参加者の心理的バイアスと自社の関係者の心理的バイアスを冷静に見極め、自社はどのようなリスクをどこまで保有するべきかを明確にしておく必要がある。個々の企業が健全性の判断を誤らないためには、次の点に留意しなければならない。

a. リスクリテラシーの向上

① 過去のバブル崩壊時に存在した共通の構造的要素と意思決定を歪める心理的バイアスを社内に周知させる。
② 現在急激に拡大しつつあるリスクを把握できる体制を構築する。エマージングリスクモニタリングの結果をリスク管理委員会等の中で協議する。
③ 上記モニタリングの中で確認された拡大中のリスクが、自社のリスクポートフォリオの特徴（例えば、リスクの偏在、集中）との関係で、どのようなインパクトがあるかについて分析する。

上記プロセスの中で心理的バイアスに陥らないための留意点を列挙すると次の通りである。

・自分自身の特徴について、自分では分からず他人には分かることがある（自分自身の持つフレームや経験に対して自信過剰を戒める）。
・自分や自社を特別だとは思わない（リスクの過小評価を戒める）。
・アイディアや意見、モデルの前提を疑う習慣をつける。なぜなら事態は無意識の内に常に変化しているから（パターン化追求のバイアス、慣性のバイアス、単純化のバイアスを戒める）。
・専門家の意見を尊重すると共に専門家の罠に注意する（前提の罠に陥ることを戒めると共に専門家の経験・知識を最大限活用する）。
・将来の意思決定の合理性と結果としての正しさとを区別する（結果のみを重視するあまり、プロセスとしての意思決定の合理性を過小評価したり、不用意に修正することを戒める）。

b. リスクテイクに関する意思決定

真の不確実性に属する事象であり、統合リスク管理のように定量的な判断基準を提示できないが、次の確認をする必要がある。

- 不確実性の担保とし得る余剰資本の額を確認する。
- 上記範囲内で、対象とする不確実性に対するリスク負担能力（Risk tolerance）を確認する。
- 幾通りかのストレスシナリオを検証し、経営危機に至る最悪シナリオを共有する。
- リアルオプション的発想で、リスクを低減しつつ戦略を推進できる具体的手段を検討する。[2）]
- モニタリングの枠組みを策定する。
- エグジットプランを策定する。

c. 期中のモニタリングと早期対応

　リスクテイク時に確認したリスクファクターの動向についてモニタリングする。警戒ポイントを設定し、コンティンジェンシープランを事前に検討しておき、変化に対して早期警戒体制を敷く必要がある。

注

1）銀行では、自己資本比率を高めるために、リスクウエイトの高い貸し出し債権を証券化して投資家に売却する行為が普及した。つまり、銀行のモデルは、OTH（Originate to Hold）モデルからOTD（Originate to Distribute）モデル（市場型間接金融）への転換が進められた、といわれている。

2）当初の判断が将来の事実との関係が正負どちらの方向に乖離しているかについて、不安な状況となり、想定以上のリスクを保有してしまう危険がある場合、経営の柔軟性を確保し、不確実性の高い事業環境における意思決定上のリスクを回避する手法としてリアルオプションの適用がある。当初から確定的な意思決定を行うより、戦略的選択の可能性を将来に維持して柔軟性を確保し、将来のある時点で非常に大きな価値をもたらす可能性のある戦略を選ぶ道を閉ざさないように手を打っておくことができる。具体的な手段としては、業務提携（Non-equity alliance）、業務・資本提携（Equity alliance）、ジョイント・ベンチャー（Joint venture）といった戦略的提携がある。リアルオプションによる参入は、自力で全面参入するリスクとコストを軽減すると共に、戦略パートナーのスキル、技術、能力、その他の経営資源を活用し、リスクへの対応力を向上させる選択肢でもある。リスクと潜在的価値について十分確信を持った時点（つまり不確実性が解消した時点）で、市場へのさらなるコミットメントをすればよい。

コラム7

保険、銀行のビジネスモデルとリスク

規制(バーゼル規制とソルベンシー規制)の特徴

　銀行機能が決裁システムという経済活動に不可欠な社会インフラを担っていること、実体経済と金融市場がグローバル化する中、各国の金融システム危機が直ちに世界全体の金融システムに波及するリスクも高まってきたことを受け、銀行の破綻が世界的なシステミックリスクに伝播しないための仕組みとして、1992年より実務に導入したバーゼル規制が制定された。従って、国際業務に従事する銀行に対して世界統一的な金融規制を導入する目的で成立したものである。

　当初バーゼルⅠ時代には、会計データに8%を掛ける管理であった。その後、リスク計測の高度化と、システミックリスクに影響を及ぼす重要なリスクカテゴリーを取り上げて規制の強化が進められてきた。具体的には、当初信用リスクのみを対象にしていたリスク定量化を、市場リスク、オペリスクに拡大してきている。金融市場安定化を推進するため、三つの柱(定量化、監督規制、情報開示)の指針を示した。これがバーゼルⅡである(保険のソルベンシーⅡはこの構造を範とした)。

　その後2008年の金融危機の中で、バーゼルⅡの問題点が浮き彫りにされた。その結果、定量・定性両面からの自己資本充実の強化、定量的な流動性基準の導入等の改定が行われた。この改定バーゼルⅡが、通称、バーゼルⅢである。バーゼルⅢへの移行は、2013年から長期的・段階的に行われている。

　一方、保険基本原則(ICPs)が、全BS項目に関わるリスクを取り扱うトータル・バランスシート・アプローチが取られているのに対して、銀行のアプローチに違いがあるのは、このような銀行規制の発展経緯か

ら来ている。

　また、国内業務に従事する銀行に対する規制については、バーゼルの動きを踏まえるものの、各国の規制当局の判断に任されている。これは、本来のバーゼル規制の目的が、グローバルなシステミックリスクへの対処にあるためである。しかしながら、最近は、国内においてもシステミックリスクは存在するとの想定の下、グローバルプレーヤーに求められる枠組みが、国内プレーヤーにも適用される傾向が強くなっている。

　なお、国際業務に従事する銀行に対して世界統一的な金融規制を導入するとはいえ、150におよぶ各国の裁量権（National discretion）を国際間で容認しているのが現実である。各国が固有に有する特性について実務的に柔軟に対処する手段が内包されてているものと考えられる。

　これに対して、保険の規制は、伝統的な保険のポートフォリオがシステミックリスクへ直接影響を及ぼすものではないこともあり、銀行の自己資本規制に相当するソルベンシー規制の目的は、主として各国市場における契約者保護のための健全性監督に置かれた。以前は、保険引受けリスクを中心とした規制であった。その後リスクベース規制方式に変更になり、今日では、Risk Based Capital（RBC）方式のトータル・バランスシート・アプローチを取ったものとなっている。しかしながら、各国当局の規制はさまざまである。

　近年、大手保険グループは国際業務を拡大しており、各国間の規制にばらつきが大きいことは問題だという認識が強まり、IAISを中心とした、各国監督のハーモナイゼーションが進められている。また、リーマンショックにおいて、資産担保証券（CDO：Collateralized Debt Obligation）等、保険会社による非伝統的保険リスク（＝実質的には金融リスク）取引が金融危機の一因となったことから、保険会社のシステミックリスクへの影響とその対応の必要性からマクロプルーデンスに関する監督の検討がされることとなった。

銀行業務と保険業務の特徴

　銀行は、短期の流動性の高い負債（預金等）を長期で流動性の低い資産（貸付等）と交換している。また、銀行は、資金調達において風評等により預金の大量引出リスクや資産に対する市場環境の悪化に伴う金融リスクにさらされる。

　銀行業務は金融システムの構造を通じて行われるため、全体として相互連関性（Connectivility）が強い個別の銀行の問題（例えば、破綻）が金融システム全体の問題に拡大しやすいという伝染性を有する（システミックリスク）。それ故、銀行監督や規制において、金融システムの安定性が重視される。

　これに対し、保険契約は、保険会社と契約者との個別契約である。一定期間の資金調達（保険料）を原資として保険リスクを引受け、プール機能を活用して管理する。このように伝統的な保険のビジネスモデルは、契約者からの保険料といったキャッシュ・イン・フロー（Cash In Flow）を前提にしているため、巨大事故の発生といったキャッシュ・アウト・フロー（Cash Out Flow）の歪みがない限り流動性リスクは発生しない。保険リスクには、個別性（Ideosyncratic）が強いという特徴があるため、保険監督や規制は、契約者保護の観点から個別保険会社の破綻防止に重きが置かれてきた。

　ヨーロッパの保険・再保険連盟（CEA）が保険と銀行の比較を行っている。以下参考までに引用する。

図表 C7-1：保険業と銀行業のビジネスモデルの違い

	保険	銀行
事業の範囲	ビジネス（商品の範囲／ポートフォリオ）、サービスやビジネスモデルの種類は比較的少ない。 主要な役割はリスク保有およびリスク移転。	多種多様なビジネス、サービスやビジネスモデル。 さまざまな機能を持つ（例：預金、貸出、マーケットメーキング、投資顧問業など）。
資金構造	主に保険契約者からの資金であり、株主資本・負債への依存は少ない。 資金のほとんどは前払い・長期であり、結果として安定的なバランスシートとなる。 保険契約を解約すると、資産と負債の両方が同時に消える構造となっていることから、資産と負債はかなりの程度リンクしている。	資金構造は多種多様（例：預金、銀行間借入、CP、債券、レポ取引、株主資本、他）。 資金は通常短いデュレーション。 資産と負債は、一般的には強くはリンクしていない；ローンの返済や資産の売却は資金構造に直接的な影響を与えない。
バランスシートの構造	保険契約者への負債や株主への責任が長期であることから、安定かつシンプルなバランスシート。 景気循環によって引き起こされる大規模な支払いは限定的。 一般的には、保守的なポートフォリオであることから投資ロスは低い。 ローンは限定的。 資本市場へのリスク移転は限定的。	資産と負債がリンクしていないことから、リスクはバランスシートの両側に独立して存在する。 ローン勘定の価値が主要リスクであり、資産と負債の価値は景気循環に大きくさらされている。 銀行間借入は主要ビジネスモデルの一部。

流動性リスク	流動性リスクに対するエクスポージャーは限定的。 負債側：契約者勘定（責準）の大宗は、契約者の判断で引き出すことができない、もしくはペナルティー付きでしか解約できない。大口の保険金は、通常は支払いに数年を要す。 資産側：流動性リスクは主に、四半期先のことであっても予測可能な、大口の支払いにより起こる。	流動性リスクが主要リスク。通常は、資産の平均デュレーションは、負債よりも長い。 短期間かつ大規模な資金調達に依存。
リスクに対する責任と透明性	損保では80％、生保では95％の引受けリスクを保有していることから、リスクを評価しプライシングする強い動機付けがある（契約者に対しては100％の責任を有している）。	リスクを評価しプライシングする高い動機付けがある。しかしながら金融危機以前は、証券化による資産の移転によりリスクをバランスシートに載せなくなったことから、アンダーライティングの基準が劣化した。
相互依存	保険会社間の相互依存は少ない。 保険会社は代替性が高く財務的脆弱性が小さいことから、一つの保険会社がシステミックリスクを引き起こす可能性は低い。	銀行間の相互依存は大きい。 銀行間の資金調達や現先市場など、銀行間の取引は多い。 他の銀行が発行した証券化商品への大規模な投資。 一つの銀行の破綻がシステミックリスクに至る可能性は高い。
ビジネスボラティリティ	保険契約期間が長期に渡ることから、長期を基準としたビジネスモデル。 短期のボラティリティーが業績や企業存続に与える影響は限定的。	ビジネスの特性が短期であることから、収益のボラティリティーは高い（特にトレーディング業務を活発に行う銀行にとって）。 レバレッジの使用が多い。
ALM管理と資産運用管理	負債の方が資産よりデュレーションが長く、安定的な資金ポジション。資産運用は保守的であり、債務側の特徴に基づいた投資である。	負債の方が資産よりデュレーションが短く、資産をすぐに流動化できず負債を支払えないリスクがある。資産側の特徴に基づいた投資である。

出典：CEA "Insurance：a unique sector-why insurers differ from banks" June, 2010, page10-11 を試訳

第 IV 章
保険 ERM の今後

第1節　パラダイムシフト

　今あらゆる業界でパラダイムシフトが起こっています。例えば製造業では第4次産業革命とも言われる技術の進歩・変化により、従来の生産プロセスのロジックを逆転させるといった変化が起こっています。このリスクの変化に保険は機敏に対応しなければなりません。今後想定される自動運転、ドローン、UBER[1]やZipCar[2]等、市民の生活の変化、企業のビジネスモデルの変化にいかに保険が即応していけるか、自らのビジネスモデルを変えていけるかが重要です。

　本節では、既存の枠組みを大きく変化させる動きの本質を考え、それが社会とリスクをどのように変えようとしているかに着目します。パラダイムシフトによる不確実性の高まり、規制の変化、ビジネス環境の変化が保険ERMに何を要請するのか、考えていきたいと思います。

Ⅳ-1-1. 枠組みや業務管理の変化と不確実性の拡大

(1)　パラダイムシフト

　パラダイム（思考の枠組み）という概念について、アメリカの科学者トーマス・S・クーン[3]（1922～1996）は次の通り説明している。「あるパラダイムで説明されるべき事実がすべて説明されているうちは、そのパラダイムは安泰である。しかしそのうちに、パラダイム内で説明できない変則事例が生じてくる。変則事例が無視できない重みを持ちはじめた時、パラダイムは危機に陥る。この変則事例を説明できる新パラダイムが見いだされた時、科学革命が起こる。やがて、新パラダイムが支配的になり、従来のパラダイムは旧パラダイムとなり、歴史の彼方に消えていく」

パラダイムシフトとは、現在の枠組みを大きく変化させる動きであり、その過程において不確実性を拡大させる。現在進行しつつある保険事業をめぐる変化は、パラダイムをシフトさせる可能性がある。

　保険会社の外的ハザードには、グローバル共通なもの、特定の市場や各社のポートフォリオに固有なものがある。またグローバル共通のものであったとしても、スコープや時間軸が異なる。例えば、日本の保険会社に共通の要素としては、今後の人口動態の変化が終身保険や自動車保険に及ぼす影響、当面の低金利環境の長期化やマイナス金利の影響を考慮しなければならないだろう。

　本節では、グローバル共通の中期的要素を取り上げたい。少なくとも次の三つの視点が重要と考える。すなわち、①会社価値の枠組みの変化、②規制改革の進行、③ビジネスモデルの変革である。

　これらの変化はグローバルベースの潮流と言えるが、各国の保険市場によってその変化のスピードや対応には固有性が認められる。また同じ市場においても、ビジネスモデルやポートフォリオの違いから、各保険会社へのインパクトは異なる。しかしながら、その変化は保険会社にとって根本的なものであるが故に、戦略やリスク管理上の変更を要請。その対応いかんでは競争力に大きな影響を及ぼし得る。

(2)　会社価値の枠組みの変化

　企業活動には資本や資金が必要である。投資家が株式や社債へ投資する見返りは、将来支払われる配当や利息という形で報われる。いずれも企業が将来生み出すであろうキャッシュ（経済価値の源泉）に依存している。この企業の開示情報は投資家が企業価値を判断する際に重視する。従って、企業の財務情報の枠組みが変われば、企業と投資家とのコミュニケーションも変わる。

　企業活動や資金調達がグローバル化したにもかかわらず、各国の会計基準が異なっている現状は、投資家にとって、企業の経営状況の把握に困難をきたす。全世界で、ある一つの会計基準が使われるならば、このような問題は解決する。そのような考えから、国際財務報告基準（IFRS：International Financial Reporting Standards）[4]が生まれ、ヨーロッパを中心としてその採用が始まった。

日本では、任意適用となっているが、日本会計基準をIFRSに近づけていくための改定作業（会計コンバージェンス〈収斂〉）が実施された。

現行会計基準は、収益から費用を差し引いて算出した「期間損益」に重きを置いているが、IFRSでは、経済価値ベースで算出した資産から負債を差し引いた「純資産」を重視している（図表Ⅳ-1）。

■図表Ⅳ-1　現行会計と経済価値ベース会計との対比

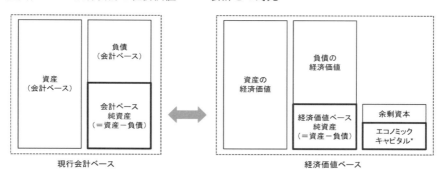

＊ここでエコノミックキャピタルとは、事業計画に伴い想定されるリスクに対して、会社が必要とする資本のこと。会社が、財務の健全性を管理しようとした場合、例えば一定の信頼水準に見合う1年後の純資産の変動（減少）の可能性に耐えられるように資本の水準を維持する必要がある。

⑶　業務管理の変化

これまでの保険会社の業績管理は、発生した費用と実現した収益を対比させ、期間損益を安定的に確保することに主眼が置かれていた。同時に、保険会社の特徴である保険負債の将来の不確実性に対しては、例えば損保の自然災害リスクに対する支払い財源を確保するための異常危険準備金や、超長期の負債を抱える生保の将来の支払財源を保守的に確保するための標準責任準備金といった制度を導入して期間損益を管理している。

また他方、保険会社の抱える資産、負債の不確実性を管理する目的で、ソルベンシー・マージン比率による管理が導入され、収益管理とリスク管理が並存する管理体制が構築されている。

現在起こっている変化は、企業の業績を市場整合的に評価することにより、投資判断との整合性をとるものである。換言すれば、戦略（その結果としての業績）とリスクを統合的に管理する両者の枠組みが、経済価値ベースの枠組みで共通化されることを意味する。IFRS と経済価値ソルベンシーの貸借対照表（BS）は呼称、評価方法など細部の違いはあるものの基本構造は共通している。図表IV-2 は、保険監督者国際機構（IAIS）の保険基本原則（ICPs）における規制上の必要資本を経済価値ベースの BS を使って説明したものである。

■図表IV-2

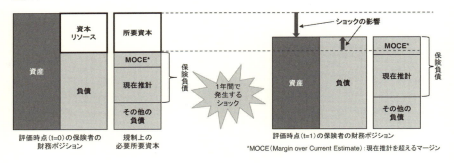

ただし、主として超長期の負債性キャッシュフローを有する生命保険の場合、経済価値ベースの評価は、決算時点で予測した将来の経済金融指標や死亡率、解約率といった基礎率の水準によって価値評価が大きく影響を受けることとなる。また損害保険においても、自然災害リスクのようなファットテイル性の高いリスクをいかに合理的に評価するかという問題を含んでいる。さらに、現実の配当や税金の問題を考える場合には、将来生み出すであろうネットキャッシュフローに基づく経済価値ベースの利益から現時点で処分可能な利益を識別する必要がある。

米国では、サブプライムローン問題を端緒とした金融危機の再発防止等を目的に、金融規制改革法（ドッド＝フランク法：Dodd Frank Act）が 2010 年に成立した。これにより、連結総資産 500 億ドル以上の銀行持株会社および米国連邦準備制度理事会（FRB）の監督下に置かれるノンバンク（D-SIIs を含む）[5]

に対して、より厳しい健全性（プルーデンス）基準が適用されている。

その一つとして、マクロファイナンシャルテスト（DFAST：Dodd Frank Act Stress Test）がある。この定量的分析に加え、ガバナンスやリスク管理プロセスなどの定性面も勘案して、包括的資本分析レビュー（CCAR：Comprehensive Capital Analysis and Review）と呼ばれる資本計画検査を実施し、FRBが資本計画（配当や株式買戻し）の承認を行うこととなっている。このプロセスの中で、将来のシナリオに対する当局と金融機関の予測の差異、リスクコントロール効果などが確認され、将来の自己資本の確保状況が評価される。これは、金融危機以前に過大な利益処分を実施したため資本水準の低下を助長した教訓を反映している。つまり、将来の潜在的な損失に対する包括的な情報が不足する中で配当を払い、自社株買いを実施したいくつかの銀行が、その後巨額のハイブリッド債を発行せざるを得なかったから、今後の潜在的な経済条件を考え、資本政策を包括的でフォワードルッキングな視点で検証する必要を意識したものと考える。

リスクの研究が本格的に始まったルネサンスの頃より、人は将来を予測し現在取るべき行動をよりよく選択したいと考えるようになった。経済価値ベースの枠組みは、ある意味、そのアプローチにおける一つの結実とも考えられる。不確実性は解明され尽くされたわけではなく、むしろ拡大しているとも考えられるが、そういう環境であるが故に、健全で合理的なアプローチで企業価値を拡大する努力が期待されている。現在進められている経済価値の枠組みは時代の流れに合致した経営ツールの一つと考えられる。しかし、これらの枠組みをいかに活用するかが問われている。

Ⅳ-1-2. 規制強化と不確実性の高まり
(1) フォワードルッキング性の強化

企業活動は将来に対する働き掛けである。経営は、将来を予測し蓋然性の高いシナリオを踏まえて経営資源を投入し、経営目標を達成しようとする。そこでは、将来のシナリオがランダムであり、誰も正確に予測することはできない、という前提に立ちながらも具体的シナリオと戦略を想定して組織的、整合的な

活動を進める必要がある。そういう現実の中で、大きな成果を望むなら、戦略シナリオに対する強いコミットメント（資源投資）が必要となる。しかし、戦略の前提となったシナリオが実際に実現するかは不確実であり、コミットメントの強さはその保証にはならない（戦略のパラドックス）。この点を意識してコンティンジェンシーへの対処に万全を期す必要がある。

　経済価値ベースの枠組みの導入は、過去のデータからの発生パターン（蓋然性）を重視して、将来を予測し、事業計画を推進し、その結果の評価も経済価値で行うことを意味する。つまり、将来をいかに合理的に予測し、かつ将来が不確実である中でいかに合理的に期待値としての企業価値を評価するかが問われることとなる。経済価値ベースの枠組みは、過去の確定値を扱う期間損益の枠組みと違ってフォワードルッキング性を前提としている。この枠組みは、まさに ERM 経営の意図していることである。

　金融機関の規制は、新たなガバナンスやリスク管理上の失敗が確認されるたびに強化されてきた。その意味では規制は後追い的対応といった印象を受けがちである。しかし、規制が先回りして事態を未然に防止したり、その兆候をモニタリングし先んじて対策を打ったりすることが理想である。このような意味で、規制や監督におけるフォワードルッキング性が強化されている。

　バックワードルッキングという用語がある。われわれは将来を予測する手がかりとして過去の情報を活用してきた。この方法自体は科学的で合理的なものであるが、必ずしも正確であるということではない点に留意が必要である。過去の事実に基づく考察はその時点で「ありそうでないこと」を考慮していない。われわれの推測は、既知（Known）、ありそうなこと（Likely）、あり得ること（Probable）を扱おうとする傾向がある。ストレステストを実施する際、過去の事象の蓋然性にあまりにも拘束されると危険なのはこのためである。

　ところで、マーケットの変化や顧客の選好の変化は、現場サービス活動の中で知覚されるケースが多い。このような変化が保険会社の意思決定を変えるきっかけを生む。その変化が大きいほど、既存ビジネスモデルとの不適合を生み、結果として、事業の継続を危うくする。保険会社の健全性に影響を及ぼすビジネスモデルとの不適合があれば、その兆候を早く捉え対処する監督のフォ

ワードルッキング性が意識されることとなる。米国当局のCCAR(包括的資本分析レビュー)もその一例であろう。英国の健全性監督機構(PRA：Prudential Regulation Authority)が導入したシニア・インシュランス・マネジャー・レジーム(SIMR)といった業務上重要な意思決定に関与する個人責任強化法制も同様の例といえる。PRAが公表した保険監督に関する文書[6]には、PRAとして、保険会社が破綻する程のシナリオを常に特定し、それに耐え得る対策を打つことができると思っているわけではないが、取締役と上級役員は破綻するような事態もあり得ることを認識する必要があり、重要なリスク情報が報告される態勢を整備する必要があると言及している。

(2) 規制改革の進展

　保険事業の特徴は、そのサービスが社会・経済と密接に関連し、リスクが発現した際にその補償(保障)を行い、個人生活や企業の活動を経済的に下支えし、その安心に寄与する社会性を有している。それ故、免許事業となっている。このため、多くの規制が設定されると共に、監督当局によるモニタリングが実施される。保険事業は、免許制であるので、監督当局は免許を維持するために保険会社が遵守しなければならない種々の規制を設定している。

　保険の規制はこれまで各国ベースで設定されており、各国市場の社会制度の一つとして組み込まれた固有性の強いものである。保険会社自体のグローバルな活動は、グローバルとローカルの規制をどのようにハーモナイズさせていくかが重要な課題であり、それは監督当局にとっても同様である。

　2008年の金融危機以降、規制改革が進められており、グローバル、ローカルそれぞれの観点から新たな規制が次々と発出されている。そのたびに期待される水準が高くなっていくというムービングターゲット化の様相を呈している。

　また、保険規制の中に、金融システム安定に関わる規制が導入される中で、かつて銀行規制に含まれていた規制要素が保険にも入ってきている。そのため、あたかも銀行規制と保険規制が連動するような様相を呈している(図表Ⅳ-3)。

　多くの国で事業を展開している保険会社の場合は、グループ監督規制や本社を管轄する当局の規制変化への対応と共に、事業展開する各国の規制変化への

■図表Ⅳ-3　銀行規制と保険規制の連動

【銀行規制】	【保険規制の流れ】
【システミック・リスク対策：健全性規制】 ■G-SIB認定＆TLAC要件等、NBNI G-SIFI認定 ■バーゼルⅢ等（リスクベース資本規制強化、NSFR、LCR）等	【システミック・リスク対策：健全性規制を巡る議論】 ■G-SII認定＆HLA要件等 ■システミック管理計画（SRMP）、流動性管理計画（LRMP）の策定、監督カレッジ等への対応の行方？
【システミック・リスク対策：再建破綻計画（RRP）規制】 ■RRPのレビュー作業 ■組織簡素化、証券ファイナンス取引のリスク抑制（デリバティブのステイプロトコル採用等）	【システミック・リスク対策：破綻処理を巡る議論】 ■再建破綻計画（RRP）
【監督強化／ストレステスト】 ■クロスボーダー監督の強化 ■当局ストレステストの厳格化	【監督強化／ストレステストを巡る議論】 ■グループベース監督の強化 ■当局によるストレステストの動向
【コンダクトリスク／リスクカルチャー】 ■コンダクトリスク（ホールセール、リテール、資産運用）への関心 ■リスクアペタイトフレームワーク	【コンダクトリスク／リスクカルチャーを巡る議論】 ■コンダクトリスクの洗出し（IAIS） ■ERMの実効性担保

（銀行経営へ影響／保険会社経営へ影響）

対応が必要となる。トータルとして「乗数」的な対応を余儀なくされることとなる。従って、規制に対し全体としていかに効果的に対応していくかが重要事項となる。欧州ソルベンシーⅡの導入に伴う対応において、欧州の大手保険会社が2010年から2012年までの新規制対応のためにかけた費用が、1社当たり214から217百万ユーロに上っており、これは自己資本利益率（ROE）への1.01ポイントの影響額に相当するとも言われている。

(3) 規制の不確実性

　規制改革が進められ、新たな規制が絶え間なく発出されることがニューノーマルとなった結果、規制自体の中身が将来に向かって、流動的になっている。極端な話、規制の準備をやり遂げた頃には、新たな規制によって修正が加えられたり、新しい概念が導入されたり、といった不確実性に直面している。規制対応コストの最小化に目が向き過ぎると決着が見えるまで対応しない「様子見」の姿勢になり、会社としての対処が遅れる懸念も出てくる。

　規制自体を不確実性の対象と捉えるとリスク管理の枠組みを適用して対処することが可能である。規制の不確実性に対して、その特定・評価を実施し、規制の潜在的変更が戦略に及ぼす影響を検証しなければならない。ここでもリス

クを管理する定量的アプローチ（統合リスク管理）と、不確実性に対する定性的アプローチ（統合的リスク管理）の基本的枠組みを応用することができる（図表Ⅳ-4）。

■図表Ⅳ-4　規制の不確実性への対応

①	調整とガバナンス	各種規制対応の調整を担う責任体制を構築する（リスクガバナンス）。
②	統合された整合性ある見方	規制の動向とその影響に関し統合されたモニタリング体制構築をする（リスク評価の枠組みや視点の統一）。
③	規制ポートフォリオ管理（予見可能な規制のリスク評価）	予見可能な規制、予見不能な規制を峻別し、予見可能な規制について、その本質的変化を整理する（ex.規制緩和、規制強化、新たな視点、金融システム、グローバル、ローカルの対象領域、マクロプルーデンス、ミクロプルーデンス、コンダクト関連の視点の整理）。また、ポートフォリオ管理のアプローチを用いて、部分的影響、全体影響、相互影響を分析し、対応の方向を決定する（統合リスク管理）。
④	シナリオプランニング（不確実性の高い規制の評価）	不確実性の大きな規制については、シナリオプランニングの手法を用いて発生可能性の高いシナリオを設定する。その影響を確認し、③との関係を踏まえて統合的に評価する（統合的リスク管理）。
⑤	戦略的リスクの認知	将来の規制および政治動向に関する不確実性が大きく規制対応計画を策定できない場合、またその動きによっては自社戦略の前提を変更しなければならない事態もありうることを認識してモニタリングする（戦略的リスク管理）。
⑥	コンティンジェンシープラン	上記プロセスを踏まえ、当面の対応に加えてコンティンジェンシープランの検討を行う（リスク処理）。

　ERMの体系は、経営管理システムに組み込まれたツールである。それ故、規制の不確実性といった課題への対応にERM体系を活用することは、例えば、ガバナンス、戦略、リスク管理などといった各機能を総合的に連携させることを意味する。

Ⅳ-1-3. 不確実性の高まりと新たな視点
<u>⑴　資本最適化の強化</u>

　不確実性の高まりは、予想外の損失の可能性を高める。それを担保する資本の充実の要請が高まるのは自然の流れである。同時に、いかに資本を効率的に管理するかに関心が払われる。

　デロイト トーマツ グループのサーベイ[7]によると、欧州保険業界では、過去5年間、ソルベンシーⅡに対応するため資本充足の取り組みがなされた、との回答を得ている。例えば、資本管理方針の明文化（88%の回答者、以下同様）、ストレステストの手続き（86%）、規制当局宛文書（84%）、内部モデルの強化（76%）等である。一方5年先に向けた課題については、どのように資本を調達し、これを活用し、最適化するかという検討、資本最適化戦略（90%）に圧

倒的多数の回答が集まった。

　資本最適化戦略には、資産ポートフォリオ構成やリスクポートフォリオの選好、内部リスク移転（グループ内再保険会社の導入を含む）、保険負債の変更（リスク・マージンの状況を踏まえたリスクの移転）、子会社から支店形態への変更、分散の効いたリスクポートフォリオを実現するためのM&Aの実施等の方策が含まれている。

(2)　マクロプルーデンスの導入

　金融危機以降の保険規制には、金融システムへの影響をモニタリングするマクロプルーデンスの視点が新たに導入された。

　保険規制にマクロプルーデンスの視点が入ってくる中で、国際的に活動する保険会社（IAIGs）の健全性の動向をモニタリングする指標としてグローバルの保険資本基準（ICS）の論議が進んでいる。当該指標の論議においては、単純で、整合的な尺度を使った比較可能性が重視されている。この根底には、グローバルな活動を展開する保険会社グループのリスクポートフォリオをマクロプルーデンスの観点からモニタリングする指標を確立する要請がある。ただ、マクロプルーデンスとミクロプルーデンスの目的は異なるため、両者の指標間の整合性をとることは簡単ではない。まずは、両者の相互連携の具体的イメージを明らかにしていく必要があろう。監督当局の動きの中には、それを意識していると思われる動きも観察される。

　2016年3月に出されたEIOPA（欧州保険年金監督機構）のレポート「長期低金利下における域内マクロプルーデンス対応」[8]は、長期低金利状況の下で、マクロプルーデンスとミクロプルーデンスをどのように調整しつつ対応するかが強く意識されている。（関連事項については第Ⅲ章第3節182頁参照。）

　低金利が長期化すると、保険会社の取る行動が金融市場の不安定性を助長する形で働かないようその行動についても規制する必要がある。このようなプロシクリカリティの回避として、ソルベンシーⅡでは、長期保証措置（LTGM：Long Term Guarantee Measures）、短期的変動性の緩和措置やソルベンシー資本要件（SCR）からの乖離から回復する期間の緩和措置が導入されている。

保険負債の評価は、将来の保険金支払いや発生コストを現在価値に割り引く方法で把握される。ソルベンシーⅡでは、保険負債は、技術的準備金（Technical provisions）と呼ばれているが、その算出において市場整合的なリスクフリー・レートを割引率として使用する。長期的視点では短期的な変動は平準化されるため、足元の状況をそのまま将来の長期的予測に採用した場合に市場の短期的な変動を長期保証契約の技術的準備金評価に直截に反映させてしまう弊害もある。そこで外部要因による負債評価の過度な変動性を回避するため、リスクフリー・レートの調整措置が各国当局の承認を条件に認められている（LTGM）。また、ソルベンシーⅠからⅡへの移行措置として、各国当局の承認を得て経過期間を設定し段階的に割引率や技術的準備金を収束させていく措置も認められている（経過措置：Transitional measures）。

(3) リスク社会という視点

保険は、同種の特性を有する危険集団を構成し、その集団内での相互扶助を可能とするため、収支相等の原則で運用する制度である。大量のデータを観察すればそこに一定の法則が見いだせるという大数の法則に依拠した制度である。

保険が管理対象とするリスクは、経済学的には、計測しうるリスク（フランク・ナイトのリスク）に限定されている。しかし、保険でカバーしている危険に影響を及ぼす危険事情（ハザード）が変化すれば保険引受け危険の集団（リスクポートフォリオ）のプロファイルも変化する。それ故、環境変化が激しいとき程保険危険が内包する不確実な要素に対しフォワードルッキングな管理が必要である。換言すれば、過去の傾向が将来の予測にそのまま使用できない環境においては、大数の法則に基づきつつも将来トレンドを加味したプール管理が求められる。

ここで将来トレンドに対する感応度を高めるための視点について考えてみたい。保険が扱う危険は、日常生活、企業活動に深く関与している。それ故、危険の変化に敏感になるには、社会や経済に影響を及ぼす科学技術の変化やそれに伴う経済活動、社会活動への影響、さらにそういった変化に誘発される経済・社会構成員の保険ニーズの変化を捕捉する必要がある。リスクに対する

人々の認知、価値観に関心を払う必要があると同時に新たな機会（リターン）やリスクを容認する企業活動のありようや生活のありようについて理解が必要である。その意味で、経済学とは異なる視点、社会学の立場からリスクを理解する必要がある。

リスクは、経済的価値との関係やその処理の経済的効率性の観点だけからは見えてこない領域が存在する。社会生活という視点からリスクを見る場合には、人々がさまざまな生活領域の中でどの領域を重要だと考え、充実させたいと考えているのかに思いをはせる必要がある。社会学では、技術的「安全」と社会的「信頼」を通じた「安心」の確保といった両面を重視する。信頼は、時代によっても変化する。個人の価値観や主観的要素が変化するからである。そこでは、社会的コンセンサスを得るためのリスクコミュニケーションが不可欠となる。

社会学者のウルリヒ・ベックは、科学技術の構造や社会制度の構造に原因を持つリスクを、「現代的なリスク」と呼ぶ。彼によれば、地震や津波といった自然災害に対する恐れや不安を生み出すリスク（古典的リスク）をコントロールしようとして、われわれは、科学技術を進化させてきたが、近代が生み出した技術や制度自体が発生させるリスクが、人類を脅かすといった新たなリスクが社会に充満していると指摘し、このような社会のことを、「リスク社会（Risk society）」と呼んだ。ERMを社会学的視点で検討する必要がある。

IV-1-4. 新技術によるビジネスモデルとリスク社会への影響

(1) 技術革新とリスク社会の変化

以前は2年の寿命はあった新しい技術でも、今では6カ月も経てば古臭い技術になる。今日の製造業では、第4次産業革命（インダストリー4.0）[9]とも言われる変化が進んでいる。技術の進歩が従来の生産プロセスのロジックを逆転させるといったパラダイムシフトが起こっている。またデジタル、フィジカル（物理的）両面の技術革新が統合する中で[10]、産業機械は製品を加工するだけでなく、製品とのコミュニケーションを通じて実行すべき作業を自ら正確に判断できるようになるとも言われている。このようにどんどん新しい技術が登場し

た結果、製造プロセスで発生した事故のインパクトも変化する。保険事故の発生形態を変え、リスクの態様を変えてしまう。

新しい技術は、社会の仕組みも変えていく。ビジネスエコシステムと呼ばれる、「連携と競争の両方を通じて新しい価値を創造・確保する多種多様な動作主体で構成される動的かつ共進化するコミュニティ」が創造されようとしている。このように、発想と可能性の多様化が社会を変革しようとしている中で、われわれのリスクを見る視点も変えていかなければならない。例えば、航空機の自動操縦化が一般化したことにより、パイロットが操縦する飛行機事故の可能性は低くなった。しかし、この自動化は人間につきものの誤り（ヒューマンエラー）の可能性を除去したことを意味しない。むしろ、われわれの誤りの発生は、人の現場の行為の段階から、より手前にあるわれわれの設計（思考）の段階に移っていることに注意すべきである。

(2) 保険ビジネスモデルへの影響

デジタル技術の革新は、保険契約者の選好や行動、保険募集に関わるコミュニケーション方法を変えていく。新技術が社会を変え、リスクを変える。保険の商品設計、リスク評価も変化する。欧米で実施されているテレマティクスに基づく利用ベース保険（Usage-based insurance）商品の導入は、車載監視装置から収集されたデータを分析して、保険引受モデルや価格設定モデルおよびマーケティング戦略や顧客サービス戦略の変革を生む。個人に直結した新たなデータに基づく価格付けは、保険プールの区分を変更することにもなる。

無人自動車の開発は、感知装置によるブレーキ操作や衝突防止装置等安全技術の急速な進歩によって可能になったものであるが、運転技術の高い個人自動車保険の価格を低下させた。また、自動運転車は、事故の責任主体を、運転をしなくなった所有者から、メーカーやソフトウェア会社へとシフトさせる可能性もある。「シェアリング・エコノミー」として知られるより広範な輸送システムの潮流が、急速に拡大しつつある。例えば、UBER や ZipCar は、自動車を所有する代わりに他人の自動車に乗ることを選択できるサービスを提供している。その結果、路上を走る被保険自動車の数や個人自動車保険の需要が減少

する可能性があり、商品設計や補償範囲を見直す機会や、新興の輸送提供業者向けの新保険を発売する機会が生まれる、と言われている。これらの新技術に伴う変化は、図表Ⅳ-5のように整理される。

■図表Ⅳ-5　モビリティの将来像

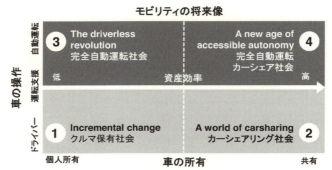

出典：Deloitte University Press. Insuring the future of mobility を参考にした

「モノのインターネット（Internet of Things：IoT）」として広く知られるセンサーベース技術によって変化が引き起こされる。モノのインターネットとは、車からスニーカー、温度自動調節器に至るまで、インターネットに接続されたセンサー対応の機器のネットワークを意味する。監視装置がより多くの種類の機械や財産、そして人間にさえ取り付けられるため、リアルタイムで監視する技術は保険の境界線を越えることを可能にし、まったく新たなリスク評価方法を生み出し、カスタマイズされた保険商品を個人顧客に提供することも可能にする。こうした「接続された」社会の出現は、図表Ⅳ-6のように、最終的に住宅保険、生命保険、医療保険、企業保険のビジネスモデルに影響を与えるものと見られる。

(3)　新技術に対する規制

　一般に目新しい技術や製品が登場すると、評価は「礼賛」と「反発」の二つの意見に分かれる。そして社会との間で摩擦や軋轢（あつれき）を生むこともある。このような環境の中で、規制当局の対応も新たな課題に直面する。変化のテンポが速

■図表Ⅳ-6　ビジネスモデルへの影響

	キーとなるテクノロジー	発生するトレンド	リスクの変容
自動車分野では…	■ 画像認識技術・センシング ■ 機械学習	■ ASV施術の進化 ■ 自動運転の実現	■ 自動車事故が起こらない世界
医療分野では…	■ 廉価な遺伝子解析 ■ 生体デバイス ■ 統合的な医療データ	■ 遺伝子検査の普及、精度向上 ■ 遠隔医療、個別化医療の発達 ■ 予防医療、介護予防の発達	■ 病気になる前にあらゆる措置がとれる時代
住まい／生活では…	■ レーダー・人工衛星 ■ センシング技術	■ 災害予知技術向上 ■ コネクテッドホームの普及	■ 人々の生活は常に見守られている世界

出典：Deloitte University Press. Insuring the future of mobility を参考にした

く複雑さを増す社会の中で、規制当局は市民と公正な市場を守る必要が主張されるのと同様に、規制はイノベーションや産業創出の芽を摘むとの批判もある。阻害と保護の間でバランスを取る難しさがある。つまり、規制のタイミングが早すぎれば、イノベーションを阻害するリスクを冒すことになる一方、規制のタイミングが遅すぎれば、消費者や市場に害を及ぼすこととなる。

IoTにより、データの取得と無線通信を可能にするために必要なマイクロチップは非常にコスト効率が安く、各種接続機器において当たり前に使用されるようになった。そしてこれが原因で、プライバシーの問題に規制当局は直面することとなる。

また、ドローンの潜在的な用途を踏まえ米国連邦航空局（FAA：Federal Aviation Agency）は、10年後には30,000台以上[11]のドローンが米国の領空を飛ぶようになると見積もっている。FAAの関心はアメリカの領空の安全性維持だが、ドローンの活用領域は多岐にわたるため、その規制の策定には、既存の規制担当領域との調整が必要となる。農家のための正当な用途があると考えられるほか、地域の警察も薬物の製造施設を特定するためにドローンを使用したいと考える可能性がある。その場合、市民のプライバシーや人権に関する多

様な議論が起こることが想定されている。

　個人に関わる新たなリスク情報は、リスクの評価を変える要素となる。保険のプライシングは、数理をベースにしており、リスクプールが変われば価格も変わる。ただ、個人に関するデータの適切な利用といった要素について、社会性の強い保険制度において、契約者保護、個人情報の利用に関する社会的適切性など、検討すべき要素は多く、規制上の取り扱いも含め今後さらなる論議が進められていくこととなろう。今後の保険事業の運営は、これまで経験したことのない規制の動きも取り込んでいく必要がある。

注

1) 携帯アプリから呼ぶことのできるハイヤー紹介サービス。支払もアプリで実施する。
2) 必要なとき、必要なだけ自動車を時間所有する会員制のカーシェアリング制度。
3) トーマス・クーン『科学革命の構造』中山茂訳、1971年、みすず書房
4) 国際会計基準審議会（International Accounting Standards Board）が作成した会計基準であり、EUでは、2005年に義務化されている。
5) Domestic Systemically Important Insurer：金融システムに重要な影響を及ぼす国内保険会社
6) The Prudential Regulation Authority's approach to insurance supervision March 2016
7) 2016年1月のソルベンシーⅡへの移行に向けて、欧州保険会社がどのように資本管理態勢の強化を進めてきたのかを確認するため、2015年7～10月に、欧州10カ国、50社の保険会社を対象に資本管理に係る調査を実施した。（「保険業界の資本管理調査2015年」：Capital Management in Insurance Survey 2015
8) A potential macroprudential approach to the low interest rate environment in the Solvency II context 23 March 2016
9) ドイツ貿易・投資振興機関（GTAI）「INDUSTRIE 4.0―未来のスマートな製造」2014年7月1日
10) フィジカルな機器に搭載したセンサーと生成データを集めるネットワーク技術によって、デジタルとフィジカルの分野が連動する。結果、製造のバリューチェーン（設計・開発から、製造、販売、サービスまで）を通じて、情報技術（Information Technology：IT）と運用技術（Operations Technology：OT）の統合が起こる。
11) 現在米国上空を飛んでいる航空機の数は、7,000機と言われている。

コーヒーブレイク3
東日本大震災を振り返る

　日本は年間に1000回以上の有感地震が発生する地震国。そして世界で100人以上の犠牲者を出した津波被害の4割が日本で起きているという津波常襲国である。地震・津波リスクは古来より日本と密接な関係にある。その意味で、東日本大震災を今後のリスク管理への教訓といった観点から振り返ってみたい。

(1) 東日本大震災の概要と背景

　東日本大震災は2万人近い死者・行方不明者を出し、歴史上前例がないほどの大規模災害であった。巨大地震で発生した大津波は、福島第一原子力発電所施設に深刻なダメージをあたえ、旧ソ連で発生したチェルノブイリ原子力発電所事故（1986年）と並ぶ最悪（レベル7）の事故を誘発させた。一連の災害でピーク時には約47万人、現在（復興庁資料2017年1月末時点）も12万人以上の被災者が住みなれた家を追われ避難生活を強いられている。

　地震が起きた海域は岩手沖から茨城沖まで長さ約500キロ、幅約200キロに及び、津波の影響は北海道から九州にまでわたった。首都圏でも交通がマヒし、「帰宅難民」は約9万4000人にのぼった。震災で電力供給が落ち込んだため、東京電力は震災3日後から4月上旬まで管内の計画停電を実施した。

　交通、通信、電力、物流など高度に集積したネットワークも破壊され、その影響は国内ばかりでなく、海外にまで及んだ。[1]

　津波への対策は、将来の地震津波の被害を想定し、その結果を地域の防災計画作りに活かす、津波の被害を軽減する、という二本柱で進められてきた。

　被害予想については、政府の中央防災会議が、過去に発生した地震の可能性を考慮し、発生の確率や切迫性の高さを見積もりながら地震動や津波の高さを推計してきた。それを発生時間帯や季節、風速など異なる複数の場面にあてはめ、人の命や建物などの被害を想定する方式であった。これを前提に、地域ご

とに防災計画を立て、いざという場合に救出や救援などの具体案を練ることになっていた。

　本震災前に中央防災会議が明治三陸モデルで想定していた被害は、M8.6 の地震で、浸水面積は約 270 平方キロメートル。死者行方不明者は約 2700 人、建物全壊は約 9400 棟であった。実際の東日本大震災では、M9.0 の地震が発生。[2] その結果発生した津波で浸水面積は約 561 平方キロメートルと倍以上に広がり、死者行方不明者は約 2 万人で約 7.4 倍、全壊建物では 11 万 3300 棟で想定の約 12 倍という甚大な被害をもたらした。

　津波対策は、直近の最大被害を基準に防災対策を立てることが多い。しかし、直近の最大被害を基準にした防災対策によって絶対安心と見なすという思い込み（安全神話）は、対策不足を招く。

　東日本大震災以降、堤防施設により住民を守るという考え方から、住民避難を軸に、土地利用、避難、防災施設を組み合わせるという考え方に変わった。これらの教訓をリスクマネジメントに置き換えてみると、例えば、東京電力が当初想定していた 5.7 メートルをはるかに上回る 14 メートルの津波の発生が福島第一原発の事故を誘発したように[3]、絶対安全という思い込みを前提にした対策は、それが崩れたときに想定外の事態を引き起こすことを明らかにした。

　また、地震は予測できるという前提での防災は、十分な予知ができず、住民に事前に地震の発生を知らせることができなかった場合のコンティンジェンシー対策を手薄にする恐れがあることを明らかにした。

　一方、大地震が起き、津波の発生が予想されるようなときに、幼い子供や高齢者をどのように避難誘導すればよいのか。この課題に対して、震災マニュアルが徹底されていなかったことや、それに沿った訓練が十分実施されていなかったことなども踏まえ、幼稚園の震災時の対応に対して賠償責任を命ずるという警鐘を鳴らす司法判断も示された。[4]

(2) 合理的意思決定を阻害した要因

　ここでは、防災対策に関する意思決定を中心に整理してみたい。防災方針を出す政府、地域社会の安全対策を打つ地方行政、実際に防災・避難を実施する

住民は、それぞれの立場で、不確実性と正しく向き合い、不適切なバイアスに阻害されない意思決定と合理的な行動が大切である。津波対策については、①津波防波堤などによるハード防災の限界についての広報不足、②情報依存型になるといったことも含め、津波警報などのソフト防災の限界についての広報不足、③直後の救援作業の地域的な粗密など広域津波災害に対する知識の欠如、④津波の襲来による突然の地下空間や地下鉄への浸水の危険性など都市型津波災害への想像力不足、⑤地震により市街地で発生した火災や漏洩した石油類の津波による拡散といった延焼危険性に対する理解不足等を教訓として防災・避難行動を検討する必要がある。

　リスクは繰り返すと言われる。またリスクは変化するとも言われる。東日本大震災の状況は、少なくとも中央防災会議などの機関によっても、想定されていなかったわけであり、その意味では、「リスクは変化した」と考えられる。しかしより長い歴史の中で捉えると、遠い昔に経験した痕跡が堆積物の調査から明らかになっている。つまり、これまで我々が意思決定や行動の指針として一般に考えていたより、より長い時間軸で本件を捉えると、むしろ「リスクは繰り返す」と考えるのが妥当と言える。

　東日本大震災以降、地震、津波のリスク評価について見直されている。2012年3月、内閣府の検討会は、東海、東南海、南海地震が、東日本大震災なみの巨大地震であった場合、M9.1となる想定の下、それに伴う津波予測を発表した。高知県黒潮町で34.4メートルという最大の津波が予測されている。

　土木工学では、堤防やダムを設計する際、必ずあるレベルの災害を想定する。その想定を超えたとき、設計の前提を超えているのは事実であるが、その問題と、土木と防災の目的との観点からの責任の問題は同じではない。この堤防があったため、津波の到達を遅らせられるのは事実で、そのことによって多くの人命を救うのも事実である。その一方で、堤防を過信するあまり、逃げずに犠牲になる人が大勢いるのも事実である。つまり、今回の震災の教訓は、防災そのものの再考であり、より根本的には「リスクに対し、いかに向き合うか」といったわれわれの考え方を根本的に見直す必要を意味する。

(3) 今後への参考

　これまでに発生した地震について、たとえ震源域となった地域が、プレート同士の強い固着域として地震発生前に把握されていたとしても、歪みがいつ、どのように解放されるか、一回の巨大地震で解放されるのか、複数の小さい地震で解放されるのかなどがわからないために事前に発生の予測はできなかった。地震予知とは、地震の発生時間、地震の発生場所、地震の大きさを発生前に言うことである。特に地震が起こる日時を言い当てること（短期的予測）は困難である。しかし、長期的予測は進展した。これは、同じ地域でこれまで繰り返し地震が発生していることが確認されていることから可能となっている。しかしながら、同じ地域の地震でも、震源や震度分布や被害などは地震ごとに異なることが明らかとなっており、このような長期的予測にも限界がある。

　リスクの適切な評価がリスク処理の前提である。しかし過去の経験が示す通り、自然災害の評価は科学的知見に関して多くの不確実性[5]が存在する。特に巨大地震のように再現期間が長いリスクの場合、われわれが通常の課題に対処する場合の意思決定上の時間軸（Time horizon）との間に大きな乖離がある場合、切迫度の判断を誤るなど判断上のミスを誘うこともある。さらにその再現性に関する科学的・客観的根拠を求め蓋然性を求める余りリスク評価を誤る恐れもある。科学的知識は不完全であるという点を意識し、常に慢心せずリスク評価の向上に腐心すべきである。

　政府の中央防災会議「東北地方太平洋沖地震を教訓とした地震、津波対策に関する専門調査会　報告」（2011年9月28日）では、次の通り述べ、総括している。「これまで、我が国の過去数百年間に経験してきた最大級の地震のうち切迫性の高いと考えられる地震を対象に、これまで記録されている震度と津波高などを再現することのできる震源モデルを考え、これを次に起きる最大級の地震として想定してきた。その結果、過去に発生した可能性のある地震であっても、震度と津波高などを再現できなかった地震は地震発生の確度が低いとみなし、想定の対象外にしてきた。今回の災害に関して言えば、過去に発生したと考えられる869年貞観三陸沖地震、1611年慶長三陸沖地震、

1677年延宝房総沖地震などを考慮の外においてきたことは、十分反省する必要がある。つまり、発生の蓋然性を重視した対応をとっていたことを明らかにしており、防災という観点からは反省すべき」。

防災や減災に万全を期すためには、予めストレスの事態を想定して、あるいはワーストシナリオを共有して、事前に対策を検討することが必要である。その場合、蓋然性を強く意識しすぎると、厳しいストレスは示し得ないため、対策の検討自体が緩やかなものとなり不適である。その意味で、妥当な総括だと思う。

確率論的モデルの特徴は、過去のパターンが将来も繰り返されるといった考え方の下で将来を予測するものである。この情報は、経験則では捕捉できない1つの合理的枠組みの下での予測情報と言える。この場合、リスクの時間軸が長ければ長いほど、将来のイベントやシナリオ発生のパターンを過去のデータから把握するためには、同様に長い観察期間のデータを分析しなければならない。しかし、数千年、数万年といった単位の時間軸を有する自然災害の場合、利用可能なデータには極端な制約があると考えざるを得ない。モデルは、将来を予測する有力なツールであることは間違いないが、一定の前提の下における評価であり、万能ではないことも明らかである。ここに、モデルの限界を承知した上で、その限界を補う工夫や手段が不可欠になる理由がある。

注

1) 外岡秀俊『3・11 複合被災』2012年、岩波書店、15～16ページ。
2) 20世紀以降起きた巨大地震としては、1960年のチリ（M9.5）、1964年の米アラスカ（M9.2）、2004年のインドネシア・スマトラ（M9.1）に次ぎ、1952年のカムチャッカ（M9.0）と並ぶ世界4番目の大きさであった。
3) 津波を高い波ということで捉えていると各種の誤解を生む。5メートルの水面の高さを持つ速い流れである津波の場合、護岸や防波堤に衝突すると、津波の運動エネルギーがゼロになり、位置エネルギーに変換され、1.5倍くらいに高くなる。つまり7.5メートル近くになる（河田惠昭『津波災害』、2010年、岩波書店、17ページ）。
4) 宮城県石巻市の私立日和幼稚園の園児5名が死亡した。高台にあった幼稚園は被害を免れたが、地震の直後に園児を自宅に帰すことを決め、送迎バスに乗せて低地の沿岸部へと向かったため津波に巻き込まれた。この事故について、4人の園児の遺族

が、「幼稚園側が安全配慮を怠った」として仙台地裁に損害賠償請求を求めていた裁判である。2013年9月17日仙台地裁判決は、施設側の責任は重く、できる限りの情報を集め、被害を避けるための最善の努力をすべきだとし、巨大津波を予想できたと認定し、園側に約1億7700万円の賠償を命じた。裁判を通じて、震災マニュアルが徹底されていなかったことや、それに沿った訓練が十分実施されていなかったことなども明らかになった。

5) 鎌田浩毅は、地震災害に関して3つの想定外を指摘する。要約すると、一つは、政府の地震調査委員会では、以前は、今後30年以内に起こる確率の高い大地震を長期予測として発表していたが、東日本大震災は、数百年から1000年に一度というものであった。この発表のみを鵜呑みにした対応を取るなら、たとえば、1000年に一度の地震であったとしても現実には想定外の巨大地震が明日発生する可能性が否定できない状況の中で、対応が不十分になる恐れがある。そういう背景もあり、3.11以降は、日本列島の太平洋側で科学的に予測される最大クラスを想定するように変えた。具体的には、地震を発生させる地盤のひずみが800年以上蓄積された場合について、定量的に計算することとした、という。例えば、国土地理院の行っている汎地球測位システム（GPS）の観測によりひずみがたまっている領域が観測され、これから、M9クラスの地震を起こす可能性がある場所、南海トラフ周辺、北海道東部海域が警戒されている。また、観測記録が残っている100年ほどの間で経験していなくても、古文書や地質堆積物として地層中に残された巨大津波などの痕跡から推測する方法論が取られている。

　第二は、これまでの詳細な地質調査によっても地下に埋もれた活断層の過去の活動状況を確認することが困難で、まだ十分確認されていない活断層によって生じる直下型地震を否定できないという事実である。現在まで、日本では、2000本ほどの活断層が調査されてきたが、過去に繰り返し活動したことが分かっている断層は、100本ほどしかない。

　第三に、岩盤のどこが割れるか、またいつ割れるかを予測できないことである。この状況は、例えば、1本の割りばしを両手で持って、力を加えて折る場合を想定すると分かりやすい。徐々に力を加えてゆくといつかは折れるが、どこで、いつ折れるかを予測するのは困難である。地震現象は、物理学では複雑系と呼ばれ、高速コンピューターを使っても予測するのは困難と言われている。（鎌田浩毅『生き抜くための地震学』2013年、筑摩書店、82～89ページ。）

第2節　アイスブレイキング

　これまで、保険ERMについて、さまざまな切り口で検証してきました。「第Ⅰ章ERMの過去・現在」、「第Ⅱ章保険ERMの活用上の論点」では、意思決定に介在するリスク（第1節）・不確実性とERM（第2節）・資本とERM（第3節）、第Ⅲ章では「保険ERM活用上の論点」として、戦略論とERM第1節・グローバリゼーションの視点（第2節）・実効性の視点（第3節）について整理しました。そして、第Ⅳ章（第1節）では、保険ERMの将来の課題に焦点をあて、現在進行中のパラダイムシフトについて検証してきました。

　本節では、パラダイムシフトへの対応にあたり、既存の発想から転換する（アイスブレイキング）必要性をテーマとします。人工知能のような革新的な変化が保険サービスそのものをどのように変えるのか、またこのような質的変化の中で、ERMの実効性を強化していくために、リスクカルチャーをどのように再定義していくのか、といった基本的な課題に着目して整理し、保険ERMの今後をまとめます。

Ⅳ-2-1. デジタル技術との共生と保険ERMの今後

(1) パラダイムシフトへの対応

　将来に向けてパラダイムシフトが進行中である。会社価値の枠組みの変化、規制改革の進行、ビジネスモデルの変革である。これらは、数年先に大きな変化を生まなくても今後10年といった時間軸で見た場合、保険経営の前提を変える可能性がある。つまり、動態的なビジネス戦略とリスク管理へとシフトしなければならない。

ただ、ERM にとってこの事態は目新しい視点ではない。リスクポートフォリオの変化に対してエマージングリスクのモニタリング機能を既に組み込んでいるからである。しかし、真の課題は、今後現実化するであろう根本的な変化に対し、変化を先取りし着実な対応が図れるかという ERM の実効性にあると言える。つまり、現在の延長線上の発想ではなく、新しいパラダイムの下で対応するための新たな発想（アイスブレイキング）が必要となる。

パラダイムシフトという不確実性に直面する保険会社としての基本対応は、ERM の最大限の活用であろう（図表Ⅳ-7）。

■図表Ⅳ-7　現行会計と経済価値ベース会計との対比

| ■ 金融危機以降、保険会社を取り巻く規制は、量・質両面で変化 | → | その要求レベルは、ムービングターゲット化 |
| ■ テクノロジーのスピードと規制とのタイミングの問題、事業環境の変化と既存規制権限のミスマッチの問題 | → | 中期的に保険のビジネスモデルを変革 |

↓ 不確実性の高まり

↓ ERM の実効性とフォワードルッキング性の強化

(2) 保険サービスの変革

経済学の分野に、進化経済学という領域がある。イノベーションによる創造的破壊に経済変化の原動力を置いている。イノベーションの進行を正確に予測することが難しいことは、イノベーションを起こす者、起こさない者、それに影響を受ける者にとっても同じである。結果、人は慣れ親しんだ手順や過去にうまくいったやり方（ルーティーン）で対処しようとする。しかしそのやり方でうまくいかないと分かったとき、何か有望で新たな機会を確信したとき、われわれは新しい革新的なことを試す能力を持ち合わせている、というのが、ケインズの言う「アニマルスピリッツ」である。

今日われわれが日常的に利用している ATM（現金自動預払機）は、1967 年

に英国のバークレイズ銀行が設置したのが最初だという。ただ、銀行が顧客に磁気ストライプカードを安価に配布できるようになった1980年代初めまではあまり利用されていなかった。磁気ストライプカードの普及により、顧客がATMに殺到し、破壊的イノベーションが引き起こされた。

　金融や保険サービスもわれわれの生活に極めて密接なものである。それ故に、社会に受け入れられるタイミングやその受け入れる環境というものに目を向けていく必要がある。これまで、技術革新は社会の中で、変化の先発的役割を果たしてきた。新技術が持つ新たな可能性と利点に触発され、既存の仕組みや商品・サービスの変革が生まれた。当然この動きに十分適応できなかった企業は衰退していった。その後、変革がもたらす負の側面も明らかになり、規制や制御のための対策が打たれるという歴史を繰り返して、社会は成長・発展してきた。

　チャールズ・ダーウィンは、自然界の法則を「生き残るのは、最も強力な者や最も賢明な者ではなく、最も適切に変化を管理できる者だ」と説明する。また、前例のない事態や技術の進歩が読めない状況では、どういう変化を社会が受け入れるかといった点（社会受容性）にも関心が払われるべきである。社会学的アプローチが必要となるゆえんである。

　一般事業会社の商品サービスは、時代と共に淘汰され新しいものに洗い替えられていくが、金融・保険サービスの場合は、伝統的なサービスである預金や保険といった仕組みは当初のまま今でも続けられている。しかし、これらの仕組み自体は技術の発展と共に変化している。例えば、流通・仲介プロセスやクレーム処理といったサプライチェーンの中身は大きく変化してきた。

　日本の保険市場に目を転ずると、1996年前後の保険自由化時、電話やインターネットを使った保険募集による新規参入者が登場した。ただ、当時は、既存プレーヤーに変化へ対応の時間的余裕を与えないほどのスピードで顧客の行動パターンや商品の抜本的変化が起きなかったこともありその影響は限定的なものにとどまった。しかし現在進行中のデジタル革新は、かつての変化とは異なり、広範で根本的なものになる可能性を孕んでいる。新たな保険プールの形成や保険のサプライチェーンの基本要素の変化を含むビジネスモデルの変革を

予想させる。

　例えば、消費者がリスクを共有したり、グループとして第三者の保険を購入したりするために、オンライン・ソーシャル・ネットワークに参加したり、自身のソーシャル・ネットワークを立ち上げるピア・ツー・ピア保険の登場[1]、価格中心ではなく価値に基づく比較を行うウェブサイト、さらにはソーシャル・ブローカー（若年の安全運転ドライバーなどの消費者グループの代理人として保険の交渉を行う、新しいタイプのオンライン仲介業者）の登場等が挙げられる。

　また、ヒトのゲノム配列決定（遺伝子検査）やリアルタイムで生命に関わる健康データを追跡するウェアラブル・フィットネス・デバイスの進歩を受けて、生命保険会社や医療保険会社は、より高度かつ実証的なリスク評価を採用するものと教えられる。こうした進歩がもたらす全体的な影響は、保険会社が、より精密なリスク・クラスを設定し、現在の保険数理モデルの誤差範囲を縮小することを可能にすると同時に、最終的には価格設定戦略の変化を生む可能性がある。さらに、自動運転やIoT技術によるリスク自体の変化、リスク主体の変化、リスク評価の切り口の変化（＝リスクプールの変化）、クレーム処理、保険募集といったサプライチェーンの変化を予測させる。現在進行中のコミュニケーション系の技術が保険ビジネスプロセスに及ぼす可能性を図表Ⅳ-8に整理してみた。

　インターネット、ソーシャルメディア、モバイルデバイス、安価なセンサーの普及は、生産・流通・蓄積されるデータ量を飛躍的に増加させるビッグデータ時代を創造した。こうしたビッグデータを管理・分析するための新しい技術が開発されるに至り、今日では人間と同じくらい、あるいはそれ以上の知識を持つコンピュータを意味する人工知能（AI）の領域の進歩も著しい。

　従来から人間の知性を必要とするタスクと見なされていた視覚認知、音声認知、不確実性下の意思決定、学習、言語翻訳等の機能を代替するため、脳の構造にヒントを得たAIの研究が進められてきた。特に、機械学習の領域で具体的にプログラムされた命令を必要とせず、入力データのみによりパターン（特徴量[2]）をビッグデータから自動で特定するディープラーニングの技術によって認知能力の改善が期待されている。

■図表Ⅳ-8　保険バリューチェーンの変革

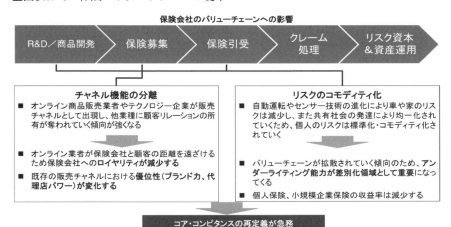

出典：Deloitte University Press, Insuring the future of mobility を参考にした

　過去の損失データを基礎に確率分布を描き保険商品を設計する保険制度において、そのリスクの引受け判断を担うアンダーライティング業務が、AIに置き換えられる可能性もある。2013年のオックスフォードの論文で、保険業務が今後10年、20年でなくなる上位に位置づけられる業務の例に挙げられている理由であろう。

　不確実性への対処には、よく「サイエンスとアート」の双方が必要である、と言われている。誰にも正確に予測できない将来に対して合理的に対処するため、われわれは統計技術（サイエンス）とそれを補完する人の洞察力、経験知（アート）を総動員して不確実性に対処してきた。今後は、人とAI、さらには、スマートマシンとの協働の世界が保険サービスの領域において検討課題になってくる。保険ERMにおける今後の可能性について整理すると、図表Ⅳ-9の通りである。

　新たな発想に立った思考の一つとして、デジタル技術と人との共生の中から、いかにサービス競争力を発揮するかという世界が目の前に実現しようとしている。

■図表Ⅳ-9　デジタル技術との協働

	保険ERMにおける アプローチ	デジタル革命の進展	
		意思決定領域	行動領域
サイエンス	■ 保険制度の成立➡大量データに基づく大数の法則の成立 ■ 統計学的処理によるリスク量の計測に基づく管理（定量的アプローチ）	■ ビッグデータとAI（ディープラーニング）を活用した機械学習）技術の応用 ■ 画像認識、音声認識、自然言語処理を活用した意思決定領域のさらなる変革	■ AIを搭載したマシン（スマートマシン）の活用による将来プロセスの置換（e.g. 自動走行車、ドローンロボット） ■ スマートマシンが世の中に普及することによるリスクの変化と保険ビジネスモデルの変化
アート	■ 不確実性の介在したリスクや先例・データの少ない不確実性に対する洞察力、類似経験を活用した対応（定性的アプローチ）	未だデジタル置換できない領域における人の判断の必要	未だデジタル置換できない領域における人の行動の必要
将来の考慮点：経済的リスク／社会的リスク、リスクの量的側面／リスクの質的側面から、リスク構造の再定義、新しい技術の活用・人と機会の役割分担の検討			

出典：Deloitte University Press. Insuring the future of mobility を参考にした

Ⅳ-2-2. デジタル革命への対応

(1) 変化に対する新たな視点

　技術革新がわれわれの意思決定を質的に変えていることの認識は重要である。「船は難破を、飛行機は胴体着陸を、電気は感電死を発明したように、ある事物を発明することは、一つの偶発性＝事故を発明すること」であると、ポール・ヴィリリオ[4]は指摘している。

　今後のデジタル技術の影響を現時点で正確に予測することは難しいが、ビジネスモデルの変革、リスクセグメントの変化、ロス発生状況の変化、新たなリスクへの対応といった質的変化を保険事業にもたらすことは確実であろう。

　動態的な環境下のERMにおいては、リスクポートフォリオへのインパクトをより早く的確に見極める必要がある。そのためには、変化の本質と自らのビジネスモデルへの影響、戦略（グローバリゼーション）への影響、社会受容性の視点からの考察が必要となろう。1つの視点を例示してみる。（図表Ⅳ-10）

　また、今日 ERM において、リスクは「発生頻度×損害強度＝リスク量」という形で定量化されるが、リスク量が同じであっても、高頻度で影響の小さい事象と低頻度で影響の大きい事象ではそのインパクトは同じではない。例えば、明らかに期間損益に与える影響は異なるため、意思決定において、総合的な観

■図表Ⅳ-10　変化の本質とインパクトの見極め

トレンド察知	事業環境変化が加速している時勢においては、それぞれのトレンドのインパクトを見極め、適切なシナリオを描く能力の有無が、将来を大きく左右する
エコシステムの形成	業界内競争だけではなく、業界を超えたエコシステムにより新事業を創造する時代となっており、業界内競争と、業界を超えて有力なパートナーを惹きつける優位性の双方が求められる
ビジネスモデルの転換	伝統的な「人」への依存度が高い保険会社のビジネスモデルは大きな転機を迎え、「人」と「機械」の役割分担の巧拙が保険会社の競争力を左右する
グローバリゼーション	成長市場を求めて海外展開を加速するだけでなく、新興国企業のビジネスモデルが先進国に流入するリバースイノベーションの影響についても把握する必要がある
社会アジェンダ	持続的な競争優位獲得のためには、社会が要請する課題解決にフォーカスしたイノベーションに軸足を置き、既存事業を飲み込むほどインパクトのある新事業を創造する必要がある

点からの判断が必要となる。さらに評価に時間軸の変化といった要素を追加してリスクを動態的に評価し、そのイベントの変化を組み込む必要もある。

　保険サービスを受ける側の契約者のリスク評価とそれを供給する側の保険会社の評価に違いがある点も明らかになっている。リスク量は、保険会社としてのリスク評価（Assessment）であるが、一般の人が持つリスク認知（Perception）は異なる尺度を持つと言われる。また、この尺度にバイアスが伴うことも指摘されている。例えば、自然由来の物質は安全であるが、合成化学物質は危険だという考えは、食品の安全性に係るリスクコミュニケーションで起こり得ることである。日常生活のあらゆるリスクを扱う保険会社にとって提供するサービスの満足度を高めようとすると、人々のリスク認知の特徴を理解した上で的確なコミュニケーションを図る配慮が必要となる。

(2)　不確実性に対するアプローチ

　われわれはリスク社会に生きている。そしてリスク社会は常に変化している。プレートテクトニクスの進行や地殻変動エネルギーの蓄積、グローバル経済の不均衡やバブルの進行、地政学的緊張による安全、安心の変化、科学技術の発展がもたらす新たな危険等、さまざまな変化が起こり、不確実性は増幅される。

■図表Ⅳ-11　4種類の不確実性

Level 1	Level 2	Level 3	Level 4
A Clear-Enough Future 確実に見通せる未来	Alternate Future 他の可能性もある未来	A Range Of Future 可能性の範囲が見えている未来	True Ambiguity まったく読めない未来

出典：ヒュー・コートニー、ジェーン・カークランド、パトリック・ビゲリー、「不確実性時代の戦略思考」ダイヤモンド・ハーバード・ビジネス・レビュー、2009年7月号68、69ページより抜粋。

われわれは合理的な意思決定をするためにさまざまな枠組みやツールを開発してきた。不確実性の程度によって分けたアプローチもその1つである。（図表Ⅳ-11）

この類型（Level2～4）を保険事業にあてはめて整理すると次の通りである。

（a）例えば、ある新商品のマーケティングを考えた場合、ニーズのある市場も限定されており、そこでの選好において不確実性が低いケースでは、将来のシナリオが比較的確信的に想定され、選択肢毎にその効果等が予測できるなら、デシジョン・ツリーという形で可視化し意思決定に活用できるケース（Level2）。

（b）（a）のケースのように特定のシナリオを想定できず、多数のシナリオの集合が想定される場合には、それぞれのシナリオの集合を確率分布の形で描くことが可能である。期待値としてのシナリオと、ある一定の信頼水準の下で最悪のシナリオを想定し、意思決定に活用することが考えられるケース（Level3）。

（c）（b）のケースのように、一定のリスク分析・評価モデルは存在するが、データ入手に制約があったり、科学的知見に制約があったりするため安定的な評価が難しいケース（例えば、自然災害、金融システミックリスク）では、データに基づく確率分布上の期待値と最悪シナリオに加え、ストレスシナリオを補完的に活用する必要がある。すなわち、定量、定性双方のアプローチを使い意思決定するケース（Level3と4の中間）。

（d）これまで経験したことが全くなく、リスク評価が困難な場合、既存のリスクツールから、意思決定上の材料を提供することが難しいため、個別課題として検討する必要があるケース（Level4）。

不確実性が高まる環境において、ERMの効果を発揮するためには、不確実性の度合いを把握し、その状況に応じた的確なツールの活用が不可欠である。不確実性が高まると、意思決定者の判断上のリスクについても留意する必要がある。保険ERM上の意思決定や留意点（判断上のリスク）を意識して整理すると、図表Ⅳ-12のとおりである。

■図表Ⅳ-12　不確実性の類型と対応上の留意点

類型	意思決定上の特徴	不確実性への対応上の留意点	判断上のリスクへの対処
類型1（既知のリスクでリスクが小さい）	特定のプロジェクトに関する経験が豊富で計数的に計画可能なケース。想定可能なシナリオをデシジョン・ツリーとして描くことができる。	不利なシナリオに陥る可能性（リスクファクター）を回避したり、是正するためのリスク管理計画を策定する。	経験値に基づくヒューリスティクスが現実の課題と合致しない場合に生ずる判断上のリスクに留意する。
類型2（既知のリスクでそのパターンが高い確率で予想可能）	一定デシジョン・ツリーを描くことが可能であるが、類型1ほど将来のシナリオが明確に区別できないケース。	現時点で情報が不足している部分があり、確定判断をするためには情報が不足している。	確定判断に足る情報収集までの間、暫定的対処をし、確定判断は先送りすると共に、戦略機会は一定確保する。（リアルオプション的アプローチを採った意思決定）
類型3（既知のリスク、多数のランダムなシナリオが想定される）	多数の類似取引を継続的に実施する（e.g.資産運用取引等）場合、集合的にポートフォリオとして、リスク・リターンを把握できるケース。	リスクを確率論的に把握し、VaRで計量化し、リスク・リミット、ロスカット・ルールを設定し、ポートフォリオとして、リスク・リターンを管理する。	モデルに介在する単純化バイアスの存在を意識し、過信をせず、モデルのバックテストを実施し、リスク・リターンの変化やモデルの説明力を定期的に検証する。また、モデルで説明できないストレス状況を検証し、有事に備え一定のリスク資本を担保する。
類型4（未知の既知リスク）	過去に直接経験したことはないが、類似事例は想定がつくケース。	類似事例をベースに類型1～3の手法を活用する。	類似事例選択におけるバイアスの介在に留意する。また、類似事例と現実の課題の間にはギャップがあるので、そのリスクに対する対処や担保の確保に留意する。
類型5（未知の未知リスクに近い）	まったく経験や類似事例が想定されないケース。	戦略性とリスクを天秤にかけて、回避か挑戦かを判断することとなる。	リスク許容額を十分意識し、楽観バイアスに陥り、会社を危険に晒さない。また、逆に破壊的イノベーションの存在を無視し、戦略的バイアスに陥らないようにする。

(3) 破壊的イノベーションと保険

　保険には、リスクを回避するのではなく、新たなリスクを引受けて発展してきた歴史がある。保険のルーツと言われる海上保険は海上輸送の危険からスタートしたが、その後、鉄道輸送、航空機輸送等の危険に対してリスクテイクを拡大してきた。保険会社の努力は、これまで引き受け困難であったリスクを引き受けられるようにすることによって、企業保険が企業家精神を鼓舞し、経済的発展・成長をもたらす上で下支えとしての役割を果たしてきた。その根底には、リスクの本質を理解し、保険制度に乗せるための挑戦の歴史がある。例えば、先端産業の一つである人工衛星に関する保険の場合のように当初十分な過去のデータもなく、人工衛星の打ち上げに失敗した場合の損害額の巨大性、技術開発の速さから生じる将来の予測の困難さなど、大数の法則に乗りづらい問題があった。

　1984年2月に打ち上げられた米国のスペースシャトル「チャレンジャー」から3万6,000キロ上空の静止軌道に向けて発射された通信衛星は、固定ロケットブースターの不調で軌道に乗せるのに失敗した。当時ロイズは1億8,000万ドル（当時で約420億）の保険金を払ったという。今日では、再保険を活用することによって人工衛星の保険は通常の業務の中で管理するプールを形成し引き受けられている。[5]

　イノベーションは、それが起きるまでには膨大な時間を要する。例えば、人工知能のアイディアは1900年に出ているが、実用化され始めたのは、2000年代になってからである。100年以上の時間を要している。しかしイノベーションが実現すると世界を大きく変える可能性がある。成長を目指す企業がイノベーションについて取り得る戦略は三つと言われている。持続的イノベーション、ローエンド型破壊、新市場型破壊である。どの戦略を選ぶかは製品が目指す性能や機能、標的とする顧客や市場との関係で、どの戦略が有効かを決める必要がある。この三つの戦略の関係をイメージ図にしたのが図表Ⅳ-13である。これは三次元で表現している。縦軸が製品の性能、横軸が時間、三番目の軸は新しい顧客（無消費者）や消費が行われる新しい環境（バリューネットワーク）の状況である。

■図表Ⅳ-13　破壊的イノベーション・モデルの第三次元

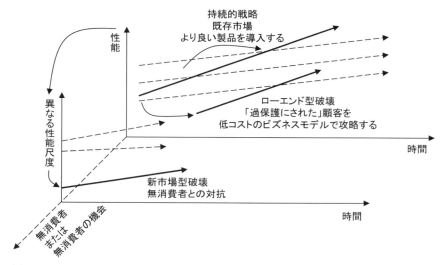

出典：クレイトン・クリステンセン、マイケル・レイナー『イノベーションへの解』玉田俊平太監修、櫻井祐子訳、2003年、翔泳社、P55

　クレイトン・クリステンセンは、市場で競争優位に立っている企業が、さらに競争力を高め、利益を最大化させるための資源配分により現在の技術を高めていったとしても、特定の状況下では優良企業を滅ぼすことがある、と指摘した（イノベーションのジレンマ）。保険のビジネスモデルを変革するデジタル革命は、破壊的イノベーションの側面も有している。

Ⅳ-2-3. 変化の時代におけるカルチャーの革新

(1) 新たなリスクの登場

　サイバーセキュリティの概念は、情報資産の保護に対し、機密性、完全性、可用性の観点から重要度別に保護策を講ずる、といった従来の情報セキュリティとは異なる。つまり、サイバー脅威からいかに企業価値とサービスを守るか、といった概念に変わったことから、単にコンプライアンス部門や情報システム部門で扱う事項ではなく、経営会議や取締役会で取扱うべき事項となった。サイバーセキュリティリスクは、金融機関と規制当局にとって優先度の高い問

題となっているオペレーショナルリスクの一種である。サイバー攻撃の件数と広がりは、急激に上昇している。金融サービス業界が最大の標的となっており、サイバー攻撃の影響は組織全体に拡大し、企業に重大な風評リスクをもたらす。

　この分野で最も進んでいる米国では、2013年に重要インフラのサイバーセキュリティ強化に関する大統領令が出され、2014年2月に米国国立標準技術研究所（NIST）により、重要インフラのサイバーセキュリティを強化するフレームワークが発表された。この中で、特定、防御、検知、対応、復旧といった対応のための機能が定義された。このように新しいリスクへの対処はこれまで想像できなかった内容を含んでいる。

(2) 戦略的不確実性への対応

　不確実性の高まりは、戦略とリスク管理両面への対応を要求する。戦略面では、事業計画の過程そのものにコンティンジェンシーの想定を組み入れておく必要がある。つまり、戦略的投資の対象を一定のステージに分け、そのステージ毎にオプションを適用できるような管理が必要である。その場合、事業計画の前提となっているシナリオが現実と乖離している可能性があることをより早く認知するためにも、現場の兆候を捕捉する体制をもつことが重要となる。

　偶発的要素は、いきなり何の前触れもなく想定外の事態として目の前に現れることもある。現場では、常に新たな変化に対し手探りで試してみて解決策を探り出していく努力が繰り返されている。そのような動きの中から創発型の戦略が形成される。そして、このような動きが経営に報告される仕組みやそれを戦略に組み入れる必要がある。

　保険会社の場合は、社会に存在する新たなリスクを保険プールに組み込むことが戦略であり、それを適切に管理するリスク管理が直截的につながっているという特徴をもつ。また、現場の変化をリスクと結びつけるためにはリスクカルチャーを組織内に浸透させる必要がある。

(3) カルチャーの再定義

　会社がリスクから身を守るためにより洗練されたシステムを創造しようとし

ている中で、最も対処し難いものとして、人の行動の予測困難性があると言われている。排気ガスの人為的操作、サイバーアタックへの防御ミス、金融取引での誤注文、副機長による自殺飛行等人的要素は、企業の大惨事に関与してきた。人のリスクは、ウィルスメールのスタッフによるクリックといった単純なミスから、重要なスキル不足、怠慢な安全ルール、サボタージュや詐欺に関する周到な行動までさまざまである。

　M&Aや組織の分割といったように大きく組織を変革する場合、カルチャーの見直しがなされる。そのような物理的な変革が起こらなくても、グローバルでより複雑な環境に合致したカルチャーの再定義が必要となっている。再定義に取り組む前提として、現在のカルチャーについて十分定義づけがなされていることが前提となる。デロイト トーマツ グループで実施したサーベイ[6]の結果では、82%の回答者[7]が、「カルチャーはビジネス上の課題であり、潜在的な競争力だ」と答えている。一方「正しいカルチャーを有していると信じている」と答えたのは、19%であった。この結果からみる限り、実際には十分な定義がされているとは言えない実態も浮かび上がる。

　リーダーシップや報酬制度は、組織の業績、顧客サービス、従業員の雇用・定着等に直接的なインパクトをもたらすが、変化の時代には、ビジネスの方向性とカルチャーの整合性が、企業の成功に大きく影響を与える。

⑷　学習する組織

　組織も学習する。複雑性や変化が加速する世の中で企業やその他の組織がどのように適応しているのかを研究したピーター・M・センゲは、情報化時代の到来により、組織構成員がビジョンを共有しながら行動と学習を自発的に繰り返すことで、組織全体の能力を高めていくといった「学習する組織」という概念を提示した。学習する組織においては、競争優位は個人と集団の両方の継続的学習から生まれる点を指摘している。不確実性に挑戦し、ソリューション力を高めていくためには、各組織構成員のリスクリテラシーを向上させ、組織内の適切な行動に結びつけられるようリスクカルチャーを浸透させる必要がある。このため、日々の業務活動の中で、個人と組織のリスクに関する継続学習の強

化が必要である。

(5) 蓋然性と変化の先取り

　将来大きな環境変化がなければ（換言すれば、過去の傾向が将来も繰り返すと考えられるなら）、数多くの過去のデータから蓋然性の高いパターンを捉え予測することができる。しかし、環境変化が大きい場合は、将来の変化のトレンドを予測の中に取り入れる必要がある。将来の変化を捕捉しようとすると、短い時間軸の変化にのみ着目しては見誤る恐れがある。10年先といった中期的時間軸で変化の趨勢を増幅させることによって認識できることも多い。

　事業計画を策定する際、短期的視点からの施策と中期的視点からの施策は異なる。構造的変化は、それが本質的であればあるほどその影響は短期的には顕在化しないことが多い。それ故変化が顕在化することは短期的には少ない。しかしながら、中長期的な構造変化が識別されると、エマージングリスクの中で重要な戦略的リスクと捉えて対応していく必要がある。将来トレンドを見込むプロセスには一定の主観が組み込まれ不安定性を内在させる可能性にも注意が必要である。

　将来を科学的に取り扱うために帰納法が使われ、そこで利用される諸事実として、観察・知覚・推論が使われる。ただ、その過程に恣意性を完全に排除することはできないことを、ハーバート・A・サイモンは、「白いスワンをどれほど多く見ても、それは次に黒いスワンが現れないということを保証しうるものではない[8]」という表現で指摘している。

　帰納法の一つとしての統計的推論の利点は、複雑な情報処理が必要なため思考停止状態に至り直感に頼った意思決定に流れてしまうことを防ぎ、数学的明確さと論理的整合性をもたらす効果と言える。内部モデルは、リスクに関する情報や知見を集大成したモデルであり、リスクの数値化（見える化）のツールである。モデルは策定後に、その後の新しい事実に基づきその中身を進化させていく科学的プロセスを組み入れる必要がある。バック・テスト等による検証プロセスが組み込まれている（図表Ⅳ-14）。

■図表Ⅳ-14　統計的推定とバック・テストによる検証

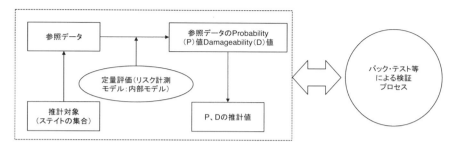

　今日のERMは、定量的アプローチを中心に据え、リスクを統計学の枠組みで見える化する。そして、コーポレートファイナンスの理論を下地にリスクアペタイト・フレームワークに基づいた資本配賦を実践する。これにより、市場経済における論理性とリスクに関する蓋然性を反映した意思決定を行う意図がある。また、エマージングリスク・モニタリングやストレステストといった手段で、将来のダイナミズム（リスクの変化や新たなリスクの出現）をERMへの取り込み、創発型戦略の展開へつなぐと同時に適切なストレスバッファーの確保による健全性の補強を実現しようとしている。このような意図どおりの実践は、リスクカルチャーの浸透によって担保される。

Ⅳ-2-4. 企業活動における必要条件
(1)　動態的リスク管理

　今日のERM体系は、経営環境の変化を捕捉し得る仕組みを備えている。しかし、ERMの体制構築とその実効性とは別の問題である。リスクカルチャーと連動するからである。つまり、組織の各レイヤー毎のリスクカルチャー（リスクセンス、リテラシー、コミュニケーション、カウンターリスクコンダクト）が浸透していなければ、創発型の戦略を誘発して既存の戦略を修正し、リスク処理（リスク制御、リスク財務）の実効性を高めるといったリスクに対する組織活動の好循環（図表Ⅳ-15）を実現することは難しい。

■図表Ⅳ-15　リスクカルチャーの浸透とERM実効性の向上

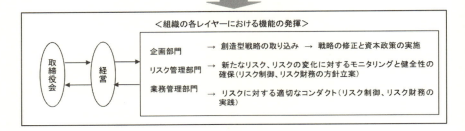

(2) 時間軸と不確実性

　人は意思決定において一定の枠組み（フレームワーク）を自分の脳に持っていると言われている。ただこのフレームワークは、なかなか形に表せないものであり、普段意識することは少ない。ただ、例えば絵画のように画家の視覚的枠組みが形になって現れるため、われわれは改めてその違いを確認できることがある。西洋絵画の遠近法と違い、日本の伝統的絵画はフラットだと言われる。日本画には、遠近法のように中心がないので左右方向には自由に移動できることから、左右方向に導線が広がる。このように、西洋とは違う空間認識（フレームの違い）があるという。

　われわれの意思決定における時間軸も一つのフレームワークを構成している。

　実際にリスクに対して具体的な処理を検討する場合、通常ある特定の時間軸を想定している。その事業の特性によっても大きく影響を受けるが、企業活動の成果は、四半期に一度は財務諸表として公表される。3カ月、半年、1年といった時間軸が意識される。保険会社の場合、異なる特性を持つ危険を自社のポートフォリオとして保有している。これらの危険を、保有期間と信頼水準を同一にした条件下で、リスク量（発生頻度と損害強度の積）を計測して統合しポートフォリオ全体のリスク量を算出して資本の十分性を確認している。

「リスク量」という指標は、リスク管理の世界において市場経済における「価格」に似た役割を果たしている。しかし価格が市場経済で行われる行為のすべての結果を完全に組み込んでいないため、常に外部性が存在し、それが価格に反映されず適切なペナルティが課せられなかった結果、資源の効率な配分に支障をきたすこともある。ただ、われわれは、価格という指標に着目することによって一定の条件の下で経済主体が迅速に多様な意思決定を実施することが可能となっている。リスク量もERMの枠組みの中で、類似した役割を果たしている。しかし同様に、リスク量に反映されていない不確実性については特別な意識が必要である。

また、たとえ安定的に計測されたリスクであっても意思決定の時間軸が長くなればなるほど、変動性の幅は拡大する。それは、ランダムなシナリオの可能性が拡大するからである。また同時に不確実性の要素の拡大によって過去のパターンとは異なるシナリオの可能性も現れるからである。

このように時間軸が長くなることによって損失の直接の原因となる危険（ペリル）のみではなく、それに影響を及ぼす危険事情（ハザード）自体の変化に着目する必要がある。不確実性に対応するためには、短期的には変化しないものと仮定していた要素に対しても観察の目を広げることを意味する。危険事情の変化を把握するための広い視点、長い視点、深い視点のモニタリングが必要となる。

(3) リスクガバナンスの強化

三つの防衛線は、保険会社のガバナンスにとって定着した枠組みである。2015年に公表された金融安定研究所（FSI）のレポートでは、一つのグループ、会社に閉じた防衛線ではその本来の機能が十分発揮されない可能性もあるため、監督当局や外部監査人といった外部の目線も加えた四つの防衛線の検討を勧めている。（197頁図表Ⅲ-20参照）

われわれは判断や意思決定を行う際、一定の枠組み（フレームワーク）を無意識のうちに持っている。この枠組みから各種情報を選択する。枠組みが変われば、現実の判断や意思決定は異なるものになろう。広い視点、長い視点、深

い視点を捉えられる枠組みが必要となる。

　経営環境に不確実性が増し、ERMが経営ツールの中で重要性を増すに伴いCRO（チーフ・リスク・オフィサー）の機能も変わらなければならない。新たな環境にフィットした新たな機能の付与は適切な機能発揮には不可欠である。リターンの源泉としてのリスクテイクの考え方が定着するにつれ、ERM体系の中で戦略とリスクの統合管理機能が強く意識されるようになっている。やや極論ではあるが、伝統的なCROの機能は、リスクの専門家として健全性の観点におけるリスク管理の運営責任者としての性格が強かった。しかし、動態的リスク管理の視点からは図表Ⅳ-16に示したように、ストラテジスト、カタリストとしての機能を強く意識する必要がある。このようにガバナンスの強化は、戦略前提の変化に伴い補強していかなければならない。

　組織は「戦略に従う」とは、アルフレッド・チャンドラーの有名な言葉であるが、戦略の前提となるパラダイムがシフトする中で、的確な戦略設定のためには不確実性にいかに的確に対応できるかが重要となる。つまり動態的環境では、不確実性に適切に対応し得る組織を構築する必要がある。リスクガバナンスを強化し、リスクカルチャーの浸透を進め、ERMの実効性を向上し続けられる組織が、将来の変化を捕捉し、競争力として取り込んでいく必要条件にな

■図表Ⅳ-16　リスクアペタイトフレームワークにおける戦略的思考の強化に必要な役割

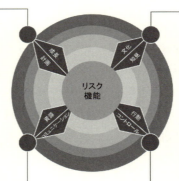

ストラテジスト
リスクリミットを成長目標に関連付け、全体的投資に対するリスク調整後資本のアプローチを支持し、リスク軽減と資本のソリューションに対する創造的なアプローチを維持する。

カタリスト
アプローチや戦略に関して商品、価格設定、運用の各部門を積極的に関与させることを含め、リスク重視の文化を確立・維持する。

世話役
リスクの定義、尺度、哲学、選好度、限度、アプローチ等のりすくフレームワークを管理し、内外のステークホルダーとの意思疎通を図る。

運営者
再保険、ヘッジ、資産負債管理および資本管理プログラムの執行に関する、部分的・全体的な説明責任を含め、継続的なリスク測定・報告を監督する。

出典：Deloitte Center for Financial Services 2015年8月 "Strategic risk management in insurance"

ることは間違いあるまい。

おわりに

　将来はランダムで、不確実である。企業活動は、不確実な将来に対する働き掛けと言える。収益機会を追求し、損失機会を管理するために、将来を予測し、合理的な選択と対処を追求している。それが、企業の戦略であり、リスク管理の実務である。この二つの機能を統合して管理する枠組みが ERM である。今後の環境変化は新たな不確実性を生む。保険会社の発展には不確実性をリスクに変える挑戦と保険 ERM の高度化を加速させる必要がある。

注

1) 対等の者（Peer、ピア）同士が通信をすることを特徴とする通信方式、通信モデルのこと。
2) 従来、特徴量の設計は人の職人技で行われてきたが、機械学習にディープラーニングが入ってきて、人口知能に一歩近づいたといわれている。
3) CB Frey "The future of employment: how susceptible are jobs to computerization?"
4) ポール・ヴィリリオ『電脳世界―最悪のシナリオへの対応』本間邦雄訳、1998 年、産業図書
5) 日本では、航空保険の一種として人工衛星保険があり、人工衛星が損傷したり、打ち上げ成功条件を達成できなかったりしたことによる損害、あるいは第三者に対する損害賠償責任を対象としている。個々の保険会社が元受けしたリスクをプールに再保険し、このリスクを国際市場で再保険手配をすることによって、実際のリスク分散をしている。
6) 130 カ国、7,000 名からの回答を得たサーベイ（Deloitte University Press, Global Human Capital Trends 2016-The new organization: Different by design, http://dupress.com/periodical/trends/human-capital-trends/）
7) 地域別の内訳は、豪州 94％、日本 91％、カナダ 90％、南ア 90％、中国 88％、インド 88％、オランダ 87％、UK87％、米 86％、ベルギー 84％、メキシコ 84％、独 82％、スペイン 82％、仏 81％、伊 80％
8) ハーバート・A・サイモン『意思決定と合理性』佐々木恒男、吉原正彦訳、2016 年、筑摩書房、19 ページ

あとがき

　われわれが将来に対し的確に行動しようとすると、不確実性を直視し主体的に対応しなければなりません。

　将来に対する選択は、ルネッサンス以来人類が連綿と追求してきた課題です。その知見の蓄積が今日のERMの礎となっています。

　私がこの領域に最初に触れたのは、1994年だったと思います。ハーバード・ビジネススクールが"Global Financial System Project"を立ち上げ、今後の金融・保険における重要な経営機能を検討するため、2年間理論的な研究をした後実務界と協働することとなりました。本プロジェクトにスタッフとして参加した時、このようなフォワードルッキングな管理（今でいうERM）が現実にできるのか、という懐疑心を抱くと同時に、魅力的なコンセプトに心が躍ったことを記憶しています。

　また、1996年にコロンビア・ビジネススクールで進められていたプロジェクトに参画し新たなリスクソリューションの可能性に期待を膨らませたことも思い出されます。これは自然災害リスクを資本市場のヘッジで処理し、残ったベーシスリスクを保険で処理しようとするキャット・バンドル（Cats Bundle）といった枠組みの研究でした。

　20余年の歳月を経て当時の可能性が、今日のERM経営の浸透やキャット・ボンドの普及という形で現実のものとなっており感慨深いものです。

　本書出版においては色々な方のご支援をいただきました。

　保険毎日新聞への連載においてお世話になった清川公一氏、本書の編集全般にお世話になった内田弘毅氏に心より感謝いたします。

　有限責任監査法人の同僚各位の助言・支援などへの感謝の念、特に、相原浩司、石川貴智、笹部綾乃、田邊彩乃、中野圭一朗、和田あずさの各氏の支援にあらためて感謝いたします。

最後に、本書の完成を日ごろから支えてくれた家族に感謝します。

　複雑化する社会のさまざまな危険の引き受けを業とする保険会社のERMをレビューする本基礎講座は、私にとっても基本に戻る貴重な経験となりました。

　本書の内容は筆者個人の責任のもとに書かれたものであることをお断りするとともに、ご教示、ご批判をいただければ、ありがたく思っております。

　ますます不確実性が高まる中、保険ERMの挑戦・進化がこれまで以上に活発化することを祈念し、本書がその検討においてなんらかの参考になれば幸いです。

後藤　茂之

索　引

【ア行】
アルフレッド・チャンドラー　252
イノベーションのジレンマ　245
ウルリッヒ・ベック　90、224
エドワード・ロイド　4
エマージングリスク　151

【カ行】
学習する組織　247
ガバナンス　12
カルチャーの再定義　246
監督のハーモナイゼーション　157
規制資本　123
キャット・ボンド　86
金融安定研究所　196
金融エンジニアリング　130
グローバル戦略　154
グループ経営　155
クレイトン・クリステンセン　245
経済価値ベースの枠組み　114
計画的戦略　150
限定合理性　49、54
公正保険料　79
効率的フロンティア　120
護送船団方式　3
コーポレートファイナンス　118
コンダクトリスク　37、185

【サ行】
再保険　11、85
サイバーセキュリティ　245
サブプライムローン　31、199
ジェイ・B・バーニー　146
資源依存理論　146
自己資本比率規制　123
市場の失敗　87、88
システミックリスク　126
自然災害モデル　27
資本コスト　118、120
資本効率　30、113、116
資本の希少性　117
収支相等の原則　80
ジョハリの窓　54、55
ジョン・メイナード・ケインズ　82
真の不確実性　9、81
スキーマ　54
ストレステスト　123、125、127、163
戦略のパラドックス　148
戦略的バイアス　151
戦略的不確実性　246
戦略的リスク　139
創発的戦略　150
ソルベンシー資本要件（SCR）　222
ソルベンシーⅡ　115、178、193
ソルベンシー・マージン比率　124、215

【タ行】
大数の法則　4
代替的リスク移転（ART）　86、130
デジタル革命　225、240
データガバナンス　167
トータルバランスシート方式　30
トーマス・S・クーン　213
定量的アプローチ　8
定性的アプローチ　8

【ナ行】
内部統制（Internal control）　13

内部モデル（Internal model） 10
ニコラス・ルーマン 90

【ハ行】
バイアス 48、62
ハインリッヒの法則 39
破壊的イノベーション 237、244
ハザード 5
バーゼル合意（BIS規則） 41、123
ハーバート・A・サイモン 54、98、144、248
バリュー・アット・リスク（VaR） 6、125
判断上のリスク 50、243
東日本大震災 27、229
非知のリスク 90
ヒューリスティクス 49、62
ヒューマンエラー 183、225
フォワードルッキング 28、189
不確実性の類型 243
不確実性下の意思決定 94
フランク・ナイト 9、31
プロスペクト理論 52、99、104
分散効果（Diversification effect） 9、82
ベイズ推定 100
ペリル 5、95、251
防衛メカニズム 55
冒険貸借 4、156
ポジショニング理論 139
保険ポートフォリオ 83
ポール・ヴィリリオ 240

【マ行】
マイケル・E・ポーター 141
マイケル・E・レイナー 148
マクロプルーデンス 41、125、160、170

満足化理論 98
ミシェル・アルベール 156
三つの防衛線 36、196、251
ムービングターゲット 219
メタ認知 50
モデルの限界 28
モデルガバナンス 28

【ヤ行】
四つの防衛線 197、255

【ラ行】
リアルオプション 149
リスク（Risk） 5
リスクアペタイト 12
リスクカルチャー 35、36、38、51、182、189
リスク管理 6、12
リスクコミュニケーション 91
リスク社会 90、223
リスクセンス 191、249
リスク・リターン率 6
リスク調整後業績指標 114
リスク調整後資本収益性率（RAROC） 122
リスクとソルベンシーの自己評価（ORSA） 32、60
リスク認知 89、144、241
リスクの3様相 151
リスクの質 88
リスクリテラシー 191
リスクリミット 15
リスクレジスター 11
ロイズ 4、19
ローカル経営 156

【欧文】
AI 238

ALM　30
BCBS　36
COSO　14
EIOPA　178
FRB　41
FSB　43
G-SIIs　125
HLA　125
IAIGs　159
IAIS　124、157、159、166

ICPs　158、187、206
ICS　125、167
IFRS　79、214
IoT　227
PRA　162、176、219
RoE（RoE：Returnon Equity）　6
RoR（Return on Risk）　6
SMIR　195
SVA　122
US SOX 法　14

著者紹介

後藤茂之(ごとう・しげゆき)

　大手損害保険会社及び保険持株会社にて、企画部長、リスク管理部長を歴任。日米保険交渉、合併・経営統合に伴う経営管理体制の構築、海外 M&A、保険 ERM の構築、グループ内部モデルの高度化、リスクアペタイト・フレームワーク、ORSA プロセス整備に従事。IAIS、Geneva Association、EAIC 等の ERM 関連パネルに参加。現職にて、ERM 高度化関連コンサルに従事。

　大阪大学経済学部卒業、コロンビア大学ビジネススクール日本経済経営研究所・客員研究員、中央大学大学院総合政策研究科博士課程修了。博士(総合政策)

【業務歴】
- ERM 態勢高度化のアドバイス
- リスクアペタイト・フレームワーク高度化のアドバイス
- フォワードルッキング経営高度化のアドバイス

【著作物】
　ERM 経営研究会『保険 ERM の理論と実践』金融財政事情研究会、2015 年、第 3 章共同執筆

　Insurance ERM for New Generations, The Geneva Association, *Insurance and Finance Newsletter No.13 February 2014*

　Distinguishing Risk and Uncertainty- Building up Capital Buffers and Recognising Judgemental risk, The Geneva Association, *Insurance and Finance Newsletter No.10 August 2012*

「サブプライムローン問題の検証とリスクマネジメントの再構築」林昇一・高橋宏幸編著『現代経営戦略の展開』第 9 章、中央大学経済研究叢書 53、中央大学出版部、2011 年

Behavioral Risk Management for Improper Risk Taking, *Advances in Management, 2009, Vol.2 (4) April,*

The Bounds of Classical Risk Management and the Importance of a Behavioral Approach, *Risk Management and Insurance Review, 2007, Vol.10, No.2,*

「リスクテイキングの構造に関する考察」日本リスクマネジメント学会会報『危険と管理』第 37 号、2007 年

保険ERM基礎講座

後藤 茂之（ごとう しげゆき）著

2017年4月11日発行

発行所	㈱保険毎日新聞社
	〒101-0032東京都千代田区岩本町1－4－7
	TEL 03-3865-1401／FAX 03-3865-1431
	URL http://www.homai.co.jp
発行人	真鍋 幸充
編集	内田 弘毅
カバーデザイン	㈱オリーブグリーン
印刷・製本	㈱ミツワ

ⒸShigeyuki GOTO（2017）
ISBN 978-4-89293-282-3 C3033
Printed in Japan

本書の内容を無断で転記、転載することを禁じます。
乱丁・落丁はお取り替えいたします。